Transformation and Upgrading
—— of ——
the Chinese Economy

中国经济的
转型升级
从"十二五"看"十三五"

徐宪平
—— 著 ——

北京大学出版社
PEKING UNIVERSITY PRESS

图书在版编目(CIP)数据

中国经济的转型升级:从"十二五"看"十三五"/徐宪平著. —北京:北京大学出版社,2015.9
(光华书系·学术琼林)
ISBN 978-7-301-26322-8

Ⅰ.①中… Ⅱ.①徐… Ⅲ.①中国经济—转型经济—研究 Ⅳ.①F12

中国版本图书馆CIP数据核字(2015)第225375号

书　　　名	中国经济的转型升级——从"十二五"看"十三五"
著作责任者	徐宪平　著
策 划 编 辑	贾米娜
责 任 编 辑	李笑男
标 准 书 号	ISBN 978-7-301-26322-8
出 版 发 行	北京大学出版社
地　　　址	北京市海淀区成府路205号　100871
网　　　址	http://www.pup.cn
电 子 信 箱	em@pup.cn　　QQ:552063295
新 浪 微 博	@北京大学出版社　@北京大学出版社经管图书
电　　　话	邮购部 62752015　发行部 62750672　编辑部 62752926
印 刷 者	北京大学印刷厂
经 销 者	新华书店
	787毫米×1092毫米　16开本　22.75印张　320千字
	2015年9月第1版　2015年10月第2次印刷
定　　　价	65.00元

未经许可,不得以任何方式复制或抄袭本书之部分或全部内容。
版权所有,侵权必究
举报电话:010-62752024　电子信箱:fd@pup.pku.edu.cn
图书如有印装质量问题,请与出版部联系,电话:010-62756370

自　序

2015年2月，我从国家发展和改革委员会工作岗位上退下来。承蒙北京大学光华管理学院和清华大学经济管理学院、公共管理学院的邀请，开始在学校讲课，主讲的题目是"中国经济的转型升级——从'十二五'规划实施看'十三五'战略取向"。

这一题目与我以往的工作密切相关。我曾主持编制过长沙市经济社会发展"九五"计划，负责和参与编制过湖南省经济社会发展"十五"计划、"十一五"规划。2009年5月到国家发展和改革委员会工作后，参与中央"十二五"规划建议起草，参与"十二五"规划纲要编制实施和"十三五"规划基本思路研究工作。这几年，还参与了全国主体功能区规划、"十二五"综合交通运输体系规划、十八大关于我国经济社会发展到2020年目标任务重点课题、深化收入分配制度改革若干意见、国家新型城镇化规划、推动长江经济带发展的指导意见和交通规划、深化体制机制改革加快实施创新驱动发展战略若干意见等重要政策文件的研究制定。从2010年首次在人民大会堂宣讲中央"十二五"规划建议开始，到以后在中央党校、国家行政学院、国防大学和一些部门、地方讲课，我的课件内容一直在充实、完善。

党的十八大以来，以习近平同志为总书记的党中央提出了一系列治国理政的新理念，做出了一系列重大战略决策，细细学习领会习近平总书记的重要讲话和李克强总理近年所作的政府工作报告，使我对

中国经济的转型升级
——从"十二五"看"十三五"

中国经济转型升级这一重大问题,有了更多、更深的认识。

在备课、讲课的过程中,我系统地梳理了大量的资料和自己的观点,经过与老师和同学们的交流沟通,我萌生出把课件整理出版的念头。今年是实施"十二五"规划的收官之年,也是编制"十三五"规划的关键之年。过去五年,经济转型升级取得了哪些主要进展、存在哪些突出问题?今后五年,经济转型升级的宏观背景、战略重点是什么?这是社会各个方面普遍关注的焦点,也是我一直研究思考的问题。非常荣幸的是,2015年6月中旬,北京大学光华管理学院的蔡洪滨院长正式通知我,学院决定授予我"特聘教授"的职位,每年有一定的教学工作量,指导学生的论文写作,参与有关政策研究等。我欣然接受了这份邀请,也十分感谢光华管理学院的信任。我决定把这本书稿交由北京大学出版社付梓。

我很乐意当一名教师。就我的工作经历而言,从农村到工厂,从基层到机关,从公司到政府,从地方到北京,对下情与上情、微观与宏观、实践与理论,都有一定的了解。就我的学习经历而言,过去结合工作实践,一直没有放松过读书思考,也注意做些较为深入的研究。我在读硕士期间,研究的重点是"现代企业的产权制度";在读博士期间,完成博士论文《中国资本市场中的风险投资》(金融出版社2002年版);在哈佛大学肯尼迪政府学院做访问学者时,对美国的信用体系进行过专题研究。我愿意把自己多年的积累总结梳理,与同学们分享、互动、相长,希望能够对他们或多或少有些帮助,也使自己保持思想的鲜活。

我不是一个理论工作者,这本书更多的是从实践的角度把自己经历的、见证的东西写出来,里面有较多的政策解读,有个人的研究思考,也有知识、信息的传播扩散。

记得在乡下当知青的时候,点着煤油灯,读海克尔的《宇宙之谜》,我很喜欢扉页上的那首诗:

自 序

辽阔的世界，宏伟的人生，
长年累月，精诚勤奋，
不断探索，不断创新，
常常是周而复始，永不停顿，
忠于守旧而又乐于迎新，
心情舒畅，目标纯正，
啊！这样你又会前进一程。

是为序。

徐寅平

2015 年 9 月

目录 CONTENTS

导　论 / 1
全球经济处于转型阵痛期 / 2
中国经济转型在曲折中前行 / 5
"十三五"时期特殊的转型使命 / 8
本书的结构 / 10

上篇　"十二五"规划编制实施的回顾

第1章　"十二五"规划确立的方针目标 / 15

1.1　五点基本要求 / 16
　　推动结构调整／加快科技进步／突出改善民生／强化节能环保／
　　深化改革开放

1.2　十大政策导向 / 18
　　经济增长速度的讨论／能源消费总量的控制／"两同步"方针的
　　提出

1.3　二十四个主要指标 / 20
　　预期性指标与约束性指标／强化资源环境民生指标约束

1.4　十八个重点专项规划 / 22
　　关于基本公共服务体系规划／关于战略性新兴产业规划／关于综
　　合交通运输体系规划／关于社会信用体系建设规划

中国经济的转型升级
——从"十二五"看"十三五"

目录
CONTENTS

第2章 "十二五"规划前四年的主要进展 / 25
2.1 经济增长超过预期目标 / 25
2.2 战略性新兴产业和服务业占比提升 / 26
2.3 粮食产量持续实现"四连增" / 29
2.4 交通、能源、水利建设成就显著 / 29
2.5 科技教育投入大幅增加,专利拥有量实现翻番 / 30
2.6 基尼系数及城乡居民收入差距呈缩小态势 / 31
2.7 改革开放有新举措、新突破 / 33
2.8 "十二五"规划指标预计完成良好 / 34

第3章 经济转型升级面临的突出问题 / 36
3.1 结构性矛盾依然突出 / 36
   需求结构不合理,投资消费失衡 / 产业结构不合理,服务业比重过低 / 城乡结构不合理,城镇化水平和质量不高 / 区域结构不合理,东中西发展差距较大
3.2 资源环境代价过高 / 42
   人均资源短缺,能源资源消耗过大 / 温室气体排放总量大、增长快 / 大气、水、土壤三大污染突出
3.3 科技创新能力不强 / 46
   全球创新指数评估排名靠后 / 研发投入不足 / 有效科技产出不高 / 科技成果转化率低
3.4 财政金融风险增大 / 50
   财政收支矛盾突出 / 政府债务增加过快 / 企业债务居高不下 / 金融领域存在风险

目录

3.5 社会矛盾复杂多发 / 55
居民收入分配差距过大 / 涉及群众利益的问题较多 / 社会不稳定事件频发

中篇 "十三五"时期经济转型升级的宏观背景和基本思考

第4章 "十三五"时期经济转型升级的国际环境 / 61

4.1 全球经济在深度调整与分化中艰难前行 / 61
全球经济形势总体略好于"十二五"时期 / 主要经济体复苏态势和政策取向出现分化 / 我国经济面临外需减弱和竞争加剧双重压力

4.2 世界科技革命推动新一轮产业变革 / 67
创新密集和产业变革时代来临 / 新一轮科技产业革命的方向 / 历史性交汇中的机遇和挑战

4.3 能源格局发生重大结构性变化 / 73
美国页岩油革命带来的冲击 / 能源版图变化与地缘政治博弈 / 新能源、可再生能源重塑能源结构 / 我国能源发展的有利条件与安全隐患

4.4 大国博弈带来的竞争合作尖锐复杂 / 76
美国的国际地位与中美新型大国关系 / 多极化世界与我国开放合作格局 / 国际治理体系与我国的责任义务

目录 CONTENTS

第5章 "十三五"时期经济转型升级的国内环境 / 80

5.1 最大的背景:"四个全面"的战略布局 / 80
"四个全面"构成有机统一整体 / "四个全面"统领未来发展全局 / "四个全面"营造健康发展环境

5.2 最大的特征:经济发展进入新常态 / 82
增长条件发生变化:传统要素优势逐步减弱 / 增长动力发生变化:由要素投资驱动向创新驱动转换 / 增长速度发生变化:潜在经济增长率下降

5.3 最大的挑战:跨越"中等收入陷阱" / 87
"中等收入陷阱"的概念与内涵 / 国际经验与教训 / 经济、社会、生态的主要难点

5.4 最大的演进:市场在资源配置中起决定性作用 / 91
三十多年改革主线:政府与市场作用 / 从"基础性作用"到"决定性作用" / 政府、市场、社会关系的变化

第6章 "十三五"时期经济转型升级的基本思考 / 94

6.1 导向:提质增效升级 / 94
核心是提高全要素生产率 / 推动经济增长从数量型向质量型转变 / 推动产业结构从中低端向中高端发展 / 推动生态环境从总体恶化向明显改善迈进 / 统筹经济增长、劳动就业和居民收入指标设定

6.2 动力:改革、创新、开放 / 100
以深化改革释放发展活力 / 以创新驱动增强内生动力 / 以全面开放提升国际竞争力

6.3 路径:推动"四化同步"/102
"四化同步"是中国特色/"四化同步"有后发优势/"四化同步"要融合创新

6.4 目标:全面建成小康社会/104
贵在全面,重在建成/总体推进,两个翻番/攻坚克难,补齐短板

下篇 "十三五"时期经济转型升级的若干战略重点

第7章 实施创新驱动发展战略/109

7.1 基本内涵:从科技创新到全面创新/109
一个核心/双轮驱动/多维目标

7.2 路径选择:从观念变革到技术变革/111
市场是创新的根本力量/企业是创新的主体力量/人才是创新的最活跃力量/政府是创新的推动力量/以低碳技术引领能源生产消费变革/以生物技术引领健康领域变革/以智能技术引领制造业变革/以新一代信息技术引领互联网变革

7.3 战略举措:从体制改革到政策引导/119
改革创新机制:激发大众创业、万众创新/发展智能制造:加快世界制造强国建设/推进"互联网+":实现开放融合、万物互联

第8章 推进以人为核心的新型城镇化/140

8.1 何谓中国特色的新型城镇化?/140
城镇化的含义/新型城镇化的内涵/我国城镇化所处的发展阶段/

推进新型城镇化的重大意义

8.2 世界城市化发展的主要态势 / 153

世界城镇人口持续增长 / 城镇人口向大城市集中趋势明显 / 城市群主导的城市化浪潮方兴未艾 / 越来越多国家重视人口空间布局优化 / 包容性发展成为世界城市发展的重要目标

8.3 推进新型城镇化的战略重点 / 158

首要任务：推进农业转移人口市民化 / 主体形态：城市群带动各类城镇协调发展 / 城市可持续发展：创新绿色智慧人文城市建设 / 城乡发展一体化：促进城乡共同繁荣

8.4 统筹新型城镇化的制度安排 / 179

人口管理制度：强化户籍、居住、人口管理制度的衔接 / 土地管理制度：推进农村土地三项改革试点 / 资金保障机制：多元化、低成本、可持续 / 行政管理体制：探索新型设市模式 / 城镇住房制度：市场配置与政府保障相结合 / 深化改革试点：突破在地方，规范在中央

第9章 统筹区域协调互动发展 / 187

9.1 区域发展战略的历史演进 / 187

沿海和内地工业平衡发展阶段 / "先富带后富"非均衡发展阶段 / 东、中、西、东北地区协调发展阶段 / 跨区域组合式互动发展阶段

9.2 新常态下"四大板块"的发展重点 / 192

西部：以实施新一轮开发开放推进全面小康 / 中部：以构建现代产业体系打造新的增长极 / 东北：以推进老工业基地转型发展实现全面振兴 / 东部：以技术制度全面创新提升国际竞争力

目录

9.3 新"三大战略"的主攻方向 / 199

新"三大战略"的特征与意义 / "一带一路":构建开放发展的新格局 / 京津冀:唱响协同发展的主旋律 / 长江经济带:打造创新发展的新引擎

9.4 主体功能区建设的制度设计 / 208

从"胡焕庸线"到主体功能区 / 四种开发方式、三大空间格局 / 不同主体功能区的差别化政策

9.5 海洋强国战略的科学谋划 / 214

陆海统筹与海洋强国 / 海洋经济:拓宽发展空间 / 海洋生态:优化开发方式 / 海洋权益:维护蓝色疆域

第10章 完善现代基础设施网络 / 220

10.1 现代基础设施的发展方向 / 220

布局网络化 / 服务一体化 / 管理智能化 / 装备自主化 / 技术标准化

10.2 全面建设综合交通网络 / 223

区际交通:完善"四大网络" / 城际交通:加快城际铁路发展 / 城市交通:突出公共交通优先 / 城乡交通:统筹一体化建设

10.3 加快建设新一代信息网络 / 234

加快宽带网络普及升级 / 优化国家骨干网络架构 / 加强应用基础设施建设

10.4 大力发展智能电网 / 238

智能电网的概念与特征 / 强化智能电网关键技术开发 / 加强智能电网标准体系建设 / 建立智能电网统筹推进机制

目录 CONTENTS

第 11 章　建设生态文明美好家园 / 247

11.1　生态文明建设：基本内涵、方针和途径 / 247

　　绿色发展：生态环境优先 / 循环发展：资源综合利用 / 低碳发展：
　　应对气候变化

11.2　控制能源消费总量：从弹性到刚性 / 250

　　发展就是燃烧，燃烧就是排放 / 强度控制与总量控制 / 多元发展
　　与低碳转型 / 重视开发"第五能源"

11.3　提高资源利用效率：重点领域和关键环节 / 254

　　节约水资源：以水定需，量水而行 / 节约土地资源：严控增量，盘
　　活存量 / 节约矿产资源：合理开发，综合利用

11.4　强化环境污染治理：实施三大行动计划 / 257

　　实施大气污染防治行动计划 / 实施水污染防治行动计划 / 实施
　　土壤污染防治行动计划

11.5　促进自然生态保护与修复：从源头上扭转恶化趋势 / 262

　　保护和培育森林生态系统 / 保护和治理草原生态系统 / 保护和
　　修复荒漠生态系统 / 保护和恢复湿地与河湖生态系统

第 12 章　加快基本公共服务均等化 / 271

12.1　基本公共服务：全面小康的重点与难点 / 271

　　一项最基础、最重要的任务 / 一块亟须补齐的短板 / 一个转型时
　　期的突出矛盾

12.2　公共服务制度的国际比较 / 273

　　北欧模式：普惠型 / 欧洲大陆模式：合作型 / 美国模式：补缺型 /

东亚模式:发展型

12.3 推进保基本、全覆盖、可持续的均等化 / 281

保基本:以"五有"为核心的制度安排 / 全覆盖:从制度覆盖到人人覆盖 / 可持续:量力而行,量入为出

12.4 基本公共服务制度保障和模式创新 / 286

长效机制:财力保障、法制保障 / 资源配置:优化整合、强化基层 / 供给模式:多元化、多样化

12.5 "十三五"时期的三个着力点 / 289

构建城乡均等的公共就业创业服务体系 / 实施高中阶段教育免费制度 / 实现基础养老金全国统筹

第13章 挖掘改革新红利 / 295

13.1 行政体制改革 / 295

从宏观调控体系到微观服务体系 / 从行政审批改革到政府职能转变 / 从负面清单到权力清单

13.2 金融体制改革 / 299

中小金融机构:放宽准入与改造提升 / 互联网金融:鼓励创新与防控风险 / 资本市场:多元发展与加强监管 / 金融信用体系:加快建设与开放应用

13.3 国有企业改革 / 307

中心问题:增强活力和提高效率 / 主要途径:分类改革和混合发展 / 制度保障:国有资产管理体制和现代企业制度

13.4 收入分配改革 / 312

坚持"两个同步" / 完善"两个机制" / 实现"三个目标"

第14章　构建开放新格局 / 317

14.1　全球化趋势与大开放时代 / 317
全球化进程是否退潮？／大开放与国家繁荣、民族复兴／共享开放的世界

14.2　"一带一路"引领开放格局 / 322
"一带一路"的建设方向／海陆联动的开放体系／重点省份的发展定位／国际通道的战略考虑

14.3　自由贸易区推动创新突破 / 328
基本内涵与意义／推动国际自由贸易区谈判／加快国内自由贸易试验区建设

14.4　产能装备"走出去"扩大开放布局 / 334
多重目标与趋势／重点领域和合作方向／重点国别和重大项目

14.5　开创性的三大金融推手 / 338
亚投行——面向亚洲基础设施需求／丝路基金——服务"一带一路"互联互通／金砖银行——携手金砖国家共谋发展

参考文献 / 343

后记 / 347

导 论

纵观人类经济发展史和世界强国兴衰史，经济转型升级始终是永恒的主题，它与社会财富增长、个体福利改善等的共同演进，一并构成了经济发展的历史轨迹和主要图景。正是在不断转型升级中，人类逐渐摆脱了蛮荒和饥饿，学会了远航和飞翔，启蒙了思想和制度，驱动了农业社会向工业社会的转变，踏上了迄今为止最伟大的道路。

在这条道路上，一些国家出发得早，工业化、城镇化已经完成，但这并非意味着经济转型就此结束，不断涌现的新技术、新思想，以及新问题、新矛盾的接踵而至，无不是激发转型持续进行的因子。一些国家起步得晚，工业化、城镇化任重道远，人们摆脱贫困愚昧，追求更充足的机会、更体面的生活和国家强盛的梦想，无不是推动转型持续进行的动力。同时，由于技术和制度条件的改善，各国之间经济往来的规模频度空前放大，彼此相互依存，联系日益紧密，这使得经济转型成为一个内外相连、动态调整的大系统。当今世界既不存在闭门造车的转型，也没有独善其身的转型，谈经济转型必然要将其放在全球的语境下、动态的情形中，否则便失去了基本前提和约束条件。

对于中国而言，改革开放三十多年以来，经济的快速增长和民生的大幅改善，直接受益于宏伟而有效的经济转型。从封闭到开放，从计划到市场，我们逐渐吸收并创造了先进的技术和良好的制度，构成了经济增长的基础和转型升级的动力。无论是从科斯所言的组织成本、

中国经济的转型升级
——从"十二五"看"十三五"

交易成本关系调整的角度来分析①，还是从张五常所言的县际竞争产生增长活力的角度来看待②，中国的经济政策都某种程度地顺应了经济发展的规律和转型升级的趋势。关于未来如何继续转型升级，我们面临着巨大压力：快速发展积累的结构性问题尾大不掉，业已形成的利益格局根深蒂固，落入中等收入陷阱的风险客观存在。可以说，能否全面建成小康社会、迈入高收入国家行列，进而实现中华民族伟大复兴的中国梦，要看接下来的转型升级能否成功。

观察是分析的前提，选择适当的观察对象和观察角度至关重要。之所以把最近五年和未来五年定为观察对象，一方面，笔者作为具体组织者、执行者，参与了"十二五"规划的编制实施和"十三五"规划基本思路的研究起草工作，有真切细微的亲身体会；另一方面，"十二五""十三五"时期，转型升级的任务十分繁重，取得的经验弥足珍贵，面临的问题异常复杂。而之所以选择五年规划作为观察角度，是因为经济社会发展五年规划综合性强、政策性强，既是一张充满理想的蓝图，又是一个付诸行动的方案。从这个角度，我们能够观察体悟到中国经济转型升级如何在理想和现实中艰难博弈，如何在历史跌宕和潮流起伏中奋勇前行。

全球经济处于转型阵痛期

2008年爆发的国际金融危机，对全球经济发展模式产生严重冲击，全球供给结构、需求结构发生深刻变化。此轮金融危机的持续影响，足以与20世纪30年代的全球大萧条比肩，二者并称为工业革命

---

① 周其仁，《改革的逻辑》，中信出版社2013年版。周其仁教授在该书中阐述了科斯的思想，认为中国经济改革成功的一个重要原因在于制度改革有效地降低了组织成本。
② 张五常，《中国的经济制度（神州大地增订版）》，中信出版社2009年版。

以来蔓延最广、破坏力最大的两次危机。危机发生后，主要经济体都进行了快速的直接干预，控制危机蔓延，避免经济直线下滑。应急性的输血止血后，不得不面对和思考的问题是，是什么导致了危机？如何才能走出危机？

金融危机前，由于全球贸易巨大的资源配置效应，形成了美欧消费、亚洲生产、中东拉美提供能源资源的世界经济循环体系。在这个体系下，发达国家通过进口廉价地获得资源产品和制造业产品，以"金砖五国"为代表的发展中国家通过出口实现了经济的快速增长，全球经济进入一个繁荣周期。2000—2007年，全球贸易年均增长接近10%，全球经济年均增长5%左右，是20世纪70年代后的一个增长蜜月期。往往当人们认为这样一个模式将长期不变地持续下去时，危机便开始孕育。由于经济增长过度依赖负债消费和虚拟经济，美国等发达国家财政赤字化、经济虚拟化的现象越来越严重。美国个人储蓄率在危机前几乎接近于零，美国金融业利润占国内总利润的比重高达30%左右，2008年美国制造业产能利用率下降到66.2%，失业率上升到10%。赚得盆满钵满的华尔街现象诱导政策制定者和普通民众再次信奉这样的道理：市场万能、无需干预，自由放任才是经济快速增长的逻辑。于是从微观运行、宏观政策、观念认识三个方面形成了危机孕育和自我强化的框架，金融海啸到来只是时间问题。

从2008年危机爆发到现在，八年间全球主要经济体思考和实践的指向是基本一致的：一是全球经济原有平衡无法维持，需要进行系统性调整、结构性改革，再造新的增长动力和平衡机制。二是在这样的大背景下，努力推动经济转型是中短期实现再平衡和中长期实现可持续增长的唯一出路。因此，我们看到在全球经济的深度调整中，无论是发达经济体还是新兴经济体，都在探索经济转型之路，寻求新的增长源泉。

美国在危机中首当其冲，也正因为这样，它调整的步伐最快，在结构性改革上也动了刀子。奥巴马政府一方面努力疗治金融体系的创

中国经济的转型升级
——从"十二五"看"十三五"

伤,主旨是去杠杆、去泡沫、强监管,从金融部门入手开始修复资产负债表;另一方面针对产业空心化、经济虚拟化的病灶,着力实施再工业化战略,实施扩大出口的战略,同时把加强创新能力、改革教育和增加基础设施投资①作为重塑产业竞争力、抢占全球价值链高端的支柱。这一系列调整推动了微观基础经济恢复成长,使得美国较快走出泥淖。但不能忽视的重要事实是,美国利用了美元国际储备货币的特殊地位,凭借量化宽松等政策,在对内释放流动性、刺激就业增加的同时,向外输出了危机,让全世界为其买单,这是无法复制的"成功经验"。

与美国相比较,欧洲和日本的麻烦就更大一些。欧洲屡受主权债务危机的侵袭,西班牙、葡萄牙、希腊等国轮番中枪,往往是一波未平一波又起,使得本就乏力的经济更为敏感和脆弱。"结构性改革"(Structural Reforms)虽然得以鲜明地提出,与投资、财政支出共同作为经济政策的三大支柱,但掣肘于财政体制与货币体制错位、福利棘轮效应等,改革在现实中步履维艰,所强调的劳动力市场、商业环境、创新改进十分有限。日本"大胆的金融政策"和"积极的财政政策"即使力度空前,也不能抵消其经济上的结构性缺陷,劳动力不足、财阀势力过大、创新滞后等,制约着企业结构调整和产业竞争力的提高。

发展中国家成为金融危机后拉动全球经济回升的主要力量,2009年金砖国家对全球经济增长的贡献高达90%。但随着危机进一步发酵、演变与外溢,发展中国家结构性改革的压力也凸显出来。在中国之外,印度推行大刀阔斧的结构性改革,力图解决"滞涨"、开放程度较低、基础设施薄弱等问题,实施印度制造、印度东进等政策,目前经济增

---

① 美国在危机后采取了一系列实施再工业化和扩大出口的政策:奥巴马政府两度颁布创新战略;提出出口倍增计划,白宫专门成立"出口促进内阁",提出要实现五年出口量倍增;联邦政府发起力争上游的竞争活动,对那些制订并实施教育创新计划,有效提高教师质量和学术成就的州提供奖励;奥巴马呼吁实施"为21世纪重建美国工程",加快交通等基础设施建设,加大私人投资,创造更多就业。

长呈现较为强劲的势头。①但同时,东南亚和拉美国家的改革调整并未取得较好的进展,依然受制于外部市场萎缩、自生能力不足,增长势头放缓。

冰冻三尺,非一日之寒。虽然推动经济转型和结构性改革,已经成为各国共识,但实施中由于削减财政支出、压缩居民消费与短期经济下滑、失业增加的两难选择,又由于福利水平和利益格局调整对政治选票的巨大影响,以及主要经济体政策在政策步骤和时序上的难以协同,全球经济要想达到再次平衡、进入下一个增长周期还有待时日。需要看到的是,经济的停滞或倒退极易引发社会和政治层面的矛盾,这些矛盾或以政治危机甚至流血冲突的形式出现,这将从另一个角度表明,经济转型远未结束,阵痛还在继续。

中国经济转型在曲折中前行

相对于市场经济制度成熟的国家,经济转型在中国有更为复杂的理论内涵和政策指向,有多重目标、多重压力,不仅包括一般意义上的经济结构的升级,也包括经济增长方式的转变,尤其还涉及经济体制的改革与完善。②转型过程中,不时受到国际国内发生的一系列重大事件的影响。

改革开放以来,中国经济最关键的转向是市场化改革,这是一个在摸索中前进的过程。从思想观念到制度环境,从行政性分权到市场性分权,从增量改革到存量改革,历经波折,才在20世纪90年代提

---

① 根据世界银行发布的《全球经济展望》,印度2015年经济增速预计达到7.4%,2016年预计为7.8%。相关评论称,这将是印度增长首次超过中国,"龙象之争"进入新阶段。
② 厉以宁教授在其著作《中国经济双重转型之路》中提出,从1979年起,中国进入双重转型阶段。双重转型是指体制转型和发展转型的结合或重叠,体制转型是从计划经济体制转向市场经济体制。发展转型是从传统的农业社会转向工业社会。

中国经济的转型升级
——从"十二五"看"十三五"

出建立社会主义市场经济体制。从此以后，中国经济的发展有了新的坐标系，进入了转型发展的新阶段，经济总量持续实现翻番，人民生活水平大幅提升，社会主义市场经济体制不断完善。与此同时，经济结构中的不平衡、不协调的问题和经济增长方式粗放、不可持续的问题也日益突出。笔者认为，从"九五"计划到"十二五"规划这20年间，是集中观察中国经济转型升级的脉络与历程、成长与困惑最好的时间窗口，有必要作一个简要回顾。

"九五"计划（1996—2000年）。"九五"计划被称为社会主义市场经济条件下的第一个五年计划。它的制定受到两个历史性事件的深刻影响。第一，1992年年初，邓小平同志发表著名的南方谈话，提出计划和市场不是社会主义与资本主义的本质区别，社会主义可以有市场，资本主义也可以有计划，强调发展经济必须依靠科技和教育，科技是第一生产力。第二，1992年10月，党的十四大召开，首次提出我国要建立社会主义市场经济体制。在这样的背景下，"九五"计划明确，促进国民经济持续健康发展，关键要实行两个具有全局意义的根本性转变：一是经济体制要从传统的计划经济向市场经济转变，二是增长方式要从粗放型向集约型转变。1998年，"九五"计划执行刚刚过半，便遭遇了亚洲金融危机，应对危机的主要手段是扩大内需，发行国债，加大公路、水利、城市等基础设施建设投入，扩大高等教育招生规模，加快住房市场化改革等。可以说，应对的成效是明显的，同时我国也利用危机在某些领域适时推进了改革，但经济增长方式转变在"九五"时期并未取得实质性突破。

"十五"计划（2001—2005年）。"十五"计划认为，"我国经济已经到了不调整就不能发展的时候，按照原有结构和粗放增长方式发展经济，不仅产品没有市场，资源、环境也难以承受"，从而提出要积极主动、全方位地对经济结构进行战略性调整，把产业结构调整作为关键，把调整产业结构和调整所有制结构、地区结构、城乡结构结合起来。"十五"时期发生了三件大事：一是2002年召开党的十六大，提出全面建设小康社会的奋斗目标，国内生产总值（Gross Domestic Product，GDP）到2020年力争比2000年翻两番；二是2003年党中央提出科学发展观，第一要义是发展，核心是以人为本，基本要求是全面协调可持续，根本方式是统筹兼顾；三是2001年年底，我国加入世贸组织，迎来充分利用全球化红利加速发展的历史性机遇。此后十年，我国进出口贸易增速年均达19.5%，经济增速平均达10.5%。出口导向加上投资主导的模式刺激了经济的高速增长，但也加剧了内外需结构和投资消费结构的失衡。

"十一五"规划（2006—2010年）。"十五"期间经济年均增速达到9.5%，大大超过7%的预期目标，但调结构、转方式的进展并不理想，"十一五"规划评价为"在快速发展中又出现了一些突出问题：投资和消费关系不协调，部分行业盲目扩张、产能过剩，经济增长方式转变缓慢，能源资源消耗过大，环境污染加剧"。为此，"十一五"规划提出要全面贯彻落实科学发展观，加快转变经济增长方式，推动经济增长由主要依靠投资和出口拉动向消费与投资、内需与外需协调拉动转变；由主要依靠工业带动和数量扩张向三次产业协调带动和结构优化升级带动转变；由主要依靠增加资源投入带动向主要依靠提高资源利用效率带动转变。三个转变的思路和导向十分清晰，但2008年来势凶猛的国际金融危机，打乱了经济转型的部署和节奏，大规模刺激政策迅速出台，这对于防止经济断崖式下行起到了筑底作用，也成为当时全球应对危机的一抹亮色。2009年一季度，经济增速回落到6.1%，工业增速回落到4.6%；强力刺激后，2010年一季度，经济增速回升到11.9%，工业增速回升到14.4%。在此过程中，难免泥沙俱下，这也是日后部分行业产能严重过剩的一个重要原因。

"十二五"规划（2011—2015年）。作为后危机时代的第一个五年规划，"十二五"规划明确提出，要以科学发展为主题，以加快转变经济发展方式为主线，强调加快转变经济发展方式，是我国经济社会领域的一场深刻变革，必须贯穿于经济社会发展全过程和各领域。经济

中国经济的转型升级
——从"十二五"看"十三五"

转型升级在"十二五"时期出现了新的特点,由于增长速度换挡期、结构调整阵痛期、前期刺激政策消化期的叠加效应,经济增速开始放缓。但结构调整力度加大,服务业和战略性新兴产业占比提升,收入差距呈现缩小态势,专利拥有量实现翻番,结构性指标好于、高于预期,创新开始发力,氛围日渐浓厚,核心技术研发、商业模式创新、互联网开放应用等展现出令人欣喜的发展态势。不过,从"十二五"规划中期评估情况来看,结构性矛盾依然突出、环境污染形势严峻、财政金融风险增大、社会矛盾复杂多发等问题不可忽视。

回顾这20年的历程,我们看到中国经济的转型之路,是一条在曲折中艰难前行的道路,凝结着勇气和智慧,充满着坎坷与荆棘,与国际国内大背景相呼应,与改革开放大趋势相协同,逢山开路,遇水造桥,不停步地向前推进,使中国经济在增长和转型中始终保持了活力,这也是未来经济转型升级的希望所在。

"十三五"时期特殊的转型使命

"十三五"时期之所以特殊,是因为2020年是一个极其关键的年份。首先,2020年要全面建成小康社会。党的十六大提出在21世纪头20年要全面建设惠及十几亿人口的更高水平的小康社会,党的十八大进一步明确到2020年要全面建成小康社会,包括实现国内生产总值和城乡居民人均收入翻番等目标,都是届时必须完成的刚性任务。其次,2020年要完成全面深化改革的任务。党的十八届三中全会明确,到2020年在重要领域和关键环节改革上取得决定性成果,完成提出的改革任务,形成系统完备、科学规范、运行有效的制度体系,使各方面制度更加成熟、更加定型。最后,2020年要基本建成法治政府。党的十八大和党的十八届四中全会明确,到2020年依法治国方略全面落实,司法公信力不断提高,人权得到切实尊重和保障。以2020年为结点的几大历史任务，对于建设社会主义现代化国家、实现中华民族伟大复兴的中国梦，具有重大而特殊的意义，是极为重要的阶段性目标。

"十三五"时期，我国经济发展进入新常态。增长条件发生变化，传统要素优势减弱，环境资源约束趋紧；增长动力发生变化，过度依赖要素驱动、投资驱动的模式难以为继；增长速度发生变化，从两位数降为个位数，"十三五"时期的经济增速很可能成为"六五"时期以来最低的五年。从世界各国经济发展的规律看，在经历一定时段的高速增长，人均GDP达到一定水平后，绝大多数国家都不可避免地出现经济增速下降。2014年，我国人均GDP约7 600美元，按照相关比较研究，"十三五"期间经济减速不仅仅是短期的经济下行问题，而是阶段性、长周期的调整。国内外大多数研究机构预测，"十三五"时期我国潜在增长率为6%—7.5%，综合分析各方面条件，未来五年年均经济增速6.5%—7%是一个大概率事件。

"十三五"时期，我们面临的最大挑战是跨越中等收入陷阱。我们正处在从上中等收入国家向高收入国家迈进的重要阶段，产业低端化、收入分配差距、公共服务补缺以及资本账户开放与风险防范等问题，需要妥善应对，处理不好，就可能落入陷阱，导致经济停滞徘徊。合理的减速可以接受，大幅的失速不能承受，保持经济持续的发展对现阶段中国而言，仍然是硬道理。经验表明，落入中等收入陷阱的国家往往是在工业化中期后发优势尚未完全释放的情况下发生的[1]，因此要努力避免在工业化完成之前，增速就过早过快地出现"台阶式"的滑落，而非"波浪式"的调整。

综上所述，"十三五"时期要实现全面建成小康社会的目标，要完成全面深化改革和全面依法治国的任务，要在新常态下努力跨越中等

---

[1] 刘世锦等，《陷阱还是高墙——中国经济面临的真实挑战和战略选择》，中信出版社2011年版。

中国经济的转型升级
——从"十二五"看"十三五"

收入陷阱,使命伟大而繁重。然而,无论是实现国内生产总值和人均收入翻番的目标,还是避免落入"中等收入陷阱"的风险,关键在于能否成功实现真正意义上的经济转型升级,能否化解多年积累的各种矛盾和风险,能否始终保持经济持续健康增长的活力,这是"十三五"必须面对与解答的命题。未来五年,转型升级的历史关口,我们必须要过。

本书的结构

本书是笔者结合多年学习、工作,对中国经济升级转型问题的一次系统思考。书中既有对重要战略规划政策等的解读,也有个人对经济转型升级中一些重点问题的见解,并讲述了一些背后的逻辑和故事。书中采用图表、专栏的形式,引用大量的数据和案例来说明问题,也对一些专用的名词术语进行了解释。考虑到我国已经成为世界上第二大经济体,正在向高收入国家迈进,因而在分析问题时,笔者尽可能以全球化思维、国际化眼光做了一些比较,同时,也吸收了部分国外研究机构的观点。

本书共14章,从内容板块上来讲,可以分为上、中、下三篇。上篇"'十二五'规划编制实施的回顾",包括第1章到第3章;中篇"'十三五'时期的宏观背景和基本思考",包括第4章到第6章;下篇"'十三五'时期经济转型升级的若干战略重点",包括第7章到第14章。

第1章对"十二五"规划确立的方针目标进行回顾。围绕"以科学发展为主题,以加快转变经济发展方式为主线",如何设计10个政策导向、24个主要指标、18个重点专项规划,对其中若干关键问题进行说明,比如关于7%的经济增长预期目标的讨论,"努力实现居民收入增长和经济发展同步、劳动报酬增长和劳动生产率提高同步"方针的提出，能源消费总量的控制、基本公共服务体系规划和社会信用体系规划的编制等。通过这些分析和说明，从一个侧面向读者反映"十二五"规划纲要编制的主要思想和决策逻辑。

第2章对"十二五"前四年取得的主要进展进行总结。需要说明的是，本书并不是对所有成绩展开全面系统的评估，而是选择了与经济转型密切相关、有量化指标比较的八个方面，比如：经济增长超过预期目标；战略性新兴产业占比和服务业占比提升；粮食产量持续实现"四连增"；交通能源水利建设成就显著；科技教育投入大幅增加，专利拥有量实现翻番；基尼系数及城乡居民收入差距呈缩小态势；改革开放有新举措、新突破；"十二五"规划指标预计完成良好等。这些进展对于促进经济转型升级起到了积极推动和支撑作用，是调结构、转方式中的亮点。

第3章对当前经济转型升级面临的突出问题进行分析。基于"十二五"规划实施中期评估的情况，着眼"十三五"时期经济转型升级的要求，集中分析了面临的结构性矛盾依然突出、资源环境代价过高、科技创新能力不强、财政金融风险增大、社会矛盾复杂多发等五大问题。这里面既有老问题，如需求结构、产业结构、城乡结构不合理等；也有新问题，如大气污染加重、地方债务攀升、企业债务率过高等。此外，该章还对产生问题的原因以及规划编制实施中的不足进行了反思。

第4章对"十三五"时期的国际环境走势进行研判。中国经济与世界经济的相互融合日益加深，相互作用不断增强，外部环境对中国经济转型升级的影响越来越大。客观上讲，未来五年的国际形势复杂多变，不可预见的因素、难以预见的事情比较多。我们不求全景式的环境分析，而是力图对一些大的趋势有一个基本的判断：全球经济在深度调整与分化中艰难前行，世界科技革命推动新一轮产业变革，能源格局发生重大结构性变化，大国博弈带来的竞争合作尖锐复杂。这些走势在现实中已经不同程度地有所展现，也将是未来各国关注和发

中国经济的转型升级
——从"十二五"看"十三五"

力的焦点。在这个充满变化的世界里,始终是机遇与挑战、合作与竞争同时并存。

第5章对"十三五"时期的国内环境特点进行提炼。概括为"四个最大":最大的背景是"四个全面"的战略布局;最大的特征是经济发展进入新常态;最大的挑战是跨越中等收入陷阱;最大的演进是市场在配置资源中起决定性作用。"四个全面"的战略布局将重构政治生态、经济生态、社会生态和政商关系;新常态下经济发展将从过度依赖要素驱动、投资驱动转向主要依靠科技创新、制度创新驱动;经济转型升级将以跨越中等收入陷阱为指向,朝着高收入国家行列迈进;将使市场决定资源配置,充分发挥价值规律、供求规律、竞争规律的作用,最大限度地激发市场主体创业、创新、创造的活力。

第6章提出"十三五"时期经济转型升级的基本思考。力图回应当前转型升级面临的问题,顺应国内外经济发展环境的大势,从导向、动力、路径、目标四个方向,阐述了对未来经济转型升级的基本思考:把提质增效升级作为转型升级的导向,把改革创新开放作为转型升级的动力,把推动四化同步作为转型升级的路径,把全面建成小康社会作为转型升级的总目标。

第7章到第14章,笔者结合对"十二五"规划实施的总体分析和对"十三五"时期的宏观思考,依据党中央、国务院确立的大政方针,提出了未来五年经济转型升级的八个重点:实施创新驱动发展战略、推进以人为核心的新型城镇化、统筹区域协调互动发展、完善现代基础设施网络、建设生态文明美好家园、加快基本公共服务均等化、挖掘改革新红利、构建开放新格局。对于这些重点的描述,本书没有追求面面俱到,而是聚焦于核心问题,力求既提出方向,也说明道理。

上篇

"十二五"规划

编制实施的回顾

第1章 "十二五"规划确立的方针目标

2010年10月,十七届五中全会通过《中共中央关于制定国民经济和社会发展第十二个五年规划的建议》;2011年3月,十一届全国人大第四次会议批准《中华人民共和国国民经济和社会发展第十二个五年规划纲要》。"十二五"规划提出,以科学发展为主题,以加快转变经济发展方式为主线,促进经济长期平稳较快发展和社会和谐稳定,为全面建成小康社会打下具有决定性意义的基础。规划一经出台便受到国内外各界的高度关注,被认为是一部转型、创新的规划。诺贝尔经济学奖得主迈克尔·斯宾塞称赞中国的"十二五"规划"非常复杂但极有条理","如果规划得到有效的实施,在未来一段时间里,在改变经济增长模式、调控全球经济的过程中,中国将在世界上扮演最最重要的角色"[1]。诺贝尔经济学奖得主的约瑟夫·斯蒂格利茨说:"中国的'十二五'规划,代表了中国在经济发展过程中继续转型的方向,中心任务就是一个新的开放的中国,新的融入世界的中国。"[2]

---

[1] 《斯宾塞:"十二五"规划的挑战》,FT中文网专访,http://www.ftchinese.com/story/001041995。

[2] 《约瑟夫·斯蒂格利茨在中国发展高层论坛2011年会上的讲话》,FT中文网,http://finance.people.com.cn/GB/8215/179399/204463/。

1.1 五点基本要求

为确保科学发展取得显著进步，确保加快转变经济发展方式取得实质性进展，"十二五"规划提出了五个方面的基本要求，这既是主题主线的集中体现，也是转变经济发展方式的基本内涵。

- 推动结构调整

经济结构不合理是经济发展方式存在诸多问题的主要症结，必须对需求结构、产业结构、城乡结构、区域结构进行全方位调整。规划提出，要坚持把经济结构战略性调整作为加快转变经济发展方式的主攻方向，构建扩大内需的长效机制，促进经济增长向依靠消费、投资、出口协调拉动转变；加强农业基础地位，提升制造业核心竞争力，发展战略性新兴产业，加快发展服务业，促进经济增长向依靠第一、第二、第三产业协同带动转变；统筹城乡发展，积极稳妥地推进城镇化，加快推进社会主义新农村建设，促进区域良性互动、协调发展。

- 加快科技进步

经济发展与科技进步息息相关，加快转变经济发展方式，自主创新是根本，培养人才是关键。规划提出，要坚持把科技进步和创新作为加快转变经济发展方式的重要支撑，深入实施科教兴国战略和人才强国战略，充分发挥科技第一生产力和人才第一资源作用，提高教育现代化水平，增强自主创新能力，壮大创新人才队伍，推动发展向主要依靠科技进步、劳动者素质提高、管理创新转变，加快建设创新型国家。

第 1 章 "十二五"规划确立的方针目标

- **突出改善民生**

持续提高人民生活水平是经济发展的根本目的,也是现代化建设的最终目标。规划提出,要坚持把保障和改善民生作为加快转变经济发展方式的根本出发点和落脚点。完善保障和改善民生的制度安排,把促进就业放在经济社会发展优先位置,加快发展各项社会事业,推进基本公共服务均等化,加大收入分配调节力度,坚定不移走共同富裕道路,使发展成果惠及全体人民。

- **强化节能环保**

资源节约和环境保护是我们的基本国策,是经济持续发展和人民健康水平提高的重要保障。规划提出,要坚持把建设资源节约型、环境友好型社会作为加快转变经济发展方式的重要着力点。深入贯彻节约资源和保护环境基本国策,节约能源,降低温室气体排放强度,发展循环经济,推广低碳技术,积极应对全球气候变化,促进经济社会发展与人口资源环境相协调,走可持续发展之路。

- **深化改革开放**

加快转变经济发展方式既是一场攻坚战,也是一场持久战,必须通过深化改革、扩大开放来推动。规划提出,要坚持把改革开放作为加快转变经济发展方式的强大动力,坚定推进经济、政治、文化、社会等领域改革,加快构建有利于科学发展的体制机制;实施互利共赢的开放战略,与国际社会共同应对全球性挑战、共同分享发展机遇。

1.2 十大政策导向

五年规划作为国家战略,重在宏观性、指导性。为了使规划更好地落地,增强实施效果,"十二五"规划聚焦经济社会发展中的不平衡、不协调、不可持续问题,有针对性地提出十大政策导向,进一步明确未来转变经济发展方式的政策着力点。当时对一些问题看法不一,争议较多,经过充分讨论,最终形成共识。

专栏 1-1　"十二五"规划提出的十大政策导向

（1）加强和改善宏观调控　　　（2）建立扩大消费需求的长效机制
（3）调整优化投资结构　　　　（4）同步推进工业化、城镇化和农业现代化
（5）依靠科技创新推动产业升级　（6）促进区域协调互动发展
（7）健全节能减排激励约束机制　（8）推进基本公共服务均等化
（9）加快城乡居民收入增长　　（10）加强和创新社会管理

● **经济增长速度的讨论**

加强和改善宏观调控的导向明确提出,合理调控经济增长速度,实现速度、结构、质量和效益相统一。由于"十一五"时期经济增速年均达到11.2%,当时的主要担心是怕速度太快,影响调结构、转方式。对于如何确定"十二五"时期的经济增长预期目标,各个方面有不同的看法,对7%、7.5%和8%的增速有些争论。2010年10月,时任国务院副总理的李克强同志在西安市召开部分省份"十二五"规划座谈会,会上有一半左右的省份提出未来五年经济总量要翻一番,也就是年均增长要达到14.9%。讨论中分析发展环境和现实条件,认为

第1章 "十二五"规划确立的方针目标

目标定得太高。会议决定,关于经济增长预期目标的确定,地方要与国家对表,要讲求科学性、合理性。最后,在国务院常务会议上讨论时,统一思想,把年均经济增长预期目标定为7%,主要考虑是增长目标定得适当低一点,有利于引导各方面把工作重点和注意力放到加快转变经济发展方式上来,给结构调整留出空间,也避免地方层层加码。现在回头来看,"十二五"规划定的目标,既保留了余地,也保持了主动。

• 能源消费总量的控制

健全节能减排激励约束机制的导向明确提出,要优化能源结构,合理控制能源消费总量。20世纪80年代,国家在制定长远规划时,曾经明确能源消费总量翻一番,GDP总量要实现翻两番。执行结果是,从1981年到2000年,能源消费增长2.4倍,GDP增长6.3倍,比值为1:2.6,能源消费翻了一番,GDP翻了两番多。"十五"和"十一五"期间,能源效率大大降低,基本上是能源消费翻一番,GDP翻一番,2012年以来,每年能源消费增量跃升至2亿吨标煤以上,总量在2010年年底已突破36亿吨标煤,同时带来二氧化碳排放的大幅增加。为了以更小的资源环境代价支撑可持续发展,"十二五"规划提出,从供给角度,要把发展新能源、可再生能源作为重要方向;从消费角度,要合理控制能源消费总量,要有天花板,不能无限消费;强调要以市场机制、法律法规为主,辅以行政手段,强化节能减排的目标责任和激励约束。有些人不赞成控制能源消费总量,认为会影响经济增长,有些人主张把能源消费总量作为约束性指标,任务不完成要问责。综合考量,"十二五"没有采用刚性的做法,而是先行一步,从"合理控制"做起。

● "两同步"方针的提出

加快城乡居民收入增长的导向明确提出,努力实现居民收入增长和经济发展同步,劳动报酬提高和劳动生产率提高同步。城乡、区域、行业、不同群体之间收入差距过大,已经成为社会关注的焦点。当时社会上有一种看法,认为财富分配向企业、资本、政府倾斜,GDP迈一大步,财政收入、企业收入迈两大步,居民收入迈半步。"十五"和"十一五"期间,财政收入年均分别增长了18.8%和21.3%,但城镇居民收入只增长了9.6%和9.7%,农村居民收入只增长了5.3%和8.9%。"十二五"规划中首次提出"两同步"的方针,不仅有利于提高居民收入在国民收入中的比重,提高劳动报酬在初次分配中的比重,缩小收入分配差距,对一些地方盲目提出过高的经济增长目标也是一个有力的约束。

1.3 二十四个主要指标

"十二五"规划从经济发展、科技教育、资源环境、人民生活等四个方面,提出了二十四个主要指标。按照主题主线的要求,围绕五点基本要求和十大政策导向,强化了经济结构、科技教育、资源环境、改善民生等关键领域和薄弱环节的指标,强化了约束性指标对加快转变发展方式的促进作用(见表1-1)。

表1-1 "十二五"规划提出的二十四个主要指标

预期性指标(十二个)	约束性指标(十二个)
国内生产总值	九年义务教育巩固率
服务业增加值比重	耕地保有量
城镇化率	单位工业增加值用水量降低
高中阶段教育毛入学率	非化石能源占一次能源消费比重

第1章 "十二五"规划确立的方针目标

(续表)

预期性指标(十二个)	约束性指标(十二个)
研究与试验发展经费支出占国内生产总值比重	单位国内生产总值能源消耗降低
每万人口发明专利拥有量	单位国内生产总值二氧化碳排放降低
农业灌溉用水有效利用系数	主要污染物排放总量减少(化学需氧量、二氧化硫、氨氮、氮氧化物)
城镇居民人均可支配收入	森林增长(森林覆盖率、森林蓄积量)
农村居民人均纯收入	城镇参加基本养老保险人数
城镇登记失业率	城乡三项基本医疗保险参保率
城镇新增就业人数	城镇保障性安居工程建设
人均预期寿命	全国总人口

- **预期性指标与约束性指标**

二十四个主要指标中,预期性指标和约束性指标分别为十二个。预期性指标的完成主要是依靠市场主体的自主行为,发挥市场配置资源作用,政府创造良好的宏观环境和市场环境,适时把握宏观调控方向和力度,综合运用各种政策予以引导,努力争取实现。约束性指标的完成是中央政府在公共服务等领域对政府部门和地方政府提出的工作要求,政府通过合理配置公共资源和有效运用行政力量,来确保实现。在规划实施过程中,约束性指标要分解到各个部门、各级政府,并对其完成情况进行考核和奖惩。

- **强化资源环境民生指标约束**

节约资源、保护环境、改善民生是政府责无旁贷的重要责任,也是经济社会发展中的薄弱环节。"十二五"规划在这两个方向增加了约束性指标:在资源环境方面,增加了非化石能源占一次能源消费比重、单位国内生产总值二氧化碳排放强度等指标,在"十一五"规划提出的二氧化硫和化学需氧量总量减排的基础上,增加了氮氧化物、氨氮总量减排的指标;在人民生活方面,增加了九年义务教育巩固率、城乡三项基本医疗保险参保率、城镇保障性安居工程建设等指标。

1.4 十八个重点专项规划

为了更好地推动"十二五"规划的落实,提出编制十八个国家级重点专项规划,以支撑细化总体规划在特定领域的目标任务。十八个重点专项规划中,基本公共服务体系规划、自主创新能力建设规划、战略性新兴产业规划、重点产业生产力布局和调整规划、综合性交通运输体系规划、社会信用体系规划、重点领域改革规划、培育国际合作和竞争新优势规划、住房保障规划等九个规划是首次提出编制的。这里,简扼介绍基本公共服务体系规划、战略性新兴产业规划、综合性交通运输体系规划、社会信用体系规划编制的有关情况(见表1-2)。

表1-2 "十二五"提出编制的十八个重点专项规划

	规划名称		规划名称
1	促进城镇化健康发展规划	10	能源发展规划
2	完善基本公共服务体系规划	11	水利发展规划
3	自主创新能力建设规划	12	综合交通运输体系规划
4	加快培育和发展战略性新兴产业规划	13	节能减排规划
5	现代农业发展规划	14	社会信用体系建设规划
6	工业转型升级规划	15	重点领域改革规划
7	现代服务业发展规划	16	培育国际合作和竞争新优势规划
8	重点产业生产力布局和调整规划	17	统筹经济建设和国防建设规划
9	信息化发展规划	18	住房保障规划

注:重点产业生产力布局和调整规划、培育国际合作和竞争新优势规划后来改为指导意见,重点领域改革规划、住房保障规划改变了编制方式。在具体编制过程中,一些规划的名称有适当修改,如将"促进城镇化健康发展规划"改为"国家新型城镇化规划","完善基本公共服务体系规划"改为"国家基本公共服务体系'十二五'规划"等。

第1章 "十二五"规划确立的方针目标

- **关于基本公共服务体系规划**

基本公共服务供给不足、城乡区域之间基本公共服务差距过大，是我国经济社会发展中的一个突出问题，"十二五"规划提出建立健全基本公共服务体系，编制我国第一部基本公共服务专项规划。按照"坚持以人为本、服务为先，履行政府公共服务职责，提高政府保障能力，逐步缩小城乡区域间基本公共服务差距"的要求，规划突出"把基本公共服务制度作为公共产品向全民提供"这一核心理念，提出到2020年实现基本公共服务全覆盖，较为全面系统地勾勒了基本公共服务的各项制度性安排，明确了基本公共服务的含义、范围、标准和目标任务，将推进基本公共服务均等化落到了制度和政策层面。

- **关于战略性新兴产业规划**

战略性新兴产业以重大技术突破和重大发展需求为基础，是新兴科技与新兴产业的深度融合，既代表科技创新的方向，也代表产业发展的方向。"十二五"战略性新兴产业专项规划，旨在把战略性新兴产业加快培育发展成为先导性、支柱性产业。规划明确了产业创新发展能力、创新创业环境、国际分工地位、引领带动作用四个方面的目标，提出了节能环保、新一代信息技术、生物、高端装备制造、新能源、新材料、新能源汽车等七大重点发展方向；结合东中西和东北地区的特点，提出区域发展重点任务；围绕重点发展方向，设立了二十项重大工程。

- **关于综合交通运输体系规划**

以往铁路、公路、水运、民航等各种运输方式各有规划、自成体系，缺乏整体统筹和有效衔接，已经不适应经济社会发展的要求。首个"十二五"综合交通运输体系规划强调按照适度超前原则，统筹各种运输方式发展，加强网络设施、技术装备、运输服务等综合建设，基本建成国家快速铁路网、国家高速公路网两大路网，初步形成以"五纵五横"为主骨架的综合交通运输网络，加快建设城际快速网络，优先发展城乡公共交通，切实推进综合交通枢纽建设，逐步实现客运零距离换乘、货运无缝化对接等重点任务。

- **关于社会信用体系建设规划**

信用是市场经济的基石，加强社会信用体系建设是社会主义市场经济体制和社会治理体制的重要组成部分。2004年下半年，笔者在哈佛大学肯尼迪政府学院做访问学者时，专门研究信用体系问题。回国后，在湖南省进行了四年的探索实践，深感推进社会信用体系建设的重要性、紧迫性。"十二五"社会信用体系规划由国家发改委和中国人民银行共同牵头编制，是国家层面的第一个信用体系专项规划，首次提出了以政务诚信、商务诚信、社会诚信、司法公信为重点，推进信用体系建设、加快信用信息系统应用、完善信用奖惩制度等目标任务。

第 2 章 "十二五"规划前四年的主要进展

"十二五"规划的实施从前四年的情况看,进展总体顺利,实现程度良好,为推动经济转型升级、全面建成小康社会奠定了较好的基础。突出的亮点表现在如下八个方面:

2.1 经济增长超过预期目标

后危机时代全球经济深度调整,我国经济仍然保持了持续较快增长。"十二五"前四年,经济增速年均为8.03%,分别增长9.3%、7.7%、7.7%、7.4%(见图2-1)。如果2015年能够实现7%的预期目标[①],五年平均增速为7.82%,超过7%的规划预期目标。虽然经济增速在逐年回落,但无论是与西方发达国家比,还是与新兴市场国家比,我国经济都堪称一枝独秀。金融危机爆发后五年,美国、日本、德国经济年均增速分别为0.6%、0.4%、0.7%,俄罗斯、南非、印度、巴西经济年均增速分别为1.8%、2.2%、6.8%、2.8%,我国以

---

① 李克强总理在十二届全国人民代表大会第三次会议上所做的政府工作报告提出,2015年经济增长预期目标为7%。

中国经济的转型升级
——从"十二五"看"十三五"

高于7%的经济增速继续领跑主要经济体,为世界经济复苏和增长做出了重要贡献。2014年,我国GDP总量达到64万亿元,占世界经济总量的比重约为13.3%,比2010年提高4个百分点。与此同时,前四年城镇就业人数逐年递增,累计新增就业达5 119万人,这说明增长促进了就业,是有质量的增长(见图2-2)。

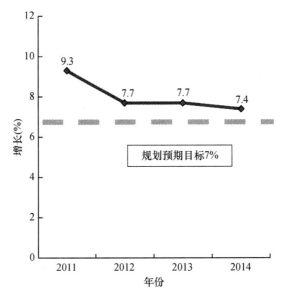

图 2-1　2011—2014 年我国 GDP 增速

资料来源:《中国统计年鉴》。①

2.2　战略性新兴产业和服务业占比提升

"十二五"前四年,我国产业结构出现积极变化。首先,战略性新兴产业发展壮大,节能环保、新一代信息技术、生物、高端装备制造、

---

① 本章图表所用的数据如无特殊说明,均来自历年的《中国统计年鉴》。

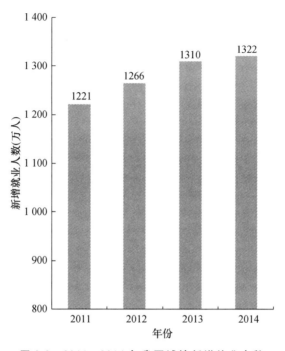

图 2-2 2011—2014 年我国城镇新增就业人数

新能源、新材料和新能源汽车等 7 个新兴产业规模不断扩大，主营业务收入占工业比重从 2010 年的 12.9% 提高到 2014 年的 14.8%（见图 2-3），表明产业从中低端向中高端迈进的步伐加快。其次，服务业发展加快，增加值占 GDP 比重从 2010 年的 43.2% 提高到 2014 年的 48.2%，累计提高 5 个百分点，已超过"十二五"规划 47% 的预期目标；服务业就业人数占比从 34.6% 提高到 40.6%，累计提高 6 个百分点。前面提到，在经济增速放缓的情况下，就业人数不降反增，这主要归功于服务业的快速发展。服务业就业弹性系数大，研究表明，服务业增长 1 个百分点比工业增长 1 个百分点多吸纳就业人数 35% 左右（见图 2-4）。

中国经济的转型升级
——从"十二五"看"十三五"

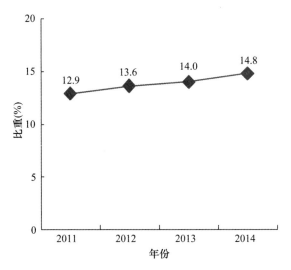

图 2-3 2011—2014 年战略性新兴产业占工业主营业务收入比重
资料来源：国家信息中心相关测算结果。

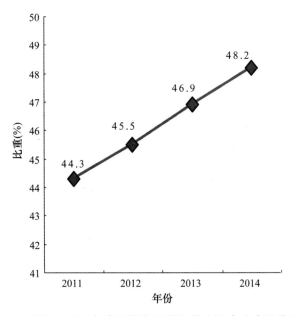

图 2-4 2011—2014 年我国服务业增加值占国内生产总值比重

2.3 粮食产量持续实现"四连增"

我国粮食产量从 2003 年开始已经连续十一年增产,被称为"十一连增",在以往"七连增"的基础上,"十二五"前四年又实现了"四连增"。2014 年粮食产量突破 6 亿吨,粮食播种面积达到 16.68 亿亩,亩产 353 公斤,呈现了总产、面积、单产同步增加的好局面(见图 2-5)。

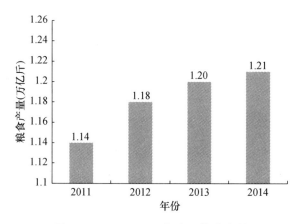

图 2-5　2011—2014 年我国粮食产量

2.4 交通、能源、水利建设成就显著

"十二五"前四年,铁路营业里程增加 2.1 万公里,其中高速铁路里程增加 1.3 万公里,达到 1.6 万公里;公路里程增加 45 万公里,其中高速公路里程增加 3.8 万公里。预计到"十二五"末,全国高速铁路和高速公路里程将分别达到 1.9 万公里和 12 万公里,均居世界首

位。2014年电力装机规模比2010年增长40.7%，达到13.6亿千瓦，居世界首位；清洁能源比重逐步提升，水电、核电、风电、太阳能发电占发电装机总容量的比重比2010年提高6个百分点。水利工程建设全面提速，江河治理骨干工程、重大引调水工程、大型水库和节水灌溉骨干渠道网等172项重大水利工程中，到2014年年底已开工建设84项，预计"十二五"期间全国水利建设总投资达到1.9万亿元，全国新增供水能力将达380亿立方米。

2.5 科技教育投入大幅增加，专利拥有量实现翻番

"十二五"前四年，全社会研发经费投入超过1.3万亿元，占GDP的比重从2010年的1.84%提高到2014年的2.09%。财政性教育经费支出占GDP的比重从2012年开始超过4%，2014年经费支出总量预计达到2.7万亿以上。每万人发明专利拥有量从2010年的1.7件提高到2014年的4.8件（见图2-6）。根据世界知识产权局的统计数据，我国本国人发明专利授权量为12.4万件，居世界第2位，比位居第1的日本少8.1万件，比位居第3的美国多2.3万件。取得了一批以载人航天、探月工程、北斗导航、深水钻井平台为代表的重大创新成果，在载人深潜、超级计算、高温超导、IPS干细胞、深地钻探等方面实现了突破性进展，收获了量子反常霍尔效应、中微子振荡等重大科学发现。

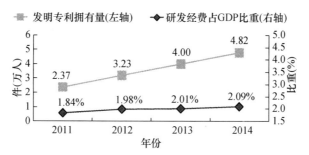

图2-6 2011—2014年研发经费占GDP的比重和发明专利拥有量

2.6 基尼系数及城乡居民收入差距呈缩小态势

"两个同步"的方针得到较好落实，居民收入增速快于经济增速，"十二五"前四年，GDP年均增长8.03%，居民收入年均增长9.53%（见图2-7）。基尼系数[①]和城乡收入比，从2010年的0.481和3.23∶1，下降到2014年的0.469和2.92∶1（见图2-8）。这是改革开放以来收入分配差距首次持续缩小的年份。编制"十一五"规划时，只有1个省份提出居民收入增长要与经济增长同步，3个省份做到了基本同步。"十二五"前四年，全国总体上实现了"两个同步"，全国大多数省份基本实现了"两个同步"，这是一个大的进步。

---

① 基尼系数是20世纪初意大利经济学家基尼根据劳伦茨曲线所定义的判断收入分配公平程度的指标。该系数是比例数值，在0和1之间，是国际上用来综合考察居民内部收入分配差异状况的一个重要分析指标。按照国际一般标准，0.4以上的基尼系数表示收入差距较大，当基尼系数达到0.6以上时，则表示收入差距很大。

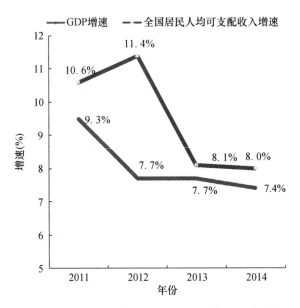

图 2-7　2011—2014 年居民收入增速快于经济增速

图 2-8　2011—2014 年基尼系数与城乡居民收入比缩小

2.7　改革开放有新举措、新突破

十八届三中全会明确了336项重点改革任务的路线图和时间表，2014年完成了80多项改革任务，2015年又提出了80多项改革清单。新一届政府大幅简政放权，取消和下放了行政审批事项662项，取消和免征行政事业型收费348项，取消全部非行政许可审批。"十二五"期间，收入分配制度、户籍制度、国有企业负责人薪酬制度、机关事业单位养老保险制度、科技管理体制、商事制度、投融资体制和价格体制等多项改革深入推进，为应对经济下行、推动结构调整增添了动力和活力。民间投资占全社会固定资产投资比重，从2010年的55.9%提高到2015年上半年的65.1%。2014年全国新登记注册企业增长45.9%，平均每天超过1万家，成为就业增长的重要推力。

"一带一路"战略构想的提出，自由贸易试验区的扩大，为全方位对外开放提供了总抓手，勾画了新布局，打造了新引擎。从"十二五"前四年数据看，利用外资保持稳定（见图2-9），2014年实际使用外资

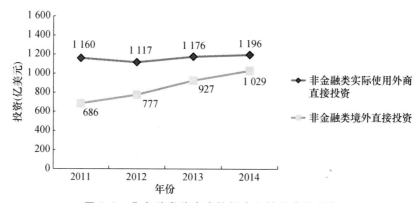

图2-9　非金融类外商直接投资和境外直接投资

资料来源：《中国统计年鉴》、Wind数据库。

直接投资1 196亿美元,居世界首位;对外投资快速增长,2014年对外直接投资1 029亿美元,居世界第三,仅次于美国和日本;双向投资并驾齐驱的格局已经形成。

2.8 "十二五"规划指标预计完成良好

"十二五"前四年,规划确定的所有指标均达到或超出了进度要求,其中八个一级指标和三个二级指标提前实现了预期目标。从"一五"计划到"十一五"规划,指标实现率均值是60%左右,"八五"计划为最高,达到90%左右。如果2015年政府工作报告确定的预期目标能够顺利实现,"十二五"规划的指标实现率很可能跃升至历次五年规划指标实现率的峰值(见图2-10)。

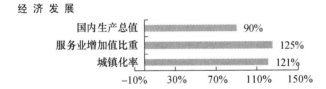

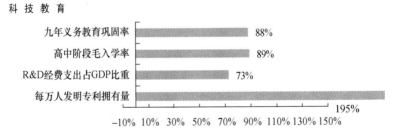

第 2 章 "十二五"规划前四年的主要进展

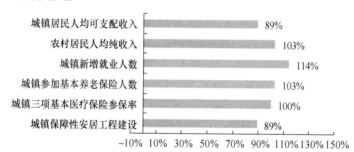

图 2-10 "十二五"主要指标完成进度情况

第3章 经济转型升级面临的突出问题

尽管"十二五"规划主要指标预计完成顺利，但从2014年对"十二五"规划实施情况全面评估的结果来看，依然存在五个方面的突出问题，这也是当前和未来经济转型升级面临的挑战。习近平总书记强调坚持问题导向。① 问题既是差距，也是潜力，认清问题、分析问题是为了解决问题，问题解决好了，发展的空间会随之拓宽，发展的活力会随之增强。

3.1 结构性矛盾依然突出

三十多年的经济快速增长，使我国经济结构中的深层次矛盾不断积累，世界经济大调整、大变革的新趋势使我们面临的不平衡、不协调、不可持续的问题更加显现，集中表现为需求结构、产业结构、城乡结构、区域结构不合理。

---

① 2015年5月，习近平总书记在华东七省市党委主要负责同志座谈会上指出，"要学习掌握事物矛盾运动的基本原理，不断强化问题意识，积极面对和化解前进中遇到的矛盾。问题是事物矛盾的表现形式，我们强调增强问题意识、坚持问题导向，就是承认矛盾的普遍性、客观性，就是要善于把认识和化解矛盾作为打开工作局面的突破口"。

第 3 章 经济转型升级面临的突出问题

● **需求结构不合理，投资消费失衡**

前些年，需求结构不合理既包括内外需结构性失衡，也包括内需中投资消费结构性失衡。2014年我国对外贸易依存度已从2004年的最高点70%下降为41.7%，现在主要表现为投资率过高、消费率过低，增长过于依赖投资拉动（见图3-1）。2000—2014年，我国投资率从35.3%攀升到48.5%，消费率从62.3%下降到51.2%，消费率中，居民消费率偏低的情况更加明显。根据世界银行2012年的数据，中国居民消费率是34.1%，不仅远低于美国的68.6%、日本的60.7%、德国的57.5%等发达国家水平，也明显低于巴西的62.6%、南非的61.2%、印度的61%等发展中国家水平（见图3-2）。国际经验表明，大国经济主要依靠内需支撑，过度依靠投资需求难以持续，要把扩大消费需求作为重点，提高过低的居民消费率。

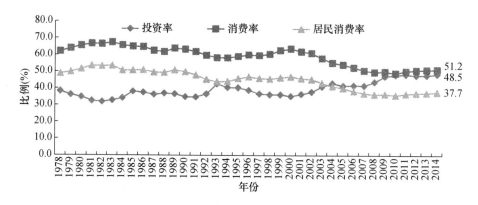

图3-1 我国投资消费比例关系变化（1978—2014年）

资料来源：历年《中国统计年鉴》。

中国经济的转型升级
——从"十二五"看"十三五"

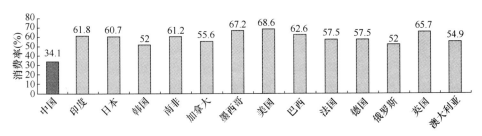

图 3-2　主要国家居民消费率比较（2012 年）

资料来源：世界银行 WDI 数据库。

● **产业结构不合理，服务业比重过低**

产业结构问题主要表现为农业基础薄弱，工业大而不强，服务业发展滞后，特别是服务业增加值占 GDP 比重长期偏低，这已成为制约产业协调发展的重要因素。2014 年，我国服务业占比达到 48.2%，已超过第二产业，这是积极的一面。但从国际比较来看，仍然远低于美国的 79.6%、日本的 73.1%、德国的 69%，也低于印度的 57%、俄罗斯的 69%、巴西的 69.3% 的水平（见图 3-3）。进一步来看，服务业中生产性服务业的比重过低，仅占服务业增加值的 15% 左右。服务业具有涉及领域广、带动就业多、消耗资源少、拉动增长作用强等特点，特别是生产性服务业与制造业融合日益紧密，有利于促进制造业产业组织和生产经营水平的提升，增强制造业的价值创造能力和国际竞争能力。世界上很多制造业大公司，其服务业收入占公司总收入的比例相当高，例如 IT 设备制造商 IBM 在 50% 以上，飞机发动机制造商罗尔斯·罗伊斯公司在 55% 以上。

● **城乡结构不合理，城镇化水平和质量不高**

2013 年我国城镇化率仅为 53.7%，根据世界银行提供的数据，远低于美国的 82.9%、日本的 92.3%、德国的 74.2%，也低于巴西的 85.1%、俄罗斯的 74.2%，仅高于印度的 32%（见图 3-4）。城镇化

第3章 经济转型升级面临的突出问题

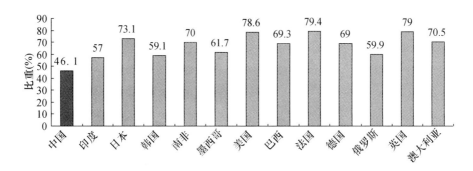

图 3-3 主要国家服务业占 GDP 比重比较（2013 年）

资料来源：世界银行 WDI 数据库。

率偏低的同时，城镇化质量更不高。与常住人口城镇化率相比，2013年我国户籍人口城镇化率仅为35.9%，相差17.8个百分点（见图3-5）。被统计为城镇人口的农民工及其家属有2.42亿人，他们不能平等享有城镇基本公共服务。这其中有5 000多万举家迁徙的农民工及其家属，5 000多万在城镇工作、生活5年以上的农民工，这是继城乡二元体制矛盾之后又形成的新的城市内部二元矛盾。

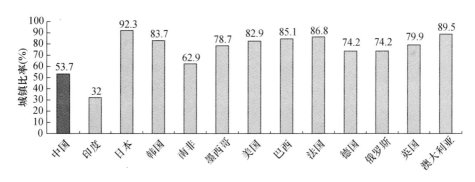

图 3-4 主要国家城镇化率比较（2013 年）

资料来源：世界银行 WDI 数据库。

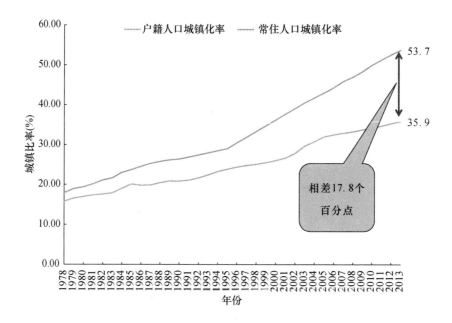

图 3-5　我国常住人口和户籍人口城镇化率的剪刀差

资料来源：根据历年《中国统计年鉴》《中国人口和就业统计年鉴》整理。

专栏 3-1　城镇化推进过程中面临的主要问题

（1）城镇化滞后于工业化，集聚经济的同时对人口的集聚不够。

（2）大量农业转移人口难以融入城市社会，市民化进程滞后。

（3）"土地城镇化"快于人口城镇化，建设用地粗放低效。

（4）城镇空间分布和规模结构不合理，与资源环境承载能力不匹配。

（5）城市管理水平不高，"城市病"日益突出。

（6）自然、历史文化遗产保护不力，城乡建设缺乏特色。

（7）体制机制不健全，阻碍城镇化的健康发展。

资料来源：《国家新型城镇化规划（2014—2020年）》。

- **区域结构不合理，东中西发展差距较大**

我国区域发展不平衡的现象较为突出。东中西部之间人均GDP、城乡居民人均收入、人均财政支出差距较大（见图3-6）。东部人均GDP是西部的1.8倍，城镇居民可支配收入是西部的1.4倍，农村居民收入是西部的1.8倍，财政支出是西部的1.3倍。比较我国、美国和日本的数据，2013年，我国人均GDP最高的省市是天津，最低的省份是贵州，前者是后者的4.3倍；美国人均GDP最高的州加利福尼亚是最低的州佛蒙特州的2.2倍；日本人均GDP最高的地区东京都是最低的地区鸟取县的2.8倍。

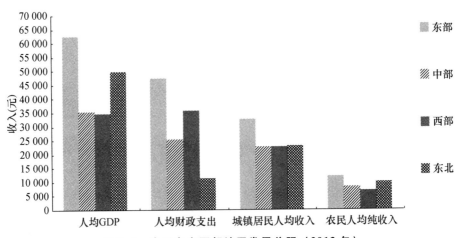

图3-6 我国东中西部地区发展差距（2013年）

资料来源：《中国统计年鉴2014》。

3.2 资源环境代价过高

世界200多年的工业化历程使总人口不到10亿人的发达国家实现了现代化，但资源和生态却付出了沉重的代价。地球上现有人口70亿人，未来峰值预计将达到90亿人。美国国家情报委员会的研究报告《2030：可能的世界》中，描述了未来在食物、水和能源以及气候变化等方面面临的严重形势。13亿多人口的中国要实现现代化，资源环境的压力可想而知。这30多年工业化的突飞猛进，使得发达国家上百年分阶段出现的资源环境问题，在我国现阶段集中凸显。

- **人均资源短缺，能源资源消耗过大**

我国人均资源短缺，重要资源如耕地的人均占有量仅为世界平均水平的43%、淡水为34%、石油为6%（见图3-7）。但与此同时，资源利用方式粗放、效率低下加剧了我国资源短缺的矛盾。2013年，我国经济总量占世界的12.46%，煤炭消费量却占世界的48.2%，粗钢占43.1%，水泥占56.5%。能耗水平过高，每1万美元的GDP消耗标准油6.5吨，而日本为1吨，德国为1.02吨，仅相当于我国能耗强度的1/6（见图3-8）。俄罗斯能耗最高，是因为它是资源富集国家，人均石油、天然气等占有量很高。

- **温室气体排放总量大、增长快**

全球气候变化问题已经成为国际社会关注的焦点。不控制温室气体排放，将导致气温上升、冰川融化、海平面上升，一些海岛国家可能会被淹没，我国的一些沿海城市也将遭受威胁。当前世界各国对碳排放权的争夺很激烈，气候谈判背后其实是发展权之争。目前，我国二氧化碳人均排放量超过了世界平均水平，接近欧盟人均排放水平

第3章 经济转型升级面临的突出问题

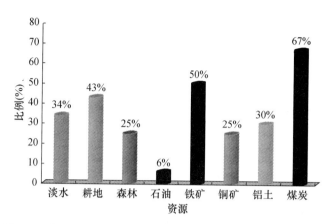

图 3-7　我国人均资源相当于世界平均水平的比例（2010年）

资料来源：世界银行 WDI 数据库。

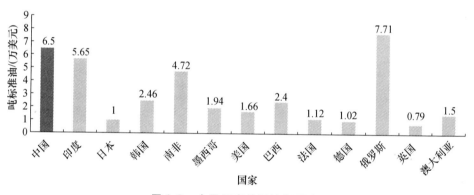

图 3-8　主要国家能源消耗强度

资料来源：世界银行网站。

（见图3-9）。2015年年底计划召开巴黎气候大会，各国将讨论2020年后全球应对气候变化的制度性安排。我国环境改善的拐点什么时候到来？国际经验表明，环境改善拐点一般出现在人均GDP 5 000美元到1万美元间，其中，美国在1万美元左右，韩国在8 000美元左右。有关分析表明，我国煤炭消费量峰值、温室气体排放峰值都可能在2025—2030年出现，这说明我们还需坚持不懈地付出艰辛努力。

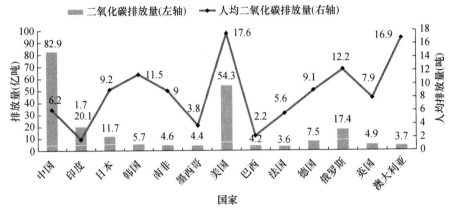

图 3-9　主要国家二氧化碳排放量比较

资料来源：《中国环境统计年鉴 2014》。

● **大气、水、土壤三大污染突出**

大气污染形势严峻。2015 年 2 月，环保部公布包括京津冀、长三角、珠三角地区以及直辖市、省会城市和计划单列市共 74 个主要城市的空气质量状况（见图 3-10），平均超标天数比例为 40.1%，其中轻度污染天数比例为 23%、中度污染天数比例为 9.3%、重度污染天数比例为 6.5%、严重污染天数比例为 1.2%。在超标天数中，以 PM2.5 为首要污染物，其次为 PM10。监测城市中，只有海口、拉萨、舟山、深圳、珠海、福州、惠州、昆明等 8 个城市空气质量 6 项指标全部符合标准。尤其是京津冀地区的 13 个城市，平均超标天数高达 60.1%，其中重度污染天数比例为 16.2%、严重污染为 3%。过去说"清早起来七件事，油盐柴米酱醋茶"，现在是"清早起来头件事，拉开窗帘看天气"，这也从一个侧面反映了空气污染的严重程度及其对人们生活造成的影响。

水污染不容乐观。全国废污水排放量不断增加，一些河流的污染物入河量远远超出其纳污能力。水污染从城市向农村、地表向地下、陆地向海洋扩散，一些地区有河皆干，有水皆污，饮用水水质存在安

第3章 经济转型升级面临的突出问题

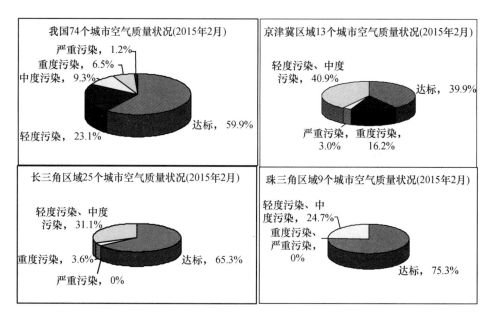

图 3-10　我国 74 个城市空气质量状况（2015 年 2 月）

资料来源：中国环境监测总站，《2015 年 2 月 74 个城市空气质量状况报告》，2015 年 3 月。

全隐患。2014 年全国地表水总体状况为轻度污染（见表 3-1），但 969 个国控断面监测结果显示，劣 V 类水质占 9.2%；长江、黄河、珠江、松花江、淮河、海河、辽河和内陆诸河等十大水系监测断面数据，劣 V 类水质占 9%，61% 的平原区浅层地下水水质劣于 Ⅲ 类。

表 3-1　全国地表水环境质量

总体状况	轻度污染
969 个国控断面	Ⅰ—Ⅲ 类水质断面占 63.2%，劣 V 类占 9.2%。
各监测断面均值超标的 14 个监测项目	主要污染指标为化学需氧量、总磷和 5 日生化需氧量，断面超标率分别为 24.7%、21.7% 和 14.8%。
十大流域	Ⅰ—Ⅲ 类水质断面占 71.2%，劣 V 类占 9.0%。
62 个国控湖（库）	38 个水质好于 Ⅲ 类水质，滇池等 5 个劣于 V 类水质量。
6 个国控断面（点位）	出现 25 次重金属超标现象，超标项目为砷、汞、镉和锌。

资料来源：根据 2014 年《全国地表水水质月报》整理。

土壤污染问题严重。耕地土壤环境质量堪忧，工矿业废弃地土壤环境问题突出（见表3-2）。土壤总的点位超标率是16.1%，其中，耕地点位超标率为19.4%，林地点位超标率为10%，草地土壤点位超标率为10.4%。土壤污染会引起土壤质量下降，影响农作物的产量和品质，甚至危害人体健康，如大米镉污染。土壤污染隐蔽性较强，不易发现，重金属污染后还具有不可逆转性，一旦污染很难治理。

表3-2 全国土壤污染状况（2014年）

总体状况	部分地区土壤污染较重，耕地土壤环境质量堪忧，工矿业废弃地土壤环境问题突出。
从点位超标率看	全国土壤总的点位超标率为16.1%，其中，轻微污染点位11.2%，轻度污染点位2.3%，中度污染点位1.5%，重度污染点位1.1%。
从土地利用类型看	耕地点位超标率19.4%，林地点位超标率10.0%，草地土壤点位超标率10.4%。
从污染类型看	无机型污染为主，有机型污染次之，复合型污染比重较小，无机污染物超标点位数占全部超标点位的82.8%。
从污染物超标情况看	镉、汞、砷、铜、铅、铬、锌、镍8种无机污染物点位超标率分别为7.0%、1.6%、2.7%、2.1%、1.5%、1.1%、0.9%、4.8%；六氯化苯（六六六）、二氯二苯三氯乙烷（滴滴涕）、多环芳烃三类有机污染物点位超标率分别为0.5%、1.9%、1.4%。

资料来源：国家环境保护部，《全国土壤污染状况调查公报》（2014年）。

3.3 科技创新能力不强

我国虽然已经成为科技大国，但还不是科技强国。自主创新能力较弱、研发投入不足、有效产出不高、科技成果转化率低等问题突出。科技创新难以适应和满足经济社会发展的需求，对经济增长的贡献不足。

• **全球创新指数评估排名靠后**

根据相关国际机构评价，我国尚未进入全球公认的创新型国家行列（见表3-3）。世界知识产权组织发布的《全球创新指数》显示，在

142个经济体中,我国排29位;世界经济论坛发布的《2013—2014年度全球竞争力报告》显示,在148个国家(地区)中,我国排29位;瑞士洛桑国际管理学院发布的《世界竞争力报告(2014)》显示,在60个国家中,我国排23位。国际机构对创新型国家的评估有一个门槛:科技进步贡献率达到60%,而目前我国科技进步贡献率为52%。

表3-3 世界公认的创新型国家

美国	芬兰	丹麦	日本
德国	英国	瑞典	瑞士
加拿大	荷兰	新加坡	法国
奥地利	以色列	比利时	澳大利亚
冰岛	挪威	爱尔兰	意大利
韩国			

资料来源:世界银行,《世界发展指标》;经济合作与发展组织,《主要科技指标》。

• **研发投入不足**

从资金投入看,根据世界银行的数据,2012年我国研发经费占GDP比重为1.98%,远远低于美国的2.79%、日本的3.35%、德国的2.98%(见图3-11)。值得一提的是,我国基础研究经费投入过低,只占研发经费总额的4.7%,而主要发达国家都在12%—26%(见图3-12)。从人力投入看,2012年我国每万名就业人员中研发人员数、研究人员数分别为65人和29人,远远低于韩国的160人和128人、日本的133人和84人、德国的142人和84人(见图3-13)。

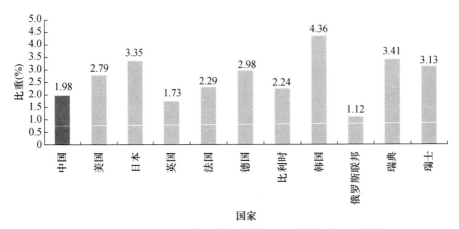

图 3-11　世界主要国家研发经费占 GDP 比重（2012 年）

资料来源：世界银行网站。

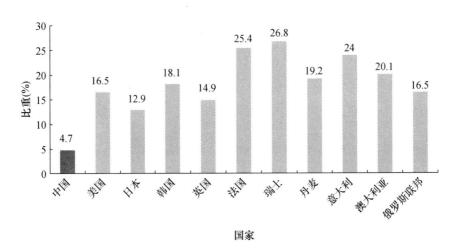

图 3-12　世界主要国家基础研究占研发经费比重（2012 年）

资料来源：世界银行网站。

第 3 章 经济转型升级面临的突出问题

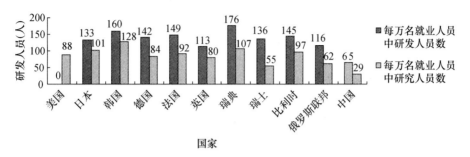

图 3-13 主要国家研发人员数（2012 年）

注：美国统计口径仅有每万名就业人员中研发人员数，无研究人员数。

资料来源：世界银行网站。

● 有效科技产出不高

三方专利数能够反映发明在专利国际市场上的技术竞争力和潜在市场价值。2012 年我国三方专利数只有 998 件，远低于美国的 12 722 件、日本的 13 163 件、德国的 4 749 件、韩国的 1 913 件（见图 3-14）。笔者在深圳华为公司调研时了解到，一些跨国通信企业掌握关键技术和高端专利，使得我国通信企业需要在生产中支付大量的技术转让和专利费用，这已经成为它们攫取超额利润的重要手段。

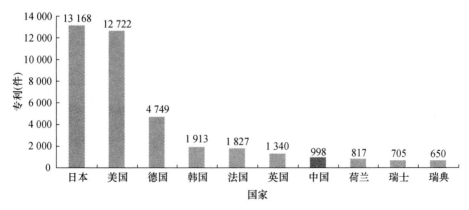

图 3-14 主要国家的三方专利数（2012 年）

资料来源：《中国科技统计年鉴 2014》。

49

- **科技成果转化率低**

科技创新不只是实验室的研究,不仅要看研发投入、专利数量,关键要看能否成功实现产业化、商业化。我国科技成果向现实生产力转化通道不畅,科技与经济联系不紧,科研与市场需求分离,与成果转化脱节,高校、科研院所拥有的成果转化处置权、收益权不够,科研人员缺乏面向市场研发、转化的动力。目前我国科技成果转化率不足10%,发达国家一般为40%—50%,技术转让市场不发达,2013年成交额仅为7 469亿元,占GDP比重仅为1.3%。

3.4 财政金融风险增大

随着经济增速放缓,财政收支压力加大,企业债务负担沉重,全社会杠杆率升高,金融系统隐患显现。在去产能、去泡沫、去杠杆的背景下,一旦应对处理不好,则有可能导致实体经济风险和财政金融风险相互交织,震荡放大。

- **财政收支矛盾突出**

"十二五"前四年,财政收入年均增速为14%,2013年、2014年增速降为10.1%、8.6%,2015年上半年财政收入增长仅为4.7%,同比回落4.1个百分点。从"十一五"起始之年2006年到2014年财政收支情况看,2006年全国财政收入38 760亿元,支出是40 422亿元,相差1 662亿元,2014年全国财政收入140 350亿元,支出151 661亿元,相差11 311亿元(见图3-15)。财政收入减少,而涉及民生的刚性支出却不能减,只能保,收支矛盾将进一步突出。而从国际国内数据分析,各国医疗、养老、教育支出等民生支出占财政支出的比重整体呈上升趋势（见表3-4、图3-16），财政分配面临"政府减税"和"政府增支"双重压力。

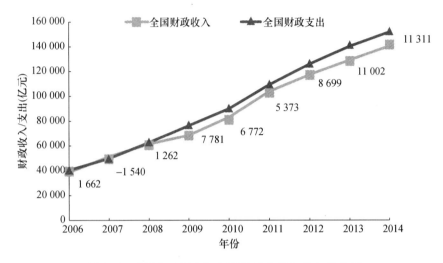

图3-15　2006—2014年全国财政支出与收入的差距

资料来源：历年《中国财政统计年鉴》。

表3-4　1870年以来十国政府支出项目占GDP的比重　　　　单位：%

支出项目	1870年前后	1913—1920	1930前后	1960年	1980年	1990年
医疗	0.3	0.4	0.5	2.4	5.8	6.5
养老	0.6	1.1	0.8	4.3	7.8	8.4
教育	0.6	1.7	1.9	3.8	6.4	6.3
公共投资	2	3.2	4.1	3.4	3.3	2.8
财政总支出	9.7	15	22.5	28.8	43.3	44.8

资料来源：表中数据为德国、日本、挪威、瑞典、荷兰、英国、美国等十个国家的简单平均值。转引自高培勇，《世界主要国家财税体制：比较与借鉴》，中国财政经济出版社2010年版。

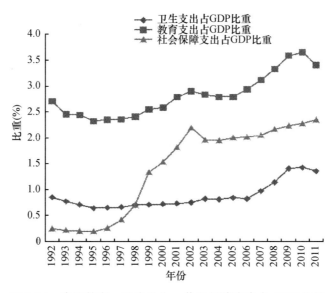

图 3-16 我国教育、医疗卫生、养老保障支出占 GDP 比重

资料来源：根据历年《中国卫生统计年鉴》《中国财政统计年鉴》《中国教育统计年鉴》整理。

专栏 3-2 瓦格纳法则

瓦格纳是 19 世纪 80 年代德国的经济学家。他在对许多国家公共支出资料进行实证分析的基础上得出著名的"瓦格纳法则"，又称为"政府活动扩张法则"。他认为，现代工业的发展会引起社会进步的要求，社会进步必然导致国家活动的扩张。根据瓦格纳法则，当国民收入增长时，财政支出会以更大的比例增长。发达国家从 19 世纪末至今一百多年的经济发展实践，证明了上述理论。英国经济学家皮科克和威斯曼在瓦格纳分析的基础上，进一步提供了财政支出的"替代—规模"效应理论，即在危机时刻，公共支出会替代私人支

第3章 经济转型升级面临的突出问题

> 出,财政支出的比重上升,但在危机过后,公共支出不会退回到先前的水平,因此,每次大的经济和社会动荡,都会导致财政支出水平上一个新的台阶。

• **政府债务增加过快**

根据国家审计署公布的《全国政府性债务审计结果》,2012年年底至2013年6月,中央政府债务从11.88万亿元增加到12.38万亿元,地方债务从15.87万亿元增加到17.89万亿元,净增2万亿元(见图3-17)。现在一些地方的基本做法是:想办法借钱,没能力还钱,只考虑还息,不考虑还本,只能是借贷举债,借新还旧,结果是债务越滚越大,风险不断累积。随着房地产市场的调整,基础设施建设和公共服务供给的支出压力加大,再加上到期巨额债务的偿还,都可能使得政府债务风险进一步放大,甚至可能导致财政风险向金融风险传导,地方政府债务风险向中央政府传导。

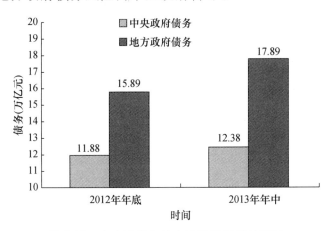

图 3-17 中央政府和地方政府债务增长情况

资料来源:《全国政府性债务审计结果》。

中国经济的转型升级
——从"十二五"看"十三五"

- **企业债务居高不下**

相比政府债务,更令人担忧、更值得关注的是企业债务的居高不下(见图3-18)。经济合作与发展组织(Organisation for Economic Co-operation and Development,OECD)18个国家1980—2010年的债务数据的实证研究表明,超越一定的限度,债务会拖累经济增长,对企业债务而言,上限一般是GDP的90%左右。[①] 财政部财科所研究表明,2013年年底我国企业负债率已高达109.6%,远高于德国的49%、美国的72%、日本的99%,位居世界前列。根据标准普尔公司的统计,2013年年底中国企业债总额为14.2万亿美元,已成为全球未偿还公司债规模最大的国家。在经济下行的背景下,企业生产经营和财务状况会更加困难,甚至有可能形成恶性循环。

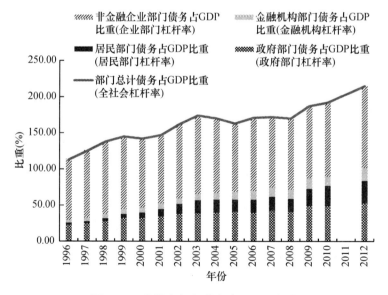

图3-18 我国各部门债务占GDP比重

资料来源:Wind数据库。

---

① 李扬,《国家资产负债表编制与风险评估报告》,第一财经网,2013年12月25日。

第3章 经济转型升级面临的突出问题

- **金融领域存在风险**

当前存在的房地产泡沫、实体经济高杠杆率、地方政府偿债能力弱化、产能过剩及部分企业经营状况恶化等，都可能引发银行信用风险及影子银行风险，导致银行不良贷款增加，坏账率上升，信托理财产品出现支付危机，影响整个金融系统的稳定和发展。目前，有一些苗头值得关注。根据银监会公布的数据，2015年上半年，商业银行不良贷款余额达10 919亿元，连续14个季度出现上升，不良贷款率为1.50%，较年初增长0.25个百分点，创近年新高。同时，对股票市场和汇率市场蕴含的风险不可掉以轻心。"十三五"时期，美联储加息、美元继续走强是大势所趋，由此对资本流动、汇率波动、资产价格缩水、大宗商品价格走势以及股票市场的影响，总体来看是弊多利少。

3.5 社会矛盾复杂多发

长期以来，我国社会发展滞后于经济发展，"一条腿长、一条腿短"的问题没有得到较好的解决，社会领域存在一些突出矛盾和明显短板，极易引发社会矛盾，需要引起高度重视。

- **居民收入分配差距过大**

根据国家统计局公布的数据，2014年我国基尼系数为0.469，仍然处于国际警戒线0.4以上。2011年世界银行列出全球基尼系数排名前十位的国家（见图3-19）。按照当年我国的统计数据，我国基尼系数为0.477，在世界上处于较高水平。近几年，笔者在研究收入分配问题时一直关注福布斯全球富豪榜排名情况。以个人资产10亿美元为门槛，2009—2014年中国富豪上榜人数从28人迅速攀升到213人，排名世界第二位，仅次于美国，与中国人均GDP世界排名80多位形成

中国经济的转型升级
——从"十二五"看"十三五"

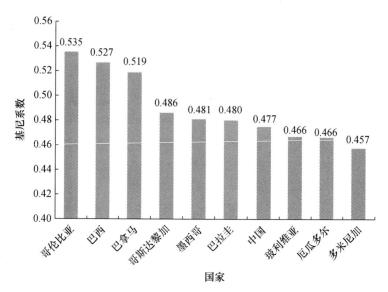

图 3-19　2011 年基尼系数全球排名前十的国家

资料来源：中国数据来自《中国统计年鉴 2012》，其他国家数据来自世界银行 WDI 数据库。

极大的反差。收入分配差距过大是产生诸多社会问题的根源。英国一家研究机构历时 30 年跟踪分析，以世界上最富裕的 23 个国家和美国的 50 个州为样本，通过分析寿命预期、肥胖、吸毒、酗酒、犯罪率、青少年怀孕、社会流动性以及人们相互信任程度等大量数据得出结论，认为收入差距导致的不平等是产生各种社会问题的主要原因。

- **涉及群众利益的问题较多**

一方面，人民群众在教育、就业、养老、医疗、住房上的需求日益增多，基本公共服务均等化尚处于起步阶段，不同区域、不同行业间公共服务供给差距较大。另一方面，环境污染、食品药品安全、安全生产、社会治安、执法司法、征地拆迁、劳资纠纷等方面损害人民群众利益的事件时有发生。此外，过剩落后产能的化解、劳动密集型产业效益的下滑、机器人在制造业的广泛应用，造成结构性失业矛盾更加突出；社会信用体系不健全导致一些领域道德失范，诚信缺失，加之腐败案件易发多发，公职人员不廉不勤现象仍然存在等，人民群众对这些问题的满意度不高，看法和意见较多，需要政府更好地履行服务和监管的职责。

● **社会不稳定事件频发**

随着改革发展进入攻坚克难的阶段，社会各种诉求增多、矛盾增多、不稳定因素增多，导致群体性事件、刑事案件、治安案件成倍增加。根据财新网记者报道，2006年以来，全国刑事案件平均每年在476万起左右①，持续高位运行。社科院法学研究所《2014年中国法治发展报告》指出，近十多年来，发生千人至万人群体性事件的起因中，劳动纠纷占28.3%，执法不当占18.8%，征地拆迁占18.85%；发生万人以上群体性事件的起因中，环境污染占50%。在以微博、微信等自媒体为代表的网络时代，线上虚拟社会与线下实体行动相呼应，群体性事件极易扩散，而协调和化解的难度却越来越大。

当前经济转型升级面临的五大突出问题，分析产生的原因，有体制机制的原因，有发展阶段的原因，有增长方式的原因，也有思想观念的原因，但根本的原因在于没有处理好政府与市场的关系。笔者将其概括为三句话：

第一，增长成为首要目标。多年形成的政绩考核体系和官员选拔机制强化了GDP导向，增长等于一切，增长压倒一切，导致片面追求经济增长速度，忽视经济发展质量；片面追求短期的高速增长，忽视长期的持续发展；用尽当前的所有资源，透支以后的发展空间。

第二，地方财政依赖增长。现行财政体制不完善，各级政府间事权与支出责任不清晰，转移支付体系不健全，导致地方事权和财力不匹配，支出缺口大、压力大。修路架桥治水送电都需要政府掏钱，教

---

① 《2014年中国司法观察：刑事案件总量持续高位运行》，财新网，2015年3月12日。

中国经济的转型升级
——从"十二五"看"十三五"

育医疗养老扶贫都需要政府保障,地方政府只有通过大规模工业投资、大规模土地开发实现高速增长,想方设法增加财政收入。

第三,政府强势主导增长。经济增长由市场主导变为政府主导,最终变为投资主导。一个城市就像一个公司,书记是董事长,市长是总经理,亲自上阵招商引资,"走遍千山万水,历经千辛万苦,说尽千言万语,使出千方百计"。三驾马车拉动经济增长,消费是居民说了算,出口是外商说了算,只有投资政府最好掌控,于是根据增长目标确定投资规模,根据投资规模确定建设项目,根据建设项目分配土地指标和资金盘子,政府凭借行政资源推动经济高速增长。

作为"十二五"规划编制实施的参与者、推动者,现在回过头来看,其中的不足主要有两个方面:在规划编制方面,对国际金融危机的持续影响估计不足,没有想到危机的影响如此深刻而持久,对机遇看得多一些,对困难看得少一些;对4万亿刺激政策的后果估计不足,没有想到会使得部分行业产能过剩,对当时保增长的作用看得重一些,对长远调结构的影响看得轻一些;对空气污染恶化的态势估计不足,没有想到全国城市空气污染程度会越来越严重,对节能减排单项指标研究得比较深,对综合施策、区域联动防治污染考虑得很不够。在规划实施方面,主要是总体规划与专项规划统筹不够,专项规划编得过多,全局性、指导性不强;国家规划与地方规划统筹不够,"十二五"规划提出的全国经济增长预期目标年均为7%,但31个省提出的经济增长预期目标平均为10.7%,高出3.7个百分点,地方规划贯彻国家规划的意识不强;公共服务与公共资源统筹不够,首次编制的基本公共服务规划缺乏公共资源的配置和支持,保障能力不强。这些都应在"十三五"规划编制实施中改进和完善。

中篇
"十三五"时期经济转型升级的宏观背景和基本思考

第4章 "十三五"时期经济转型升级的国际环境

作为当今世界第二大经济体,中国经济与全球经济已经融为一体,互为依存。分析未来发展的国际环境,不能仅仅观察外部因素的变化,还要动态地研究内外部因素的相互作用,认识到大国本身的举动对外部环境产生的回荡效应。这是一个复杂多变的大系统,不可预见的因素、难以预测的事情较多,不好做出面面俱到的全景式分析,故而要力图对一些发展的大趋势有一个基本判断,对面临的主要机遇和挑战有一个基本认识。

4.1 全球经济在深度调整与分化中艰难前行

本轮全球经济复苏时间之长、进程之曲折、波动之剧烈堪称战后之最。对于"十三五"时期以一种什么样的姿态走出国际金融危机的阴影,众说纷纭。总体上看,"十三五"时期可能呈现多重特征,全球经济跌宕起伏,总体缓慢复苏,局部动荡不停;主要经济体走势分化,发达经济体发展趋势向好,新兴经济体增长格局重构,经济重心进一步向新兴经济体转移,发展中国家实力相对上升;中国经济增速虽然

中国经济的转型升级
——从"十二五"看"十三五"

有所回落,但仍然走在前列,发展质量得到提升。

● **全球经济形势总体略好于"十二五"时期**

历史上看,世界经济具有较强的周期性,始终沿着潜在增长率上下波动。一般来说,从经济危机爆发到经济复苏,间隔大约8—10年。国际金融危机爆发至今已历时8年,经过持续应对和逐步消化,系统性风险有所释放,经历这么长的低迷期,理论上应该进入繁荣期,但看来实现这一愿景还需时日,目前全球经济开始由衰退转向艰难复苏。

对于未来5年全球经济增长态势的判断,综合国际研究机构的分析,"十三五"时期全球经济形势总体将略好于"十二五"时期。据国际货币基金组织(International Monetary Fund,IMF)预测,主要经济体增长态势趋好,2016—2019年全球经济年均增速将达到3.95%,比"十二五"时期的3.52%快0.43个百分点。美国高盛公司预测,2016—2020年,全球经济增长年均为4.02%,其中各年分别为3.9%、4.0%、4.1%、4.2%和3.9%。OECD发布的《未来50年全球贸易和专业化发展趋势》报告,从更长的一个时间跨度分析,认为未来50年,全球经济将以年均3%的速度增长,贸易增长速度预计年均为3.5%左右,到2030年以前,中国和印度的经济增长速率占比将显著增加,在世界贸易中将获得更大的市场份额(见图4-1)。

同时要看到,全球经济增长潜能严重受创,复苏基础还很脆弱,"弱复苏"成为新常态。从宏观面看,发达经济体持续量化宽松货币政策造成的影响、美联储加息和美元走强带来的冲击、国际金融市场和大宗商品价格的大幅波动、地缘政治引发的动荡风险,等等,使得经济复苏的不确定、不稳定性因素依然突出。从生产率看,IMF、美国"大型企业联合会"等研究表明,由于技术创新缓慢、公司治理结构和人力资本效率降低等原因,全球劳动生产率增速整体呈下降趋势,1999—2006年为2.6%,2007—2012年降至2.5%,2013年、2014年进一步降至2.1%,大多数经济体的生产率增速都在下滑,这一状况

第4章 "十三五"时期经济转型升级的国际环境

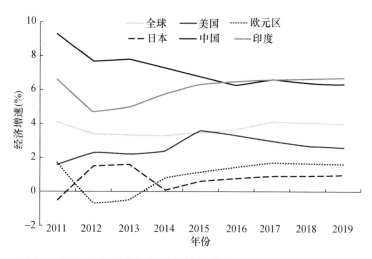

图 4-1 国际货币基金组织对经济增速的预测（2016—2019年）

资料来源：国际货币基金组织网站。

难以在短期内改观，将对企业盈利、工人工资、财政收入造成直接影响，侵蚀经济长期增长的基础。

● **主要经济体复苏态势和政策取向出现分化**

与低增长的"新平庸"[①]相对应，是主要经济体的"大分化"。美国是金融危机的肇始地，重创之后加速调整，目前表现在发达国家中可谓处于领先地位。2014年经济增长2.4%，2015年上半年又同比增长2.3%。复苏的巩固得益于资产负债表的修复和微观经济基础的改善。再工业化、扩大出口的政策引导，创新战略实施的激励，能源自给率的提高，加之宽松货币政策释放的流动性和金融改革的系统推进，稳定了金融体系，增强了实体经济竞争力，推动了失业率持续走低。最新数据显示，2015年6月美国失业率为5.3%，比2010年的10%下

[①]《IMF总裁拉加德发表演讲》，英国《金融时报》，2014年10月3日。拉加德演讲中说道，全球经济正处于拐点，它可以一直保持低增长，进入"新平庸时代"，或力争走一条更好的路子，制定大刀阔斧的政策，加快增长，增加就业。

中国经济的转型升级
——从"十二五"看"十三五"

降了4.7个百分点。多数经济学家认为,美国经济将延续稳定的复苏态势;美国劳工部预测,美国未来数年经济年均增速有望达到3.0%左右;世界银行最新预测,美国经济未来三年将保持年均2.6%的增长率。美国经济约占世界总量的23%,将有力支撑世界经济复苏。

欧元区在金融危机初期似乎只是被动波及者,但随后因多个国家主权债务问题相继爆发,屡屡卷入其中,疲于应付。通过强化一体化稳定机制,实施"欧版量化宽松政策"等,系统性压力有所释放,通货紧缩风险有所降低。同时,"容克计划"①、新能源发展战略等扩张性政策的推出,在一定程度上刺激了投资、增进了就业。2014年欧元区经济增速为0.8%,摆脱了2012年、2013年连续负增长的局面,2015年上半年同比增长1.1%,经济基本面改善。2015—2020年,根据IMF、英国共识公司等机构预测,欧元区的增速略强于1.5%,复苏趋于稳健。但是,债务水平高企,失业率居高不下②、劳动力市场改革缓慢等难以在短期内改善,重债国家的债务消化又受制于国内政治博弈和民粹势力抬头,解决问题的难度相当大。这些风险因素及不确定性,如果处理和把握不好,将会影响复苏进程。2014年欧盟经济总量约18.5万亿美元,比美国总量还大。未来前景预期向好,有益于世界经济复苏。

日本经济在危机后虽没有直接卷入漩涡,但本来就长期脆弱的经济在冲击下陷入更加低迷的境地。2012年年底安倍晋三上台后,力图摆脱持续近20年的通货紧缩,施行以大规模刺激政策为内容的"安倍经济学""大胆的货币政策"和"灵活的财政政策"产生了短期效果。2013年日本经济增长1.6%,实现短暂复苏,2014年增长率又跌落至

---

① "容克计划"是指2014年11月底,欧盟执委会新主席,前卢森堡首相容克为启动欧洲经济,公布的3000亿欧元的投资计划,利用欧洲投资银行和欧盟现有资金,用来资助私企以1∶15的高杠杆主导的投资项目,预计增加就业130万。投资计划利用欧洲投资银行和欧盟现有资金作为种子资金,撬动私人投资,主要投资宽带、能源、交通、教育等领域。

② 根据Wind国际经济数据库统计,欧元区2015年以来各月的失业率一直在11%以上,较危机前仍然高出约4个百分点。

第 4 章 "十三五"时期经济转型升级的国际环境

零,2015年上半年为0.7%,总体看经济增长乏力。量化宽松政策和日元大幅贬值,对提振出口、防止通缩的作用逊于预期,而财政政策又掣肘于本已高企的政府债务水平[①],腾挪空间非常有限。"安倍经济学"第三支箭"结构改革"已射出,但如果劳动力短缺、就业市场改革滞缓、传统产业政策限制等坚冰不破,"新成长战略"可能会更多地止于口号。有关专家预测,未来几年,日本潜在增长率仅为0.5%左右,IMF预测其增长率在1%左右,都远低于日本官方2%的增长目标,大多数观点认为增长前景比较黯淡。

新兴经济体在危机刚爆发时曾是遏制全球经济下滑的主要力量。2009年金砖国家对全球经济增长的贡献高达90%,但随着危机的持续影响,新兴经济体增长出现明显分化,集体保持较快增长的势头明显受挫。2010年全球十大新兴市场国家中有7个经济增速超过全球平均水平,到2014年则降为3个。主要因素包括:一是债务风险持续上升。麦肯锡的一项研究显示,截至2013年年底,新兴经济体债务总量已达49万亿美元,随着美元大幅升值,偿还成本不断上升。二是资本外流趋势上升。荷兰国际集团数据显示,2009年7月到2014年6月,共有2.2万亿美元资金流入15个最大的新兴经济体国家,而2014年7月至2015年3月,这些经济体资本流出总额已高达6000多亿美元;继新兴经济体国家2014年外汇储备20年来首次下降后,《金融时报》2015年5月8日报道,2015年一季度,15个新兴经济体国家外汇储备又减少3744亿美元,这些都严重影响了市场信心和发展预期。

但是,应该看到,以中国、印度为代表的部分新兴经济国家仍然保持较高增速,印度尼西亚、越南、菲律宾等经济增长有所加快。特别是印度总统莫迪上台后,推进了50多项结构性改革举措,实施"印

---

① 2014年年底,日本政府债务余额高达1000万亿日元,折合为人民币约50万亿元,相当于当年GDP的2倍,在发达国家中是最高的。

中国经济的转型升级
——从"十二五"看"十三五"

度制造"计划，允许民资、外资参与铁路建设，降低外资进入门槛，推进国有企业改革，实施统一税制等，2013年印度增长率为6.9%，2014年为7.4%，世界银行预测，2015年、2016年经济增速将分别为7.4%和7.8%，发展势头强劲，前景普遍看好，将成为新兴经济体又一个"领跑者"。而俄罗斯、巴西等高度依赖能源矿产资源出口的国家由于大宗商品价格下跌、本币大幅贬值等，已陷入较为严重的衰退，短期内难以走出困境。世界银行认为，新兴经济体增长面临的"结构性放缓"可能会持续多年。IMF预测，新兴经济体的潜在增长率未来5年将从危机前10年的平均7.2%降至5.2%。

还应该看到，在全球经济缓慢复苏、国际市场需求低迷的情况下，非洲经济表现抢眼，2014年增长3.9%，非洲开发银行、联合国开发计划署预计其2015年、2016年将分别增长4.5%和5%。可以预言，未来非洲将成为全球经济发展最具活力的地区和推动世界经济复苏的重要引擎。

- **我国经济面临外需减弱和竞争加剧双重压力**

世界经济复苏缓慢导致全球需求疲软、贸易增长放缓。根据世贸组织统计，2012—2014年，国际贸易量增速连续3年低于世界经济增速，2015年一季度，国际贸易量仅增长0.7%。外部需求变化不仅是简单的需求放缓，也是全球经济再平衡过程中国际分工和贸易格局变化的反映。发达国家经济增长对我国出口拉动效应减弱，新兴经济体对国际市场的争夺更加激烈，贸易保护主义持续升温，我国作为全球第一出口大国，拓展外需空间受到较大制约。

美欧等发达国家积极推动制造业回归和扩大出口，与我国产业结构的竞争由互补为主向互补与竞争并存转变，对我国出口需求增长和产业结构向中高端迈进构成新的挑战。研究显示，2003—2008年，美国名义GDP每增长1个百分点可带动进口需求增长3.8个百分点，而2011—2013年仅为2.3个百分点，这种趋势预计还会进一步强化。与此同时,针对我国产品的反倾销、反补贴案件明显增多。据商务部统计,全球每年新发起的反倾销案件中,30%以上直接针对中国,反补贴调查中,70%针对中国,2014年共有22个国家和地区对中国出口产品发起贸易救济调查。新兴经济体国家加快推进工业化进程,资源富集国家谋求产业链条延伸,对我国中低端产业、劳动密集型产业形成挤压。随着我国劳动力成本上升、环保标准提高等,传统的低成本竞争优势逐步丧失,部分劳动密集型外资企业开始撤离我国,重新布局到越南、斯里兰卡等要素成本更为低廉的国家。"高端回流、低端转移"将是未来我国产业竞争面临的一个新情况。

4.2 世界科技革命推动新一轮产业变革

历史经验表明,经济危机往往孕育着新的科技革命,科技的重大创新突破,往往引发新的产业革命,推动经济加速转型、产业优化升级。金融危机后,世界各国都在寻找新的增长动力源泉,都把科技创新和新兴产业作为突破口,都想搭乘科技革命的快车,抢占竞争的制高点,率先复苏并走向繁荣。

- **创新密集和产业变革时代来临**

近几年,美国总统奥巴马两度发布"创新战略",大力推进先进制造业创新网络计划,在全美建立了45个制造业创新中心。比如,位于俄亥俄州的3D打印中心,是由80多家公司、9所研究型大学、6所社区学院和18家非营利机构参与的广泛联盟,共享资源、经验和成果,重构创新生态系统(见表4-1)。欧盟面向2020年提出"创新型联盟战略"(见表4-2),德国提出工业4.0战略(见表4-3),俄罗斯制定"2020创新发展战略"(见表4-4),日本提出新一代汽车计划、数字日本创新计划,韩国提出绿色增长国家战略、新增动力综合推进计划,等等。

表 4-1　美国最新重大科技项目一览表

重大项目名称	时间	研发投入预算
SunShot 太阳能计划	2011—2030	2011 年预算为 4.25 亿美元
先进制造业伙伴关系计划	2011—	2011 年投入超过 5 亿美元启动资金
脑计划	2013—	2014 年投入约 1 亿美元启动资金
无线网络计划	2011—	设立 30 亿美元的无线创新基金
网络与信息技术研发计划	2012—	年预算为 37 亿美元
大数据研发计划	2012—	2012 年首批投资 2 亿美元
国家纳米技术计划	2001—	年预算约 18 亿美元

资料来源:美国《创新战略》、美国《国家先进制造业战略计划》、美国《国家纳米技术计划战略规划》、美国《国家网络与信息计划战略计划》。

表 4-2　欧盟最新重大科技项目一览表

重大项目名称	执行时间	研发投入/预算
石墨烯旗舰项目	2014—2020	总预算 10 亿欧元
人脑旗舰项目	2014—2020	总预算 10 亿欧元
创新药物(二期)	2014—2020	欧盟 17.25 亿欧元,产业界 17.25 亿欧元
燃料电池与氢(二期)	2014—2020	欧盟 7 亿欧元,产业界 7 亿欧元
清洁空气(二期)	2014—2020	欧盟 18 亿欧元,产业界 22.5 亿欧元
生物基产业	2014—2020	欧盟 10 亿欧元,产业界 28 亿欧元
电子元器件及系统	2014—2020	欧盟 10 亿欧元,产业伙伴 36 亿欧元
未来工厂	2014—2020	指示性总预算 11.5 亿欧元
节能建筑	2014—2020	欧盟 6 亿欧元
伽利略卫星导航系统	2014—2020	70 亿欧元

资料来源:欧盟"地平线 2020"计划。

表 4-3　德国最新重大科技项目一览表

重大项目名称	执行时间	研发投入/预算
碳中和、高效能和适应气候变化的城市	2012—2020	联邦政府 5.6 亿欧元
能源供应的智能化改造	2012—2020	37 亿欧元
作为石油替代品的可再生能源	2012—2020	5.7 亿欧元
个性化医疗治愈疾病	2012—2020	3.7 亿欧元
有针对性的饮食改善健康	2012—2020	9 000 万欧元
老年人自主生活	2012—2020	3.05 亿欧元
可持续交通	2012—2020	21.9 亿欧元
以互联网为基础的经济	2012—2020	3 亿欧元
工业 4.0	2012—2020	2 亿欧元
安全身份（网络安全）	2012—2020	6 000 万欧元

资料来源：德国《高技术战略 2020》未来项目。

表 4-4　俄罗斯最新重大科技性项目一览表

重大项目名称	执行时间	研发投入/预算
全球卫星导航系统	2012—2020	3 265 亿卢布（联邦政府总投入，下同）
联邦航天计划	2012—2020	3 050 亿卢布
航天发射场专项计划	2012—2020	1 251 亿卢布
民用航空技术联邦专项计划	2012—2020	3 529 亿卢布
纳米产业基础设施联邦专项计划	2012—2020	277 亿卢布
制药及医疗技术联邦专项计划	2012—2020	1 881 亿卢布
电子元器件和电子产品发展	2012—2020	1 870 亿卢布
新一代核能技术联邦专项计划	2012—2020	1 283 亿卢布
民用海洋技术联邦专项计划	2012—2020	1 365 亿卢布

资料来源：俄罗斯《2013—2020 国家科技发展计划》及有关专项计划。

- **新一轮科技产业革命的方向**

对于新一轮科技产业革命如何定位，它的突破口、引爆点、技术路线图以及对未来经济社会发展产生的重大影响，目前尚未形成统一定义和广泛共识。美国麻省理工学院埃里克·布莱恩约弗森和安德鲁·麦卡菲教授的新作《第二次机器革命：数字化技术将如何改变我

中国经济的转型升级
——从"十二五"看"十三五"

们的经济与社会》中指出,在计算机和数字技术引领下,人类社会即将进入"第二次机器时代","指数级的增长、数字化的进步、组合式的创新"是三个达到引爆点的巨大技术进步。他们预言:"我们人类越来越有可能创造历史上最主要的两个一次性的大事件:真正多用途的人工智能机器的出现,以及这个星球上大多数人可以通过共同的数字网络沟通互联。它们的结合比工业革命以来的任何推动力都要强大。它们将永久地改变这个物质世界的运转方式。"《第三次工业革命》的作者杰里米·里夫金认为,以构建可再生能源体系为基础的第三次工业革命,推动互联网技术与可再生能源的融合,通过"能源互联网"实现绿色电力的共享,将使人类告别化石能源时代。

欧盟委员会提出的《下一代计算路线图》,基于已知的技术和市场趋势,描绘了未来10—15年计算技术发展将带来的7个影响,包括数字公民、数字国家、智能交通、教育与研究、未来医疗、资源约束和未来制造等,并据此制定了每个方面所需的计算技术和创新路线图。德国政府提出的"工业4.0"计划认为,继机械、电气和信息技术三次工业革命后,即将发生以物联网和制造业服务为基础的第四次工业革命,基于物联信息系统建立包含设备、仓储系统和工业产品的全球性网络,将生产中的供应、制造和销售信息数据化、智能化,可实现快速、有效、个性化的产品供应。

尽管以上认识和关注点有所不同,但我们清晰地看到,信息技术、生物技术、新材料、新能源及与互联网、物联网的融合,无疑是未来创新突破的重点方向和关键领域。这些新技术、新模式交叉组合,叠加应用,将催生出全新的生产方式、产业形态、商业模式,从而创造出巨大的经济社会价值。据麦肯锡预测,到2025年,仅移动互联网、先进机器人、物联网、新一代基因组等12项重大技术,就将产生14万亿—33万亿美元的直接经济价值(见表4-5)。

第4章 "十三五"时期经济转型升级的国际环境

表4-5 麦肯锡提出的颠覆技术及经济价值

颠覆性技术类型	受影响人群	对全球经济的潜在影响（万亿美元/年）
移动互联网	43亿移动互联网潜在用户，10亿负责交易和沟通的从业人员，占全球劳动力的40%	3.7—10.8
知识型工作自动化	2.3亿知识型劳动力数量，占全球劳动力总量的9%，11亿智能手机用户	5.2—6.7
物联网设备	1万亿各行业可连接物，1亿全球机对机（M2M）	2.7—6.2
云计算	20亿电子邮件用户	1.7—6.2
先进机器人	3.2亿制造业工人，2.5亿大手术患者	1.7—4.5
新一代基因组	2600万癌症、心血管疾病或II型糖尿病患者，25亿农业就业人口	0.2—1.9
自动或半自动交通工具	10亿汽车和卡车（全球），450 000架全球民用、军用和通用飞机	0.7—1.6
能量储存	12亿全球无电人口	0.1—0.6
3D打印	3.2亿制造业工人，占全球劳动力的12%	0.2—0.6
先进材料	760万吨硅（全球/年），45 000公吨碳纤维（全球/年）	0.2—0.5
先进的油气田勘探开采	相当于220亿桶石油的天然气，300亿桶原油	0.1—0.5
可再生能源	21 000太瓦时（TWh，全球每年电力消耗），130亿吨二氧化碳排放量	0.2—0.3

● **历史性交汇中的机遇和挑战**

15世纪以来，有近10个国家曾先后崛起，成为世界性强国。[①] 总结大国的崛起经验，无一例外都是抓住了当时技术进步和产业变革的

[①] 世界性强国是指15世纪航海大发现后开始形成的、对世界整体发展和格局变化产生过重大影响的国家。世界性强国具有四大特点：一是有强劲的经济基础和综合实力；二是有整合的国家制度与社会结构；三是有吸引力的文化与精神特点；四是具有全球影响力的国际战略。一般认为有9个国家依次曾经为"世界强国"：葡萄牙、西班牙、荷兰、英国、法国、德国、日本、苏联、美国。

中国经济的转型升级
——从"十二五"看"十三五"

先机,在若干战略性领域占据领先地位,实现对传统大国的赶超。最典型的是,18世纪中期,英国通过以纺织业和蒸汽机为代表的工业革命实现对传统航海大国葡萄牙、西班牙、荷兰的赶超,成为"世界工厂"和"日不落帝国";19世纪末,德国抓住以钢铁、电气化为代表的第二次工业革命机会,实现对英国、法国等传统强国的赶超;20世纪以来,美国在汽车产业和以微电子、计算机技术为代表的第三次工业革命中拔得头筹,成为全球科技、经济中心乃至称霸世界的超级大国。

如今这一轮科技产业革命,与我国的经济转型升级形成历史性交汇。一方面为我们跨越式发展提供了新的契机,另一方面也使我们面临与发达国家再次拉大差距的风险。逆水行舟,不进则退。回顾历史,在前几次工业革命中,我们都痛失机遇,在从农耕文明向工业文明的转型中,被远远甩在后面,导致国力衰弱,落后挨打。在这一次新的赛跑中,我们必须迎头赶上,奋发争先,努力进入第一梯队,夯实"中国梦"的经济和产业基础(见表4-6)。

表4-6 人类历史上几次重要的技术突变和产业革新

经济周期		主要基础结构的重大特征				
大约时间	康德拉季耶夫周期*	领先国家	科技、技术、教育培训模式	交通运输方式	能源系统	普遍廉价关键要素
第一次 1780—1840	产业革命:纺织品工厂化生产	英国	学徒制,边干边学,科学社团	运河、车行道	水力	棉花
第二次 1840—1890	蒸汽动力与铁路时代	英国	专业机械与土木工程师,技术学校,大众初级教育	铁路(铁)、电报	蒸汽	煤、铁
第三次 1890—1940	电气与钢铁时代	德国	工业研究与开发试验室、化学品与电气国家试验室,标准试验室	铁路(钢)、电话	电气	钢

(续表)

经济周期		主要基础结构的重大特征				
第四次 1940—1990	汽车和合成材料的大批量生产（福特主义）时代	美国	大批量生产产业和政府的研究与开发，普及的高等教育	汽车公路、无线电、电视、航空航线	石油	石油、塑料
第五次 1990—？	微电子学和计算机网络时代	美国	数据网络，研究与开发全球网络，终身教育和培训	信息高速公路、数字化网络	天然气、石油	微电子运算速度

注：＊康德拉季耶夫周期1925年由苏联经济学家康德拉季耶夫在美国发表的《经济生活中的长波》一文中首先提出，科学技术是生产力发展的动力，生产力发展的周期是由科学技术发展的周期决定的。

资料来源：〔美〕克利斯·弗里曼、罗克·苏特，《工业创新经济学》，华宏勋译，北京大学出版社2004年版。

4.3 能源格局发生重大结构性变化

能源是经济社会发展的重要基础，能源安全事关国家安全，能源问题是全球经济、政治、外交的核心议题。由于美国页岩油革命、地缘政治冲突、可再生能源开发利用等因素，世界能源格局正在发生重大结构性变化。"十三五"时期我国能源发展与安全面临新的机遇和挑战。

- **美国页岩油革命带来的冲击**

美国是最早开始页岩油资源研究和勘探开发的国家。[①] 自2008年以来，美国页岩油产量成倍增加，世界石油市场增量的一半来自美国

---

① 页岩油以游离或吸附状态藏身于页岩层或泥岩层中。储集空间以裂缝为主，并以吸附气和水溶气形式赋存，因低（负）压、低饱和度（30%左右）而低产。页岩油发育具有广泛的地质意义，存在于几乎所有的盆地中，只是由于埋藏深度、含气饱和度等差别较大分别具有不同的工业价值。但在裂缝发育带可获较高产量，井下爆炸和压裂等改造措施效果也较好，具有开采价值。这些年美国页岩油开采水力压裂技术取得了突破性进展。

页岩油,目前美国已成为头号产油大国。根据国际能源署《石油市场报告》,截至2015年3月,美国每日产油达940万桶,已超过沙特和俄罗斯,约占全球市场的10%。根据美国能源部数据,美国能源自给率从2008年的76.7%,提高到2013年的85%,预计到2020年将达到93.5%。这一变化使得石油输出国组织(Organization of Petroleum Exporting Countries,OPEC)依靠增减产量来控制全球油价的能力逐渐减弱,存在被边缘化的危险。美国从石油进口国变为主要生产大国,大幅减少从沙特的石油进口,使沙特地位变得脆弱,而美国在石油定价方面的影响力大幅上升。由于美国页岩油储量丰富,开采技术越来越先进,成本不断降低,加之美国拥有全球最大的商业原油储备能力,不少分析认为美国将深刻影响世界能源格局,引领未来国际石油市场发展。

- **能源版图变化与地缘政治博弈**

能源版图与地缘政治博弈往往交织在一起。当年美国不惜一切代价发动伊拉克战争,背后的一个深层次的原因是中东的石油资源。而今随着美国能源自给率的提高,美国对中东的战略关注度下降,使得长期飘摇的中东局势再添变数。伊拉克、叙利亚战乱不止,伊斯兰国大有席卷中东之势,而美国迟迟不动,不想过多介入,仍然把主要精力放在亚太地区。而随着亚洲经济的崛起,其能源需求规模快速扩大。据国际能源署预测,2011—2020年,亚洲发展中国家的能源消费量年均增速将达到3.2%,明显高于其他地区,这将使得霍尔木兹海峡、马六甲海峡等中东油气输往亚洲的通道重要性上升,预计经过两地的石油贸易量占比将从2010年的42%、32%提高到2020年的50%和45%。未来我国将成为全球最大的石油进口国,印度将成为全球最大的煤炭进口国。由于俄乌冲突的影响,将使欧盟逐渐减少对俄罗斯油气资源的依赖。目前,中东仍然控制着世界已探明传统原油储备的48%,并拥有全球石油产量的1/3,但中东政局长期不稳,冲突不断。这些都将对国际能源市场和地缘政治格局产生重要影响。

第 4 章 "十三五"时期经济转型升级的国际环境

● **新能源、可再生能源重塑能源结构**

进入 21 世纪以来,能源安全和环境保护问题日益突出,许多国家将开发利用可再生能源作为能源战略的重要组成部分,作为缓解能源供应矛盾、减少温室气体排放、应对气候变化的重要技术选择。国际金融危机后,多个国家更是将发展新能源和可再生能源作为刺激投资、提升产业的一项重要举措。

总体上看,全球可再生能源呈现规模化的发展势头。2013 年,全球可再生能源发电装机达到 15.6 亿千瓦,占发电总装机的 26%,可再生能源发电量占全部发电量的 22.1%,可再生能源占能源消费比重约为 19%,可再生能源投资达到 2140 亿美元,增长速度远高于常规化石能源。从主要经济体的发展情况看,2014 年,美国民用太阳能市场连续三年增速超过 50%,过去 5 年储能电池的成本已经下降了近 70%。欧盟通过制定法律明确"2020 年可再生能源在终端能源消费中达到 20%"的目标,提出到 2030 年可再生能源占能源消费总量比重达到 27% 以上。2014 年,我国非化石能源占比达到 11.2%,到 2020 年、2030 年非化石能源占一次能源消费比重将分别提高到 15% 和 20%。新能源、可再生能源的生产和利用,将极大地减轻对传统化石能源的依赖性,能源生产和供给模式将发生重大变化,新旧模式转换必将改变原有的能源结构,重建世界能源市场新秩序,实质性地影响世界政治经济利益格局。

● **我国能源发展的有利条件与安全隐患**

综合分析,未来几年全球石油市场总体上会呈现供大于求的格局,油价上涨的空间不大,这为我国应对经济下行、降低生产成本、增加石油储备、扩大境外投资,创造了难得的有利条件。按 2014 年我国原油进口量来计算,油价每下降 1 美元将为我国石油进口节省 21 亿美元。目前我国战略石油储备距离 90 天的储备目标仍有一定的距离,可利用油价下跌的机会增加原油战略储备。油价下跌还会降低整体能源成本和支持能源改革，有利于加快推进天然气价格和煤炭资源税改革以及成品油价格机制改革，也有利于我国开展国际能源合作。

但国际油价下降难以改变我国能源供求结构的基本矛盾，我国能源安全瓶颈仍然存在。根据世界能源理事会（World Energy Council）发布的最新研究报告，从能源价格承受能力看，我国在129个国家和经济体中排名第82位，落到了中游以下的水平。从能源供应保障能力看，2013年我国石油和天然气对外依存度分别为58.6%和30.2%，预计到2030年将分别达到70%和40%，特别是我国石油进口主要来自中东、非洲地区，海外油气投资也主要集中在这些地区，一旦发生动荡，势必影响我国境外油气供应安全。此外，我国近90%的石油进口依靠海路运输，其中80%要经过印度洋—马六甲海峡—南海通道，海上能源运输安全面临风险。

4.4 大国博弈带来的竞争合作尖锐复杂

当前和未来一个时期，和平与发展仍是时代主题，世界多极化和经济全球化的大趋势不会逆转。但国际政治经济格局正在重构，大国力量消长和相互博弈将更趋复杂。中国作为新兴大国，如何处理与守成大国之间的关系至关重要，这不仅关乎自身的壮大，也影响全球的发展。我们仍然要冷静观察，韬光养晦，同时趋利避害，有所作为。

- **美国的国际地位与中美新型大国关系**

美国是当今世界唯一的超级大国，综合实力和绝对优势在相当长一段时期内仍将维系。中美关系是全球最为重要、最为复杂的双边关系。美国因素始终是影响中国发展的最大外部因素。我们要坚持从战略高度和长远角度出发，以积水成渊、积土成山的精神，不断推进中

第4章 "十三五"时期经济转型升级的国际环境

美新型大国关系建设。21世纪第一个10年,可以说是中美关系的蜜月期,但进入第二个10年,随着两国经济互补性的减弱和外界常常议论的中国经济总量超越美国时间表的逼近,美国开始重新审视中国并调整其全球战略重点。无论是人为突出军事安全议程,刻意加强军事部署,高调重返亚太地区,还是加紧主导完善各种国际规则,都表明了美国对中国发展约束和遏制的意图更加明显(见表4-7)。

表4-7 《跨太平洋战略经济伙伴关系协定》(TPP)设置更高标准

服务贸易	要求全面实现国民待遇,特别是准入前国民待遇,对金融服务和典型服务领域的开放要求尤其高
投资条款	在外资准入方面要求"负面清单"模式,持续推动建立全面、高标准的投资协定
知识产权	更高标准的知识产权要求,对新兴经济体的部分产业特别是药品行业、互联网行业冲击较大
竞争政策	主要涉及竞争公平,设立全新的国有企业规则,保证国有企业与私营企业公平竞争
劳工标准	允许劳工自由集会结社以及集体谈判;取消一切形式的强迫或强制劳动;废除就业和职业歧视;不得以减损或降低劳动权利影响贸易和投资
环境标准	承诺不能以影响各方贸易投资为由削弱或降低环境保护法律法规等

资料来源:根据公开资料整理。

2015年2月,美国政府发布一年一次的《国家安全战略报告》,一方面看重与中国的合作关系,另一方面加强对中国的防范牵制。实际上,中美两国在促进全球经济增长、维护国际货币金融体系稳定、反对恐怖主义、防止核扩散、应对气候变化等诸多领域,有着广泛而重要的共同利益。习近平主席多次强调:"宽广的太平洋有足够的空间容纳中美两个大国。"只要中美双方着眼于建立和坐实中美新型大国关系,增进战略互信,有效管控分歧,超越零和博弈,承认双方在政治制度、发展模式、意识形态上的差异,积极寻求两国利益契合点,扩大彼此在全球问题上的共识,坚持做到"不冲突、不对抗、相互尊重、合作共赢",是可以避免所谓的"修昔底德陷阱"的。

> **专栏 4-1　"修昔底德陷阱"**
>
> "修昔底德陷阱"（Thucydides's trap）由古希腊历史巨著《伯罗奔尼撒战争史》的作者、被誉为西方史学之父的修昔底德最早提出，指的是一个新崛起的大国必然要挑战现存大国，而现存大国也必然会回应这种威胁，这样战争就变得不可避免。如公元前5世纪古希腊雅典和斯巴达两个城邦之间，雅典的成就急剧崛起震惊了陆地霸主斯巴达，双方之间的威胁和反威胁引发竞争。长达30年的战争结束后，两国均遭毁灭。修昔底德认为，"使得战争无可避免的原因是雅典日益壮大的力量，还有这种力量在斯巴达造成的恐惧"。据统计，自1500年以来，一个新崛起的大国挑战现存大国的案例一共有15例，其中发生战争的就有11例。
>
> 资料来源：根据公开资料整理。

- **多极化世界与我国开放合作格局**

尽管美国仍然在国际治理体系中保持主导地位，但未来世界多极化是大势所趋，主要国家都力图在国际舞台上增强话语权和影响力。例如，法国和德国合推解决俄乌问题的新和平方案，努力化解乌克兰危机对欧洲安全带来的威胁；英国不顾美国盟友的舒适度，积极谋求成为亚洲基础设施投资银行成员，希望借此提高自身在亚太地区的存在感和影响力；南亚大国印度始终没有放弃成为"扩大后的安理会常任理事国的合理候选国"的努力，等等。主要大国在联合国、国际货币基金组织、二十国集团等国际体系中的制度性权力的争夺不会停止。从国际形势、国际力量对比看，未来5—10年是中俄全面战略协作伙伴关系、中欧全面战略合作伙伴关系发展的重要时期。对于中俄关系发展，可以预见将有利于构建以战略互信、战略默契为核心的高水平

第4章 "十三五"时期经济转型升级的国际环境

协作关系,扩展我国在中美关系中的腾挪空间。对于中欧关系发展,一方面要把中欧两大市场紧密连接起来,继续扩大贸易投资规模;另一方面要积极推动在全球性问题上的沟通协调,但应该看到,欧洲在经济上、政治上的表现会完全不同。比如,中国倡议成立亚洲基础设施投资银行,西方七国集团中的四个欧洲国家全部参加;中国举行纪念抗日战争暨世界反法西斯战争胜利70周年活动,这些国家一个也没来参加。世界多极化发展趋势,要求我们进一步实行全方位、多层次、宽领域的对外开放战略,延长我国的发展战略机遇期,拓展支撑我国和平崛起的发展空间。

- **国际治理体系与我国的责任义务**

随着国际社会对我国的期望不断上升,正确把握韬光养晦和有所作为的关系,是我国对外方针和政策制定的一个基本立足点。我们要有足够的耐心和智慧处理好大国崛起中的国际政治经济关系,既要积极参与国际治理,赢得与实力相称的国际地位,又要合理承担大国责任,建立起国际社会对我国的信任与认同。当前,国际治理体系正在改革重塑,我们不仅要以更加开放的姿态,提升我国在全球产业分工和价值链中的地位,优化资源配置,拓展利益空间,而且应以更加积极的姿态,参与国际治理体系规则的制定,引导国际经济政策议程,推动二十国集团更好地发挥全球经济治理平台作用,提高我国对国际货币基金组织和世界银行的话语权和影响力,通过实施"一带一路"战略,发挥好在亚洲基础设施投资银行中的作用,建立更加广泛、紧密的利益共同体。

第 5 章 "十三五"时期经济转型升级的国内环境

分析未来五年的国内环境,从问题看,前面第 3 章对五大突出问题进行了系统描述。从基本面看,我国物质技术基础雄厚,产业体系完备,社会资金充裕,劳动力资源总体丰富,消费结构和产业结构不断升级,基础设施建设、社会事业发展、生态环境保护都蕴含着巨大的市场需求,区域发展有着较大的回旋空间。这里,笔者主要是从大格局、大方向看,认为可以概括为"四个最大":最大的背景是"四个全面"的战略布局,最大的特征是经济发展进入新常态,最大的挑战是跨越中等收入陷阱,最大的演进是市场在资源配置中起决定性作用。

5.1 最大的背景:"四个全面"的战略布局

习近平总书记提出的全面建成小康社会、全面深化改革、全面推进依法治国、全面从严治党的战略布局,立足治国理政全局,抓住改革发展关键,确立了当前与今后一个时期党和国家发展的总体构架、重点领域及主攻方向,这是"十三五"时期最大的时代背景。中国经济的转型升级将在"四个全面"的战略布局下推进。

第5章 "十三五"时期经济转型升级的国内环境

●"四个全面"构成有机统一整体

治国理政需要大视野、大思路、大战略。"四个全面"既管当前又保长远,既有全局又有重点,既有目标又有举措。全面建成小康社会是处于引领地位的战略目标,全面深化改革、全面依法治国、全面从严治党是实现战略目标的基本保障。全面建成小康社会是实现中华民族伟大复兴的关键一步,全面深化改革为全面建成小康社会提供不竭动力,全面推进依法治国、全面从严治党是全面建成小康社会的制度和组织保证,四者有机联系、相辅相成。"四个全面"是党对治国理政实践的新总结,丰富了中国特色社会主义理论体系,开辟了党对未来我国经济社会发展全局认识的新境界。

●"四个全面"统领未来发展全局

全面建成小康社会包括经济持续健康发展,人民民主不断扩大,文化软实力显著增强,人民生活水平全面提高,资源节约型、环境友好型社会建设取得重大进展等一系列要求,勾勒出未来发展的宏伟蓝图;全面深化改革立足解放和发展社会生产力,解放和增强社会活力,破除各方面的体制机制弊端,完善和发展中国特色社会主义制度,推进国家治理体系和治理能力现代化;全面推进依法治国,确保全面深化改革沿着法制轨道有序推进,把法治思维、法治方式贯彻到治国理政的全过程,落实到改革发展的大棋局;全面从严治党就是要锻造坚强领导核心,始终保持党同人民群众的血肉联系,始终保持党的先进性和纯洁性,为协同推进"四个全面"提出方向指引,凝聚共识力量。

●"四个全面"营造健康发展环境

"十三五"时期是全面建成小康社会的决战时期,是全面深化改革的攻坚时期,是全面推进依法治国和全面从严治党的关键时期。"四个全面"的战略布局,立足中国实际,总结以往经验,充分利用现有发展基础和条件，致力于解决面临的突出矛盾和问题，聚集一切可以聚集的积极因素，更加注重发展和治理的系统性、整体性和协同性，加快建设统一开放、竞争有序的现代市场体系，构建适应创新驱动发展要求的制度和政策环境，将会使政治生态更加清明，经济生态更加健康，社会生态更加公平，政商关系更加简单，为"十三五"时期经济转型升级营造健康发展的环境。

5.2 最大的特征：经济发展进入新常态

由于我国经济处于增长速度换挡期、结构调整阵痛期、前期刺激政策消化期，"三期叠加"的效应，使经济发展进入新常态，这是"十三五"时期的最大特征。具体表现为三个变化，即增长条件发生变化、增长动力发生变化、增长速度发生变化。新常态揭示了我国经济发展进程中的变化，指出了未来经济转型升级的方向。

- **增长条件发生变化：传统要素优势逐步减弱**

过去30多年支撑经济快速增长的劳动力、资本、土地等传统要素，供给关系趋紧，供给效率下降。从劳动力要素看，我国劳动年龄人口总量已经达到峰值，人口老龄化在加速。2010年，15—64岁劳动力占总人口的比重为74.5%，达到拐点，随后占比持续下降，到2015年预计下降到72.5%，2020年预计下降到70.2%。人口抚养比相应开始持续上升，2010年为34.2%，大约是3个人养1个人，2015年预计37.2%，大约是2.7个人养1个人，到2020年预计为42.4%，大约是2.4个人养1个人，负担越来越重。65岁以上老人占比，2010年为8.9%，2015年预计为10.5%，到2020年预计为13%。研究表明，要维持代际平衡，总和生育率需要达到2.1，但我国目前的这一数值不到1.5，人口红利消失速度远超预期。这将导致劳动力成本上

第5章 "十三五"时期经济转型升级的国内环境

涨,对潜在经济增长率、储蓄率和消费结构等都将产生巨大影响,国家财政也将面临更大的"养老"负担(见图5-1)。

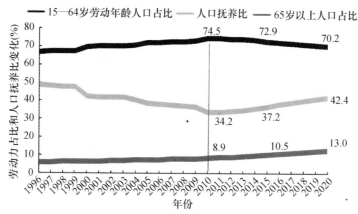

图5-1 我国劳动力占比和人口抚养比变化

资料来源:2014年及之前的数据来源于《中国统计年鉴》、历年统计公报,2015年数据为国家发改委相关研究测算。

在第4章中我们提到,印度经济发展势头强劲,很重要的一个因素就是人口优势。根据联合国的有关研究,全球劳动力人口占总人口比重于2013年达到顶峰,美欧和我国都在2010年触顶后进入下行通道,比全球平均水平提前了3年。预计到2020年,印度人口平均年龄约29岁,我国约37岁,日本将上升至48岁。同样的问题也困扰着欧洲高福利国家。人口结构的变化将从生产和消费两个方面对经济增长构成压力。研究表明,人口老龄化是日本"迷失的20年"和欧债危机爆发的主要原因之一。

从资本要素来看,资本边际报酬递减的现象日益明显。研究表明,20世纪80年代到2005年,我国资本回报率在17%左右,2008年以后出现变化,资本回报率下降到13%,而且存在进一步下滑的趋势。[①] 同时,资源环境对增长的约束正在强化。工业化、城镇化对耕地的大

[①] 国务院发展研究中心"中长期增长"课题组,《在改革中形成增长新常态》,中信出版社2014年版。

量占用和耕地保护红线之间的矛盾更加突出，建设用地成本大幅上升。2008—2013年，全国土地出让均价由41.2万元/亩上涨为73.6万元/亩，综合地价从2 474元/平方米上升到3 349元/平方米。水资源短缺问题凸显，主要能源和矿产资源对外依存度不断提高，生态环境承载力越来越脆弱，基于原有资源要素禀赋结构的传统比较优势渐渐失去。

- **增长动力发生变化：由要素投资驱动向创新驱动转换**

长期以来，我国经济增长主要依靠加大要素投入与扩大投资规模。时至今日，我国工业化、城镇化还在深入推进之中，要素投入、投资扩大还有一定的空间，也有一定的惯性。随着要素供给条件趋紧和投资回报率下降，高投入、高消耗、低效率的粗放式发展模式已经不可持续。如何摆脱对要素驱动、投资驱动的过度依赖？如何实现从要素驱动、投资驱动向创新驱动转型？这是新常态下需要深入研究和加快解决的核心问题。尽管科技创新对经济增长的贡献一时还难以弥补传统经济增长动力减弱形成的缺口，但毋庸置疑，创新驱动发展是未来经济增长、转型升级、提质增效的必然选择，我们已经到了依靠科技创新、制度创新、管理创新和商业模式创新增强经济发展内生动力、增强国家竞争优势的阶段，别无他途。从要素驱动、投资驱动向创新驱动转换，这是新常态下经济转型升级最显著的特征，也是最核心的目标。

笔者在深圳市调研时，深深感受到创新驱动发展带来的巨大活力，深刻认识到集机制、政策、能力、产业、开放创新于一体，推动全面创新，重构创新生态系统的丰富内涵。过去5年，深圳国际专利量和国内专利量、授权量均实现翻番，每万人发明专利拥有量达到66.2件，是全国水平的16倍；2014年全社会研发投入占GDP的比重达到4.02%，约为全国平均水平的2倍，相当于世界排名第二的韩国的水平；2014年GDP突破1.6万亿元，5年接近翻番，人均GDP达到

2.4万美元;地方公共财政收入是2009年的2.36倍;战略性新兴产业年均增长20%以上,为同期GDP增速的2倍,增加值占GDP的比重达35%;2014年投资率仅为17%,远远低于全国48.5%的水平,与发达国家水平相当;万元GDP能耗、水耗5年累计分别下降9.5%和44.7%,PM2.5的平均浓度为33.6微克/立方米。这一连串的数据表明,深圳已经进入创新驱动发展的全新阶段。"十三五"时期,如果有更多的城市和地区能够走上创新驱动发展的道路,中国经济的转型升级指日可待。

专栏 5-1　迈克尔·波特的国家发展"四个阶段"

哈佛大学的迈克尔·波特教授在其代表作《国家竞争优势》一书中,提出了独树一帜的"国家竞争优势"理论,并把各国竞争力的发展分为四个阶段,即生产要素驱动阶段、投资驱动阶段、创新驱动阶段、财富驱动阶段。

生产要素驱动阶段:在经济发展的最初阶段,几乎所有的成功产业都是依赖基本生产要素,如自然资源和低成本劳动力。**投资驱动阶段**:这一阶段,国家竞争优势的确立以国家、企业的投资意愿和投资能力为基础,依靠大规模投资于成熟技术和先进的机器设备。**创新驱动阶段**:这一阶段,技术创新成为提高国家竞争力的主要因素。企业依靠产品、加工技术、市场影响和其他方面的持续创新来提高竞争力。**财富驱动阶段**:这一阶段,国家竞争优势的基础是已有的财富,追求人的个性的全面发展和高质量的生活成为经济发展的主要驱动力。

在该体系中,前三个阶段是国家竞争优势发展的主要力量,通常会带来经济上的繁荣。第四个阶段则是经济上的转折点,国家经济

> 有可能因此而走下坡路。其中，在创新驱动阶段，国家的创新和竞争优势都处于巅峰状态。
>
> 资料来源：〔美〕迈克尔·波特，《国家竞争优势》，李明轩、邱如美译，中信出版社2012年版。

● 增长速度发生变化：潜在经济增长率下降

1978—2011年，我国经济年均增长9.9%，在长达33年的时间里保持近两位数的经济增速，可以说，在世界上也是一种奇迹。2012年、2013年我国经济增速回落至7.7%，2014年回落为7.4%，2015年上半年进一步回落到7%，呈现持续回落趋势，这是一个经济体达到中等收入水平之后的规律性变化。国家发改委宏观院经济研究所对125个经济体进行分析，发现有36个经济体以购买力平价计算的人均GDP达到1万国际元（1990年美元），且经济增速达到过3.5%以上，其中有34个经济体出现了减速，占比高达94.4%。研究表明，绝大部分国家的经济减速都发生在中等收入阶段。从我们搜集的国内外研究机构和专家学者对我国"十三五"时期潜在增长率的预测可以看出，预测值大多落在6%—7.5%的区间内。综合分析各方面条件，"十三五"时期年均经济增速为6.5%—7%，应该是一个大概率事件（见表5-1）。

表5-1　国内外研究机构对我国"十三五"时期潜在增长率的预测

研究机构/专家学者	增长率预测	研究机构/专家学者	增长率预测
欧盟智库沃尔夫	5%—6%	国家统计局课题组	6.2%—7.5%
中国社科院蔡昉	6.2%	国民经济研究所樊纲	7%
中国社科院李扬	5.7%—6.6%	复旦大学张军	7%—8%
摩根大通朱海滨	6.5%	国务院发展研究中心课题组	7.1%
国家信息中心课题组	6.5%	中国人民银行课题组	7.5%
野村资本关志雄	6%—8%	北京大学林毅夫	8%
国家发改委经济所	6.7%	世界银行卡拉斯	8%

资料来源：根据相关公开资料整理。

笔者列举了从"六五"至"十二五"时期，我国的经济增长情况（见图5-2）。如果2015年能够完成政府工作报告中提出的7%的预期增长目标，"十二五"时期年均经济增速将为7.8%，这将是"六五"时期以来年均经济增速最低的一个五年。辩证地看，增长速度和经济总量有着密切关系，随着经济总量的增大，增长速度每提高1个百分点产生的增量规模就越大。例如，2013年我国经济增长7.7%，产生的增量规模在当年世界各国经济总量规模的排名中列前20位，相当于我国1994年的国民生产总值。

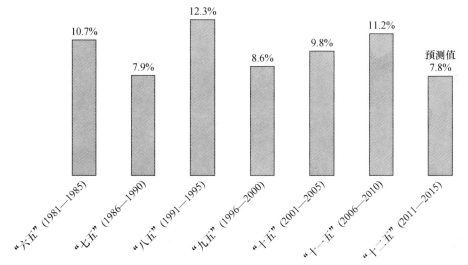

图 5-2　"六五"以来我国经济增速变化情况（1981—2015年）
资料来源：历年《中国统计年鉴》。

5.3　最大的挑战：跨越"中等收入陷阱"

2010年，我国人均GDP超过4 000美元，进入上中等收入国家行列，这是一个标志性的时点。2014年，我国人均GDP达到约7 600美元，预计2015年，人均GDP将超过8 000美元，正处于由上中等收入

中国经济的转型升级
——从"十二五"看"十三五"

国家向高收入国家迈进的关键阶段。这一阶段充满矛盾和风险,需要攻坚克难,爬坡过坎,能否妥善应对、顺利跨越所谓的"中等收入陷阱",是"十三五"时期面临的最大挑战。

● **"中等收入陷阱"的概念与内涵**

2007年,世界银行在《东亚经济发展报告》中提出"中等收入陷阱"(Middle Income Trap)的概念。世界银行采用人均国民总收入指标,将经济体划分为低收入、中等收入和高收入三类[1],其内涵是指当一个国家的人均收入达到中等水平后,原有增长机制和发展模式难以支撑经济持续发展,经济将会停滞不前甚至出现衰退。一些经济学家把"中等收入陷阱"归纳为五个主要问题,即产业低端化、收入分配差距、城市化进程中的贫民窟、资本账户开放、社会福利诉求等。国际经验表明,要想迈向高收入国家,就必须解决这些问题,而要想跨越这些"陷阱",就不能照搬从低收入到中等收入的发展路径和模式,必须要转型,要创新。

● **国际经验与教训**

第二次世界大战结束以来,许多国家和地区都经历过一段时期的快速增长。1960年曾有100多个进入中等收入国家(地区)的经济体,到2008年仅有13个保持持续增长,最终进入高收入国家(地区)行列[2],绝大部分经济体未能成功跨越"中等收入陷阱",长期徘徊于中等收入阶段。落入"中等收入陷阱"的国家(地区),经济社会发

---

[1] 世界银行每年7月1日根据对上年人均国民总收入的估算修订对世界各经济体的分类,根据2011年7月的最新标准,低收入为年人均国民总收入在1 005美元及以下,中等收入为1 006—12 275美元,高收入为12 276美元及以上。其中,在中等收入标准中,又划分为下中等收入和上中等收入两类。前者的标准为1 006—3 975美元,后者为3 976—12 275美元。低收入和中等收入经济体通常又合称为发展中经济体。

[2] 进入高收入国家(地区)行列的国家和地区有:日本、新加坡、韩国、爱尔兰、葡萄牙、西班牙、希腊、以色列、波多黎各、毛里求斯、赤道几内亚以及中国香港、中国台湾。

展中呈现出一些相似的特征：一是经济增长不稳定，往往出现较大的起伏。比如，1950—1980 年，印度尼西亚和菲律宾 GDP 年均增速为 8%、6.6%，而 1981—1990 年分别降至 5.5%、1.6%。二是产业创新能力不足，低成本优势丧失后，由于缺乏技术创新，产业转型升级受阻，低端市场难以与低收入国家（地区）竞争，在中高端市场无法与高收入国家（地区）抗衡。三是收入差距过大，这一状况在拉丁美洲地区非常典型，多个国家的基尼系数都在 0.45 以上，玻利维亚、巴西等国甚至超过 0.5。[①] 四是公共服务短缺，受制于社会政策实施不力、政府财力不足等原因，一般民众特别是弱势群体公共服务短缺，尤其是城市贫民窟基础设施和公共服务严重缺乏。

专栏 5-2　"中等收入陷阱"和"东亚奇迹"

拉丁美洲部分国家早在 20 世纪 60 年代末就已达到中等收入水平，但这些国家至今没有顺利进入高收入行列，而是长期徘徊于中等收入区间，停滞不前。分析原因，首先是缺乏创新驱动，随着要素成本不断上升，要素的边际报酬不断下降，由于没有及时转换发展模式，不能保持技术与制度的持续创新，社会劳动生产率没有得到相应提高，经济增长失去驱动力而停滞。其次是日益突出的收入不平等问题，使得拉美地区容易陷入政治动荡。不稳定因素影响人们的长期预期，抑制投资，难以建立坚实的制度基础，进入高收入国家行列缺乏有力支撑。

而部分东亚经济体以强劲的势头、有效的增长创造出"东亚奇迹"，成功跨越"中等收入陷阱"，顺利迈入高收入国家（地区）行

---

① 世界银行数据库显示，2011 年基尼系数排名世界前 10 位的国家都在拉丁美洲：哥伦比亚 0.535、巴西 0.527、巴拿马 0.519、哥斯达黎加 0.486、墨西哥 0.481、巴拉圭 0.480、玻利维亚 0.466、多米尼加 0.457、秘鲁 0.453。虽然世界各国统计口径上略有出入，但这足以说明拉丁美洲收入差距较大的现实。

中国经济的转型升级
——从"十二五"看"十三五"

> 列。从人均收入4 000美元到10 000美元,日本用了9年,韩国用了6年,新加坡用了10年,中国香港、中国台湾地区分别用了10年和6年。日本和亚洲"四小龙",在20世纪70年代和80年代不同程度地依赖以出口为导向的低成本优势战略,但在进入中等收入水平后,这些国家和地区放弃了这一策略,依靠科技创新,推动产业结构转型升级,提高社会福利水平,重视资源节约和环境保护,保持了经济的持续增长。
>
> 资料来源:根据公开资料整理。

● **经济、社会、生态的主要难点**

我国是顺利跨越还是可能落入"中等收入陷阱",社会上有各种各样的说法。应该承认,落入"中等收入陷阱"的风险是客观存在的。当前和未来面临的突出问题及风险挑战,已经摆在我们面前,不容低估,不能回避,也不要惧怕。笔者认为,这一关必须闯过去,这一仗必须打胜,因为没有退路。如果"十三五"时期确有困难,也要做到基本过关,再用3—5年,取得最终胜利。"十三五"时期要围绕跨越"中等收入陷阱",特别关注和攻克经济、社会、生态中的主要难点。

经济发展中的主要难点是存在"失速"的风险。分析劳动力、资本、土地等要素供求关系,考虑去产能、去泡沫、去杠杆的约束条件,面临企业效益下滑、财政收入放缓、金融风险增多以及外需不振等现状,可以预见,经济下行的压力始终存在。采取短期的、应急的、以投资为主导的稳增长措施,又会影响调结构、转方式,对经济持续健康发展也不利。这些长短因素交织在一起,降低了潜在经济增长率,增大了经济较大幅度"失速"的可能性,对保持经济中高速增长、推动产业向中高端迈进,都构成严重挑战。**社会发展中的主要难点是基**

本公共服务的供给困难。已经进城务工多年的"80后""90后"农民工，即使就业出现不稳定，也不愿回到农村，还会漂在城里；收入分配差距较大，贫富悬殊现象突出，会加剧社会矛盾，危及社会；经济增速放缓，不仅影响居民就业和收支增加，而且直接影响财政收入，使基本公共服务供需矛盾、财政收支矛盾进一步凸显。**生态环境保护中的主要难点是空气、水、土壤等污染形势严峻**。如果到2020年，经济总量实现了十年翻一番的目标，但生态环境污染形势没有得到有效地遏制，这将影响全面小康的质量和人民群众的感受。

5.4 最大的演进：市场在资源配置中起决定性作用

十八届三中全会首次提出："紧紧围绕使市场在资源配置中起决定性作用，深化经济体制改革。"这是我国改革理论具有里程碑意义的创新和发展，是社会主义市场经济内涵"质"的提升，也是"十三五"时期经济转型升级必须坚持的基本方针。市场决定资源配置是市场经济的一般规律，市场经济本质上就是市场决定资源配置的经济。当然，市场在资源配置中起决定性作用，不可能一蹴而就，只有通过全面深化改革才能最终实现。

- **三十多年改革主线：政府与市场作用**

在我国三十多年的改革进程中，始终有一条主线，就是如何处理政府与市场的关系，发挥政府和市场的作用。这是一个大的制度变革，从认识到推进，都是一个不断演进、不断深化的过程。1978年的十一届三中全会拉开我国改革的序幕，确立了"计划经济为主，市场调节为辅"的原则；1987年的十三大，提出了"社会主义有计划商品经济的体制，应该是计划与市场内在统一的体制"，明确了"国家调节市

中国经济的转型升级
——从"十二五"看"十三五"

场,市场引导企业";1992年的十四大,首次提出了"建立社会主义市场经济体制","使市场在社会主义国家宏观调控下对资源配置起基础作用"。从十四大到十八大,市场在资源配置过程中的作用不断被强化。十六大提出"在更大程度上发挥市场在配置资源中的基础性作用",十七大提出"从制度上更好地发挥市场在配置资源中的基础性作用",十八大提出"更大程度、更大范围地发挥市场在配置资源中的基础性作用",十八届三中全会首次将市场的"**基础性作用**"改为"**决定性作用**"。从把市场经济作为经济管理的方法到经济调节手段再到一种经济制度,从市场在资源配置中起"辅助性"作用到"基础性"作用再到"决定性"作用,每一个时期的理论判断和方针政策,都是对前一个时期理论判断和方针政策的继承、创新与发展。

- **从"基础性作用"到"决定性作用"**

随着我国市场化程度的不断提升,我们对市场经济规律的认识和驾驭能力也在不断提升。从我国经济改革的实践来看,社会主义市场经济体制依然存在不少体制性弊端。比如,在政府和市场的关系方面,政府越位、缺位的现象都比较突出;市场秩序不规范,以不正当手段谋取经济利益的现象比较普遍;生产要素市场发展滞后,要素闲置和有效需求得不到满足并存;市场竞争不充分,阻碍优胜劣汰和结构调整;等等。实现市场配置资源从基础性作用向决定性作用转换,将充分发挥价值规律、供求规律、竞争规律,最大限度地激发各类市场主体创业、创新、创造的活力,这是我国经济改革实践发展的必然选择和根本途径。

- **政府、市场、社会关系的变化**

市场在资源配置中起决定性作用的同时,需要更好地发挥政府作用。两个作用的结果,将带来政府、市场、社会之间关系的变化。**对政府而言,未来将更多还权于市场,致力于服务型政府建设。**政府的

第5章 "十三五"时期经济转型升级的国内环境

"有形之手"主要体现在经济调节、市场监管、公共服务、社会管理四项基本职能上,政府经济管理的方式将更多地由管短期向管中长期、由管微观向管宏观、由事前审批向事中事后监管转变;重点增强公共服务提供能力,提高公共服务质量,完善社会保障安全网的功能;强化市场监管,改进监管方式,加快建设统一开放、竞争有序的市场体系和制度环境;创新社会管理理念和方式,通过一系列的体制机制改革,寓服务于管理中。**对市场而言**,随着政府职能的转变和市场体制的完善,未来的目标就是要提高资源的配置效率,实现各种商品和生产要素在全国范围内自由流动,以尽可能少的资源投入生产尽可能多的产品,追求效益最大化和效率最优化,推动经济转型升级、提质增效。**对社会而言**,关键是创新社会治理,在政府调节、市场调节的同时,强化社会自我调节功能,推动社会组织健康有序发展,发挥其提供服务、反映诉求和规范行为的作用,形成政府、市场、社会等多元主体在社会治理中协同协作、互补互动、相辅相成的新局面。

第6章 "十三五"时期经济转型升级的基本思考

按照新一届党中央、国务院确立的治国理政战略部署,结合当前面临的突出问题、所处的发展环境,笔者对未来五年经济转型升级的基本走向进行了一些思考,认为适应新常态,引领新常态,全面推进经济转型升级,要以提质增效升级为导向,以改革创新开放为动力,以推动四化同步为路径,以全面建成小康社会为目标。

6.1 导向:提质增效升级

过去三十多年,在我国经济快速增长过程中,土地、资本、劳动力、能源等要素投入的绝对数量高,而资本回报率、劳动生产率、资源能源利用率等却不尽如人意。这种投入产出模式,导致并强化了要素投入结构、产业结构、需求结构等矛盾,而结构性矛盾的加剧又对经济正常循环造成阻碍,增加了宏观经济运行的潜在风险;高污染、高排放与高投入相伴而生,让增长付出了高昂的环境成本,使生态遭到了严重的破坏;同时,增长的包容性不够,发展成果不能更多、更公平地惠及所有人,概括起来就是一句话:经济发展的质量和效益不

第 6 章 "十三五"时期经济转型升级的基本思考

高。"十三五"时期,要以提质增效升级为发展导向,着力提高全要素生产率,推动经济增长从数量型向质量型转变,推动产业结构从中低端向中高端发展,推动生态环境从总体恶化向明显改善迈进,统筹考虑经济增长、劳动就业和居民收入指标的设定。

- **核心是提高全要素生产率**

前面的章节已经讲到人口、土地等传统要素优势减弱的问题,在此不再赘述。从投资效率看,增量资本产出率(ICOR)[①]一直呈攀升之势。据初步测算,1990—1999年该值为2—3,2000年后大都在3.5以上,2012年后大幅上升到8以上,这说明产出等量的GDP需要的投资量越来越大,投资效率正在迅速下降。类似的增长困惑如何解决?国际经验已经证明,从中等收入成功跃入高收入的经济体,如日本、韩国、新加坡和中国台湾等,与陷入中等收入陷阱的拉美国家相比较,一个关键的区别在于,前者更多依靠全要素生产率推动增长进而顺利进入高收入阶段,后者因继续依赖生产要素的简单积累,导致增长停滞甚至倒退。

全要素生产率就是各种要素供给既定的条件下,所能达到的额外生产效率,它是新常态下可持续发展的动力源泉,能够使经济增长实现有质量的速度。[②] 从来源看,全要素生产率既可以产生于生产要素尤其是劳动力在部门间的流动配置,也可以从既定岗位生产效率的提升中获得。从劳动力在部门间的流动配置来看,"十五"期间劳动力转移配置对经济增长的贡献率为23.1%,到"十一五"期间下降到12.4%,"十二五"期间进一步降为8.6%。[③] 变化趋势说明,依靠劳

---

① ICOR是反映投资效率的指标,用于衡量一个经济单位产出增长所需的投资量,计算公式为当年投资量/生产总值增加量,即年度投资与当年增量产出之比。一般而言,ICOR的值越高,投资效率和生产效率越低。
② 蔡昉,《全要素生产率是什么率》,《人民日报》,2015年3月23日。
③ 中国改革基金会国民经济研究所,《均衡包容可持续增长,迈向高收入发展阶段》,2014年8月。

动力流动和再配置提升全要素生产率的空间仍然存在，但正在逐步缩小。因此，推动既定岗位劳动生产率提升的重要性日益突出，而其中的关键又在于技术进步和人力资本积累。我们的宏观战略、发展政策，不能仅仅着眼于短期增长和需求刺激，而要更多地从生产率的提升着眼，更多地从供给端的改善入手，激发经济长期增长潜能。既要继续优化劳动力等要素流动的市场环境，延长要素在部门间流动配置带来效率提升的周期；又要更加重视人力资本积累，使其成为与科技创新和管理创新等相配套的有效载体，进而推动产业升级和经济转型。

专栏 6-1　全要素生产率

全要素生产率由新古典增长理论的代表人物罗伯特·索洛提出。他认为，单纯靠资本投入实现增长，在其他因素不变的条件下，必然会引起投资报酬递减和投资效率下降。这意味着要保持一定经济增长率的必要条件在于不断提高投资率，然而投资率不可能无限制地提高。

随着投资报酬递减，增长率应当趋于下降，但从美国等发达国家的经济增长过程来看，事实并非如此，第二次产业革命发生以后其经济增长率没有下降，反而还有较大的提高。这说明经济增长除常规要素投入以外，必定还有其他的源泉。索洛认为，这一增长源泉就在于技术进步。其数学表达式为

$$Y = A \cdot K^{\alpha} \cdot L^{1-\alpha}$$

其中，Y 代表产出增长，K 代表资本投入，L 代表劳动力投入，α 和 $(1-\alpha)$ 分别代表资本、劳动生产弹性。增长源泉除了资本 K 和劳动力 L 投入外，还有个全要素度量的"技术进步"值 A。这里所说的技术进步 A 是一个很宽泛的概念，它不单指工艺改进，而是包括一切在资本、劳动投入不变的条件下引起产出增加的因素，是一般

意义上的效率提高。

资料来源：吴敬琏，《中国增长模式抉择》（增订版），上海远东出版社 2011 年版。

- **推动经济增长从数量型向质量型转变**

我国作为世界第二大经济体，这么大的块头、这么大的基数，再追求两位数的增长是不现实的。国际经验也表明，如果不顾潜在增长条件变化，强行通过政策刺激拉高经济增速是不可行的。比如，日本在 20 世纪 80 年代中期开始，经济出现衰退，日元升值是一个原因，但主要原因是采取宽松货币政策应对经济下行，最终引发"滞胀"和资产泡沫，陷入"失去的二十年"。推动经济增长从数量型向质量型转变，不是非黑即白的关系，提升质量并不意味着增长速度的大幅下降，而是寻找一个更为合适的增长速度。我们既要尊重客观规律，承认经济高速增长后的自然回落和资源环境约束加剧的影响不可回避，又要看到我国市场需求可以支撑持续健康增长、资本积累仍有贡献空间等有利因素，更要看到技术创新和制度创新作为增长新动能的巨大潜力。

专栏6-2　20世纪80年代后期日本与德国的经济政策差异

在劳动力成本上升和潜在增长率下降的情况下，总需求管理如果操作不当，不仅可能会使经济运行陷入"滞胀"风险，还可能引发资产泡沫，日本就是前车之鉴。日本经济在 20 世纪 80 年代中期达到顶峰后，不再像过去那样高速增长，但是日本当局过分迷信宏观政策的刺激作用，实行低利率的宽松货币政策，结果是放任了资产泡沫的发展，并导致泡沫崩溃，经济长时间停滞不前。一些人将其归咎于《广场协议》后日元被迫升值，但这并非主流认识，日元

中国经济的转型升级
——从"十二五"看"十三五"

> 升值至多是其中的因素之一,货币政策和资产泡沫才是症结所在。
>
> 同样在《广场协议》后,德国并没有采取大规模刺激政策。德国政府认为,需求管理政策可以在短期内奏效,但是无法从长期上根本性地解决问题,应该采取措施改善企业盈利的环境,而不是一味地直接进行经济刺激。1982—1987年,德国对企业和个人大幅减税,积极支持企业研发,并向劳动者提供各种培训帮助等。这些着眼于供给改善和长期结构调整的政策,使得《广场协议》后的德国经济一直保持了2%左右的温和增长,成为表现稳定且可持续的经济体。
>
> 资料来源:贾康,《新供给:经济学理论的中国创新》,中国经济出版社2013年版。

推动经济增长从数量型向质量型转变,"十三五"时期要扭转片面追求数量扩张而忽视质量效益、片面追求短期增长而忽视长期发展的倾向和做法,不再以总量、速度论英雄,排座位,用干部,而是以质量、效益比高低,树样板,选人才。从上到下要形成一种共识,真正把发展的出发点、着力点、落脚点转到提高生产效率、提高投资效率、提高生活水平上来,追求实实在在、没有水分的增长,追求有后劲、可持续的增长,追求就业比较充分、收入同步提高的增长。

● **推动产业结构从中低端向中高端发展**

全球投资贸易格局的变革,将导致产业价值链结构发生实质性变化。在廉价劳动力竞争优势日渐被侵蚀的背景下,我国产业发展面临的最大挑战是如何向价值链上游延伸,转向增加值更高的生产活动。[①] 值得注意的是,产业结构升级是一个长期动态的过程,需要根据要素

---

① OECD研究报告,《新时代全球背景下的中国》,2014年10月。

第6章 "十三五"时期经济转型升级的基本思考

禀赋和比较优势推进调整,不能简单地把发达国家的产业结构作为标准,采取短期措施进行赶超。产业结构升级也不意味着对传统产业的抛弃,而是既要依靠技术创新培育发展高端新兴产业,增强核心竞争力,又要考虑我国就业需求改造提升传统行业,保持劳动密集型产业的比较优势。现代服务业和先进制造业是产业结构升级的两大支撑,现阶段需要摆在同等重要的位置,实现协同发展。

推动产业结构从中低端向中高端发展,"十三五"时期要改变制造业大而不强、服务业发展滞后的局面,加快制造业强国和服务业大国建设。要通过实施创新驱动战略,实现中国制造向中国创造的转变、中国速度向中国质量的转变、中国产品向中国品牌的转变,做大做强战略性新兴产业,加快推进传统产业优化升级,构建现代产业新体系;通过减少管制、打破垄断、扩大开放度,拓宽新领域,改善服务业发展生态环境,加快服务产品和服务模式的创新,推动生产性服务业与先进制造业、现代农业的融合。

- **推动生态环境从总体恶化向明显改善迈进**

当前生态环境恶化的趋势并未得到根本遏制,一些领域甚至进入了问题高发、频发的阶段,特别是空气、水、土壤污染形势严峻,不仅损害人民群众的身体健康,而且制约经济社会的持续发展。考虑到我国人口规模和禀赋条件,如果按照发达国家现阶段人均资源消耗水平,无论是从资源保障还是从环境保护的角度分析,承载能力都是不可支撑的。面对日益强化的资源环境约束,必须树立尊重自然、顺应自然、保护自然的生态文明理念,推动绿色发展、循环发展和低碳发展。

推动生态环境从总体恶化向明显改善迈进,"十三五"时期要推动能源生产和消费革命,优化能源结构,控制能源消费总量;立足水、土地、矿产等重点领域,提高资源利用效率;强化环境污染治理,重点实施大气、水、土壤三大污染治理行动计划;促进自然生态保护与修复，从源头上扭转恶化趋势。要算好两本账：一是加快还旧账，下大力气解决多年积累造成的存量污染问题；二是不能欠新账，尽最大努力控制增量污染的产生。

- **统筹经济增长、劳动就业和居民收入指标设定**

经济增速、居民收入与劳动就业密切相关，确定"十三五"时期的经济增长预期目标要与实现比较充分就业、实现居民收入同步统筹考虑，不能就速度论速度。经济下行会影响就业，调结构、去产能会加剧结构性失业矛盾，就业出了问题，收入就会减少。因此，宏观政策不仅要稳增长，还要在增加就业总量、优化就业结构、促进居民增收上下功夫。其中，就业是优先目标，是宏观调控的底线，也是区间调控、定向调控的重点，要切实做到有就业的增长和有质量的就业。经济结构的调整优化，特别是服务业的规模扩大和质量提升，对就业的拉动力会变得更强，这为统筹考虑经济增长、劳动就业和居民收入指标的设定创造了有利条件。

6.2 动力：改革、创新、开放

随着全球化红利、人口红利和资本红利的减少，未来经济转型升级的动力在哪里？"问渠那得清如许，为有源头活水来"，新红利和新动力就是改革、创新、开放。要把改革、创新、开放贯穿于经济转型升级的全过程，以深化改革释放发展活力，以创新驱动增强内生动力，以全面开放提升国际竞争力。

- **以深化改革释放发展活力**

多年改革的实践证明，体制变革催生的活力是最强大、最持久的。哪个时期的改革力度大，哪个时期的经济活力就足。目前，改革已进入过"深水区"、啃硬骨头、打攻坚战的阶段,进入存量改革与增量改革并重的阶段,更具复杂性和艰巨性。全面深化改革将破解体制机制的瓶颈制约,带来多领域、制度性的改革突破。全面深化改革的重点是经济体制改革,经济体制改革的核心是处理好政府和市场的关系。要抓住这个牛鼻子,发挥市场在配置中的决定性作用,发挥政府在宏观调控市场监管、公共服务、社会管理方面的作用,深入推进行政体制、金融体系、财税体制、国有企业、收入分配改革等,不断完善现代市场体系,加快转变政府职能,形成公平的竞争环境和严格的产权保护制度,以激发市场主体的创造活力,释放经济社会的发展活力。

- 以创新驱动增强内生动力

我们正处于全球新一轮科技革命与我国经济转型升级形成历史性交汇的重要时期。依靠物质要素投入实现持续增长、依靠引进技术实现创新发展、依靠劳动力无限供给实现低水平竞争的增长模式已经难以为继。发展动力的转换迫在眉睫、刻不容缓。面对外部世界的变化,增强内生发展的动力,关键在于加快实施创新驱动发展战略,推动经济增长从要素驱动、投资驱动向科技创新、制度创新双轮驱动转变,推动从外延式增长向内涵式增长转变。我们要破除一切制约创新的思想障碍和体制障碍,推进科技、管理、制度和商业模式的全面创新,打造促进经济增长、就业创业和转型升级的新引擎、新动能。

- 以全面开放提升国际竞争力

中国经济与世界经济的融合程度日益加深,形成了相互依存、密不可分的利益共同体、命运共同体。从历史的眼光看,对外开放与国家繁荣始终相生相伴。只有开放,才能融入世界、共享世界;只有开放,才能强大中国、复兴中国。构建开放新格局,提升国际竞争力,我们已站在一个新的历史起点上。新时期必须以全球化思维和视野推进全面开放,以"一带一路"建设引领开放全局,以自由贸易区战略推动开放突破,以产能装备"走出去"扩大开放布局,以亚投行、丝路基金、金砖银行为开创性推手,培育国际经济合作竞争新优势。

6.3 路径:推动"四化同步"

十八大报告明确提出,坚持走中国特色新型工业化、信息化、城镇化、农业现代化道路,促进工业化、信息化、城镇化、农业现代化同步发展。笔者认为,"四化同步"既是现代化建设的核心内容,也是未来经济转型升级的主要路径。

- **"四化同步"是中国特色**

推动"四化同步"发展,具有鲜明的中国特色。在我国经济社会发展过程中,工业化一直在领跑,城镇化、农业现代化滞后于工业化发展,信息化正在迎头赶上。城镇化滞后于工业化发展,主要表现在经济集聚水平与人口集聚水平不相适应。2012年,全球平均城镇化率为52.5%,工业化率为26.8%。从国际比较来看(见图6-1),二者的比值[①]为1.98,而我国这一比值仅为1.15,不仅远低于英国4.00、法国3.95、美国3.87的水平,也低于巴西3.26、南非2.23、俄罗斯2.00、印度1.21的水平。农业现代化滞后于工业化发展,主要表现在农业生产经营规模化、集约化、专业化和社会化服务程度不高,农业科技水平不高,加之人多地少导致的农业比较效益低下。要根本解决"两个滞后"的问题,就要逐步破除城乡分割的二元体制,建立健全"四化同步"发展的新体制新机制。

---

① 城镇化率与工业化率的比值 U/I 经常被用来反映二者之间是否协调发展。一般经验是,发展阶段越高的国家这个比值越高,发达国家一般都在4左右。在此,工业化率是指工业产值占GDP的比重,城镇化率是指城镇人口占总人口的比重。

第6章 "十三五"时期经济转型升级的基本思考

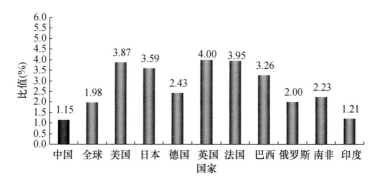

图 6-1 2012 年城镇化率与工业化率比值的国际比较

资料来源：根据世界银行 WDI 数据库数据测算。

● "四化同步"有后发优势

西方发达国家完成工业化、城镇化的时间较早。如英国、美国、日本大致分别在 19 世纪中期、20 世纪初期和 20 世纪中后期完成了工业化，20 世纪 70 年代前完成了城镇化，而信息化在 20 世纪 80—90 年代才开始真正兴起。我国的工业化、城镇化还在深入推进之中，信息化时代的来临为我们推动"四化同步"带来巨大的后发优势。大数据、云计算、物联网、移动互联网等新一代信息技术的广泛应用，为工业化、城镇化、农业现代化发展注入新的元素。以数字化、智能化、网络化为特征的信息化，将重构工业体系和产业组织形态，实行智慧城市管理运行模式，形成集约化、精细化的农业生产经营方式，从而大幅度地节约资源、降低成本、提高效率，为经济转型升级开辟新的广阔空间。这是我们面临的历史性机遇，必须牢牢抓住。

● "四化同步"要融合创新

"四化同步"要坚持协同发展、融合创新。以工业化为主导，以农业现代化为基础，以城镇化为载体，以信息化为支撑，推动信息化和工业化深度融合，工业化和城镇化良性互动，城镇化和农业现代化相互协调。从战略层面落到操作层面，要找准着力点，注重深化信息技术与制造技术的融合应用，注重推进从田间到餐桌的"互联网+"现代农业行动，注重强化产城融合中集聚经济人口的双重功能，注重完善以要素市场为重点的城乡发展一体化体制机制。这些结合点既有技术的创新，也有制度的创新，融合创新的空间大、意义大。

6.4 目标：全面建成小康社会

党的十六大、十七大确立了全面建设小康社会目标，十八大提出确保到2020年实现全面建成小康社会的宏伟目标。这是未来五年最重要、最艰巨的任务，是第一个一百年的目标，也是实现第二个一百年目标的重要基础，理所应当也是"十三五"时期经济转型升级的总目标。

- 贵在全面，重在建成

国家统计局2011年曾经发布过《中国全面建设小康社会进程统计监测报告》，选取了经济发展、社会和谐、生活质量、民主法制、文化教育和资源环境6个方面的23个指标。统计监测结果显示，当年全国全面建设小康社会进程实现程度达到80.1%。但不同区域的实现程度有较大的区别，东部地区实现率为88%，东北为82.3%，中部为77.7%，西部为71.4%，按此预测，到2020年实现程度在90%以下的省份还有8个，全部在西部地区。全面建成小康社会，贵在全面，重在建成。全面小康既覆盖经济、政治、文化、社会、生态五大领域，也包含东、中、西、东北四大板块和城市、农村两大头。由于我国经济社会发展不平衡、不协调、不可持续的问题长期存在，全面建成小康社会的任务十分艰巨繁重。"十三五"时期，要针对问题，瞄准短板，上下一心，加倍努力，不能让哪一个方面、哪一个地区掉队。从

第6章 "十三五"时期经济转型升级的基本思考

另一个角度看,建成全面小康社会也只是一个阶段性目标,到2020年,我们仍处于现代化建设的进行时,并非完成时。实现这个目标不等于解决了所有问题,不等于达到中等发达国家水平,离建设富强民主文明和谐的社会主义现代化国家还有漫漫长路要走。

- **总体推进,两个翻番**

对于全面建成小康社会,十八大报告提出两大量化目标,也就是"两个翻番"的要求,即到2020年实现国内生产总值和城乡居民人均收入比2010年翻一番,必须总体推进,确保实现。2011—2014年我国国内生产总值分别增长9.3%、7.7%、7.7%、7.4%,2015年若能实现7%的经济增长预期目标,则"十二五"经济增速年均将为7.82%。根据相关测算,"十三五"经济增长年均达到6.56%便可实现国内生产总值翻番的目标。2011—2014年城镇居民可支配收入分别增长8.4%、9.6%、7%、6.8%,农村居民人均纯收入分别增长11.4%、10.7%、9.3%、9.2%,综合算账,"十三五"居民收入年均增速达到5.6%,便可实现翻番的目标。但笔者认为,未来5年仍然应该坚持"居民收入与经济同步"的方针,不然,收入分配差距还会继续拉大。

- **攻坚克难,补齐短板**

全面建成小康社会,目前明显的短板主要表现在扶贫攻坚、城乡区域差距、基本公共服务、生态环境保护等方面。"十三五"时期,要抓住这些重点难点,集中力量,落实责任,千方百计地补齐这些短板。习近平总书记指出,扶贫攻坚是全面建成小康社会最大的"短板"。目前我国还有7 000多万人生活在扶贫标准线以下。要着力解决集中连片地区的贫困问题,通过精准扶贫,扶持生产和就业发展一批、移民搬迁安置一批、低保政策兜底一批、医疗救助扶持一批,到2020年使贫困人口全部脱贫。城乡差距问题,要采取分子分母联动的思路,一方面,推进农民工市民化,减少分母数量,提高农业人均资源占有量;另一方面,加快农业现代化,提高分子质量,增加农业的效益和农民的收入,即减少农民、富裕农民两手抓。区域差距与城乡差距密切相关,随着城乡差距的缩小,区域差距也将逐渐缩小。与此同时,要发挥不同区域的比较优势,实行差别化政策,推动互补式、组合式协同发展。解决城乡区域差距的根本途径,还是要合理划分中央和地方政府的事权和支出责任,加快推进基本公共服务均等化。生态环境的治理和恢复,必须长期不懈地抓下去,坚持走绿色发展道路。

下篇
"十三五"时期经济转型升级的若干战略重点

第 7 章 实施创新驱动发展战略

十八大报告首次提出实施创新驱动发展战略。2014 年 8 月 18 日，习近平总书记主持中央财经领导小组第七次会议对此进行专题研究，强调指出："我国是一个发展中大国，目前正在大力推进经济发展方式转变和经济结构调整，正在为实现'两个一百年'奋斗目标而努力，必须把创新驱动发展战略实施好，这是一个重大战略。"2015 年 3 月 5 日，李克强总理在十二届全国人民代表大会第三次会议上所作的政府工作报告中提出："当前经济增长的传统动力减弱，必须加大结构性改革力度，加快实施创新驱动发展战略，改造传统引擎，打造新引擎。"作为推动转型发展的国家战略，创新驱动成为人们高度关注的话题。

7.1 基本内涵：从科技创新到全面创新

创新的本质就是变革。创新的过程是生产率提升的过程。创新对于促进经济发展和社会进步都有着至关重要的作用。创新驱动发展战略的基本内涵，可以概括为三个要点。

- 一个核心

邓小平同志早就说过："科学技术是第一生产力。"创新驱动的核心是科技创新。没有科学发现、技术进步，经济发展就没有原始驱动力，没有技术上的大规模实质性突变，转型升级就难以真正落地。蒸汽机的出现，引发了第一次工业革命，给人类社会带来巨大变化；计算机技术的发展，诞生了信息经济，我们步入了奇妙的互联网时代。把科技创新摆在国家发展全局的核心位置，作为重中之重的任务，这是创新驱动的根基。

- **双轮驱动**

现行的经济体制机制，是制约创新的一个最大障碍。要素价格扭曲、知识产权"侵权易，维权难"、科技与经济"两张皮"、创新者动力不足等问题，都与体制机制密切相关。现在已经进入需要科技创新、制度创新双轮驱动的全面创新阶段。在全力推进科技创新的同时，必须同步推进管理制度、组织结构、商业模式创新。特别是对于有着13亿多人口的庞大群体、庞大市场而言，如何服务公众，满足需求，技术与制度、硬件与软件的创新同等重要。

- **多维目标**

实施创新驱动发展战略，创新是着力点，发展是落脚点。面对全球新一轮科技革命与产业变革的重大机遇和挑战，面对经济发展新常态下的趋势变化和特点，面对实现"两个一百年"奋斗目标的历史任务和要求，创新驱动发展的目标，就是要破除一切制度障碍和思想障碍，激发全社会的创新活力和创造潜能，突破要素成本制约，提升劳动、信息、知识、技术、管理、资本的效率，增强科技进步对经济发展的贡献度，打造"大众创业、万众创新"的新引擎，构筑参与国际竞争与合作的新优势，推动形成经济社会可持续发展的新格局。

7.2 路径选择：从观念变革到技术变革

借鉴世界各国创新发展的经验，顺应当今全球创新发展大势，作为一个从计划经济体制逐步过渡到市场经济体制的发展中大国，实施创新驱动发展战略的路径选择，笔者认为，首先，要从思想观念上实现变革，把握和运用好市场、企业、人才和政府四种力量；其次，要从技术领域实现突破，以低碳技术、生物技术、智能技术、新一代信息技术引领四大变革。

四种力量

- **市场是创新的根本力量**

马克思认为，工业革命的起因在于市场"需求总量增加"，而不是科学的发展。[1] 这是市场导向推动技术创新最早、最经典的论述。目前，政府与市场在推动创新中的定位不清晰，政府主导的事情、行政干预的手段比较多，市场的决定性作用发挥不到位，许多做法违背经济规律。要让市场成为优化配置创新资源的主要手段，发挥市场对项目选择研发方向、技术路线和成果转化的主导作用，建立健全主要由市场决定要素价格的机制。

长期以来，我国能源、资源、土地等生产要素价格偏低，给落后产能留下了生存空间，也影响了新技术的研究开发，抑制了企业对先进技术的需求。比如，世界多数国家石油、天然气等能源类矿产资源税税率为10%—16%，美国石油、天然气、煤炭（露天矿）资源税税

---

[1] 〔德〕马克思、恩格斯，《共产党宣言》，载《马克思恩格斯选集》（第1卷），中共中央马克思恩格斯列宁斯大林著作编译局译，人民出版社1972年版，第252页。

中国经济的转型升级
——从"十二五"看"十三五"

率为 12.5%，而我国不到 2%。[①] 这不利于促进企业从依靠过度消耗资源、低成本低性能竞争向依靠技术进步、劳动者素质和管理水平提高等差别化竞争转变。

在经济、技术领域，笔者一直相信，市场的力量大于政府的力量。1999年，笔者在湖南省计委担任主任，当时省委、省政府很有先见之明，决定财政每年拿出3亿元资金，连续拿三年，支持高新技术产业发展。对此是采取政府运作的模式，还是市场运作的模式？意见难以统一。最后决定，由科技厅、计委、经委和农办等部门共同成立了一个领导小组，各部门分别提出项目和资金方案，通过联席会议开会确定。行政化主导的结果是，项目小而散，科技含量不高，资金变成一种补贴，没有发挥孵化和放大的作用。

与此同时，2000年4月，湖南电广传媒公司上市后，用1亿元资金在深圳设立达晨创业投资公司，按照风险投资模式管理运行。15年过去了，目前这家公司管理资金规模达到150亿元，累计投资企业300家，投资金额超过100亿元，通过上市、并购或回购实现退出企业68家，在全国22个经济中心城市设立了分支机构，已经成为全国创投行业的一支领军力量和知名品牌。

- **企业是创新的主体力量**

企业是市场的主体，当然也是创新的主体。科技与经济的结合，很大程度上是科技与企业的结合。要围绕企业优化创新环境，配置创新资源，激发企业创新的内生动力，让企业真正担当起创新主体的重任，让企业家在创新决策中拥有更多的话语权。美国政府设立的国家科学技术委员会、总统科技顾问委员会中，不少成员是企业家。德国总理默克尔定期就创新政策、创新计划与企业家对话，就重点问题进行咨询磋商。日本发展新能源汽车产业，政府部门与企业联盟分别提

---

① 陈清泰，《自主创新和产业升级》，中信出版社2011年版，第28页。

出路线图、时间表，双方协商确定最佳方案，配套相关政策予以落实。

企业家是创新的组织者、推动者，企业家精神是创新的源泉。最早提出"创新理论"的经济学大师熊彼特曾经说过，创新应当是企业家的重要特征，企业家不是投机商，也不是只知道赚钱、存钱的守财奴，而应该是一个大胆创新、敢于冒险、善于开拓的创造型人才。经济发展的基本因素是企业家的技术革新。任正非先生在28年前44岁时创立华为公司，到今天，华为在《财富》杂志评选的全球500强企业中排名第285位，成为Interbrand "TOP 100" 全球最具价值品牌中首次上榜的中国品牌。华为的研发投入占主营收入的比重持续保持在10%以上，2014年申请国际专利3442件，跃居世界第一，比排在第2位的美国高通公司多了1033件，这正是任正非先生坚持"在核心技术领域保持领先"理念的结果。

实施创新驱动发展战略，必须尊重企业家创新精神，鼓励企业家投身创新事业，依法保护企业家的财产权和创新收益，使他们心无旁骛地去创新创造。国家在制定技术创新的战略规划、发展政策和行业标准时，应吸收企业家直接参与咨询论证，发挥企业和企业家在国家创新体系建设中的重要作用。

- **人才是创新的最活跃力量**

习近平总书记强调，人才是创新的核心要素，创新驱动本质上是人才驱动，要使科技人才"名利双收"，甚至实现"一朝致富"。如何培养、用好、吸引各类人才？构建创新型人才培养模式，促进科技人才合理流动，强化利益激励和精神鼓励，吸引海内外高层次科技创新人才等，这是实施创新驱动发展战略的关键。

美国对人才的培养和吸引非常重视。美国乔治梅森大学研究显示，1901—2013年，美国有350名科学家获得诺贝尔奖，占全球获奖人数的42.2%。第二次世界大战结束和苏联解体时，美国从德国、俄罗斯获得了大量高端人才。教育部的有关研究表明，目前我国劳动年龄人

中国经济的转型升级
——从"十二五"看"十三五"

口平均受教育年限达到10年,高于世界平均水平,新增劳动力平均受教育年限达到13年,接近中等发达国家平均水平。但从科技人力资源密度来看,每十万人科技人力资源密度仅为500人,远低于美国1619人、欧盟1329人和日本1024人的水平。① 特别是,我国高端研发和技能人才短缺并存,根据麦肯锡研究所发布的《新兴市场人才报告》,我国工程和金融方面的大学毕业生只有10%左右具备全球化企业雇佣的价值,本土的MBA毕业生能够胜任管理工作的不到20%。② 我国高技能人才占技能劳动者的比重仅为25.1%,而发达国家的这一比重通常超过35%。③

对科技人才最大的激励是股权、期权激励,使他们创新的贡献和价值能够得到更多的回报。被誉为"杂交水稻之父"的袁隆平院士,对中国和世界部分地区的稻谷生产做出了巨大贡献,现在杂交超级稻亩产已达到1000公斤。这位受人尊敬的科学家说过一句很经典的话:"农业科技真正的论文是写在实验田里的。"2000年"隆平高科"公司上市时,大家一致赞同,给他股权激励。目前他拥有"隆平高科"1300多万股,最高时市值超过4亿元,但他一直坚持不变现。

- **政府是创新的推动力量**

政府的首要任务是营造公平竞争的市场环境。通过放开搞活,改变选拔式的创新模式,实行普惠式的创新政策,最大限度地发挥市场配置创新资源的作用,最大限度地释放全社会的创造活力。可以说,如果当年监管当局不能容忍支付宝可能带来的金融风险,不能容忍QQ、微信打破通信市场的既有格局,就没有今天阿里巴巴、腾讯在全球互联网领域的异军突起。这些例子说明,放松管制、减少干预、科

---

① 陈劲,《国家创新蓝皮书:中国创新发展报告(2014)》,社会科学文献出版社2014年版。

② 麦肯锡研究所,《新兴市场人才报告》,转引自《中国科技人力资源总量和研发人员均已居世界第一》,人民网,2014年9月3日。

③ 资料来源:国家发改委社会司相关研究。

学监管、营造环境是政府对创新的最好支持。

政府还有一项重大任务，就是坚持有为有限的举国体制，集中政府创新资源，聚焦最核心的领域和问题，强化基础研究，攻克关键核心技术，破解重大瓶颈制约。就像20世纪60年代攀登"两弹一星"高峰那样，毛泽东同志当年说，搞点原子弹，搞点氢弹，结果发挥集中力量办大事的优势，克服千难万险就搞成了。邓小平同志曾经说过："中国没有原子弹、氢弹，没有发射卫星，中国就不能叫有重要影响的大国，就没有现在这样的国际地位。"不管什么时候，我们都应该要有自己的杀手锏。

四大变革

- **以低碳技术引领能源生产消费变革**

低碳发展已在全球形成共识。2014年11月，中美发布气候变化联合声明，美国首次提出在2005年基础上，2025年碳排放减少26%—28%，中国首次提出2030年左右碳排放达到峰值，非化石能源在一次能源消费中占比20%的目标。[①] 中国是世界上最大的能源生产和消费国，能源生产消费结构以煤炭等化石能源为主。消耗1吨煤排放约2.3吨二氧化碳，而可再生能源的碳排放基本可以忽略不计。

全球范围内清洁能源、可再生能源等低碳技术的应用，已经到了跨越式发展的窗口期，也都面临着亟待突破的技术瓶颈。比如，在风电、太阳能、生物质能发电的成本，储能材料、核聚变的原料与技术突破等问题上，各国都力图抢占先机，实现技术跨越并大规模商业化。根据国家发改委宏观院产业所的研究报告，目前太阳能电池转化效率已提高到17%，风电的成本已接近煤炭和天然气发电成本，预计到

[①]《中美气候变化联合声明》，新华网，2014年11月12日。

中国经济的转型升级
——从"十二五"看"十三五"

2025年,太阳能的平准化电力成本将继续下降60%—65%,风电的成本将下降25%—30%。

减少污染排放、改善生态环境、呼吸新鲜空气是广大人民群众的强烈期盼。一方面,要把握低碳经济、循环经济战略方向,充分发挥我国市场优势,着力提高清洁能源比重,广泛推广清洁生产技术在电力、石化、冶金等行业的应用,大幅降低制造业领域污染物排放。另一方面,要加快开发利用可再生能源,突破高效、可靠、低成本的太阳能发电和风电等关键核心技术,以及分布式能源、储能和智能电网等技术装备瓶颈,推动以可再生能源与能源互联网融合为核心的能源生产消费变革。

- **以生物技术引领健康领域变革**

生命科学与生物技术正在引发医疗健康、农业生产等领域的深刻变革,将对提高人类生活水平和质量产生重大影响。生物产业已经成为世界经济中增长最快、技术创新最活跃的产业之一。生命科学的不断突破,使生物医药的临床价值和经济价值日益显现。2014年全球十大畅销单品种药物中,单克隆抗体、胰岛素等生物药占据七席,在治疗直肠癌、乳腺癌、糖尿病等重大疾病方面发挥了难以取代的作用。2013年全球生物技术药物销售额达到1 500亿美元,占全球医药工业销售额的15%,预计2020年将达到30%以上。[1] 1996—2014年,全球转基因农作物种植面积增长106倍,2014年达到1.85亿公顷,占耕地总面积的12%,预计2020年占比将超过20%。[2] 转基因作物种子的市场价值已达到150亿美元,相当于商业种子市场的35%。[3]

人们对生命健康的要求越来越高,这需要生物技术提供更加有力

---

[1] 韩祺,《新一轮工业革命将促进我国产业发展》,《宏观经济管理》,2014年第8期。
[2] 根据GEN期刊数据整理。
[3] 国际农业生物技术应用服务组织(ISAAA),《2013年全球生物技术及转基因作物使用情况研究报告》,转引自人民网,2014年2月13日。

的支撑。应着眼于医疗健康、农业领域的重大需求，积极推进生物组学、合成生物学和脑科学等领域的技术革新，加快开发单克隆抗体、新型疫苗、肿瘤免疫治疗等生物技术药物，推广应用基因检测、精准诊疗、干细胞、远程医疗等新型医疗技术，培养个人健康管理、医养结合等新商业模式，推动大健康服务业发展。大力促进安全转基因、分子育种等技术的产业化，推动绿色、环保的生物农药、生物肥料逐步替代化学农药、肥料。

专栏7-1　美国、欧盟、印度、南非以及韩国生物技术发展计划

美国：2014年2月，发布了加速建立医学合作伙伴关系计划（AMP计划）。主要针对三类疾病进行生物标记物研发。

欧盟：2014年3月，发布创新药物二期计划战略研究议程，核心议题是精准医学，主要针对重点疾病在正确的时间为正确的病人提供正确的治疗方案。

印度：生物技术部发布《国家生物技术发展战略2014》，旨在将印度建成世界级的生物制造和生物经济中心。

南非：发布《生物经济战略》，将农业生物经济、健康生物经济、工业和环境生物经济三大领域作为发展重点，目标是打造世界级的生物技术创新系统。

韩国：发布《生物技术和能源产业培育计划》，将积极开展干细胞和遗传疾病治疗药剂的研究开发，加大信息通信技术（Information Communication Technology，ICT）与传统医学相结合的融合性医疗技术和装备研发力度。

资料来源：中国科学技术协会国际联络部、国务院发展研究中心国际技术经济研究所，《世界前沿技术发展报告2014》，中国科学技术出版社2015年版。

中国经济的转型升级
——从"十二五"看"十三五"

- 以智能技术引领制造业变革

在信息通信、人工智能、生物仿真、纳米材料快速发展的共同作用下,人类社会逐步进入新的智能时代,智能化技术将改变制造业的生产方式和发展模式。据麦肯锡预测,到2025年因先进机器人应用,每年将产生17 000亿—45 000亿美元的产值。我国工业化进程尚未完成,某种程度上处在工业"2.0""3.0"和"4.0"并存并进的发展阶段。因此,要围绕重点领域制造过程中的智能化需求,突破新型传感器、智能控制系统中高端机器人、高档数控机床、3D打印、重要基础元器件等关键核心技术和装备,构建上下游配套的智能制造创新链和产业链,加快传统制造业的智能化改造,实现智能材料、智能制造、智能物流、智能服务的多位一体、系统突破和协同发展。

专栏7-2　美国、欧盟、日本的机器人计划

美国:2013年发布《机器人发展路线报告》,将21世纪的机器人与20世纪互联网定位于同等重要的地位。通过快速发展人工智能、机器人和数字技术,重构美国制造业竞争格局。

欧盟:2014年启动民用机器人研发计划"SPARC",德国将智能机器人和智能制造作为工业4.0的重要切入点;法国2013年制定《法国机器人发展计划》;英国2014年发布机器人战略"RAS20120"。

日本:2014年发布的《新经济增长战略》把机器人产业作为本国经济增长的重要支柱,设立了"实现机器人革命会议",日本政府提出到2020年制造业机器人使用量增加2倍。

资料来源:中国科学技术协会国际联络部、国务院发展研究中心国际技术经济研究所,《世界前沿技术发展报告2014》,中国科学技术出版社2015年版。

第7章 实施创新驱动发展战略

- **以新一代信息技术引领互联网变革**

信息技术是当今世界影响力最强的通用性技术。大数据、云计算、物联网、移动互联网等新一代信息技术正在重构信息产业体系，正在空前强劲地提升互联网的渗透能力和带动作用。过去5年智能手机处理能力每年提高25%，目前全球有11亿人使用智能手机和平板电脑。美国高通公司预测，2019年全球智能手机用户有望达到48亿，未来智能手机等移动终端设备都将与网络相连。互联网成为经济结构优化、产业转型升级的强大动力，一个全新的互联网时代就要到来。

我国要以形成宽带、泛在、融合、安全的新一代信息网络为目标，突破核心芯片、操作系统、关键器件及材料等产业瓶颈；加快第五代移动通信技术与标准、无线传输互联网技术的研究与试验，加强移动互联网、未来信息网络、自动防御网络攻击、网络信息智能搜索与管理等前沿性技术研究；推动新一代信息技术与互联网的深度融合，深化互联网在各行各业的创新应用，提升金融、物流、电商等现代服务业水平，创新教育、医疗、养老等公共服务供给方式，催生与互联网协同互动发展的新业态、新模式、新产品、新服务。

7.3 战略举措：从体制改革到政策引导

2014年下半年以来，党中央、国务院出台了一系列实施创新驱动发展战略的重大举措，涉及推进体制机制改革与区域创新试验，实施制造强国战略、国家大数据战略，推广中关村试点政策和国家自主创新示范区建设，促进云计算、电子商务发展，推进"互联网+"行动等诸多内容，频率之快、力度之大前所未有。概括起来主要有三大重点。

- **改革创新机制：激发大众创业、万众创新**

实施创新驱动发展战略，最重要、最紧迫的是破除体制机制障碍，优化制度环境和政策环境。一些专家和业界人士指出，1985年3月13日，《中共中央关于科技体制改革的决定》的正式出台，使我国迎来了科技的春天；时隔三十年，2015年3月13日，《中共中央关于深化体制机制改革加快实施创新驱动发展战略的若干意见》印发，我国将迎来创新的春天。文件提出的八个方面、三十条措施如果能够真正落地，创新驱动发展就有了基本保障。

专栏 7-3　深化体制机制改革八大举措

（1）营造激励创新的公平竞争环境；

（2）建立技术创新市场导向机制；

（3）强化金融创新的功能；

（4）完善成果转化激励政策；

（5）构建更加高效的科研体系；

（6）创新培养、用好和吸引人才机制；

（7）推动形成深度融合的开放创新局面；

（8）加强创新政策统筹协调。

资料来源：《中共中央国务院关于深化体制机制改革加快实施创新驱动发展战略的若干意见》。

这里，重点谈五个问题：

第一，实行严格的知识产权保护制度。这是需要解决的首要问题。当前，知识产权侵权成本低，维权成本高。国家知识产权局对四千多件知识产权侵权赔偿案件的分析表明，97%的专利和商标侵权案件、

79%的著作权侵权案件难以证明实际损失和违法所得。采用法定赔偿方式，赔偿金额往往低于实际损失，发明专利侵权很难超过60万元，新型专利侵权平均赔偿额在15万元左右。同时，知识产权诉讼周期长，如专利诉讼，要走完"诉讼—复审—诉讼"程序可能长达7—8年。特别是一些反复侵权、恶意侵权的行为得不到严惩，严重挫伤了创新者的积极性，造成不愿创新、不敢创新的局面。而美国80%以上的知识产权侵权案件适用许可费倍数判罚，三十多年来侵权案例平均判赔额超过500万元。[①]

必须加快完善知识产权保护法律法规，降低刑事入罪门槛，调整损害赔偿标准，实施惩罚性赔偿制度，探索跨地区知识产权案件异地审理机制，健全商业秘密保护法律制度，明确商业秘密和侵权行为界定，建立诉前保护制度，彻底打破知识产权保护的僵局。

第二，改进新技术新产品新商业模式准入管理。这是适应创新发展的紧迫要求。新药审批是一个典型案例。我国新药开发需要经历临床一期、二期、三期和生产许可审批，每次审批时间大约为一年，完成手续需要5—6年。而美国药监局规定，新药每次审批一般不超过三个月，否则可视作同意。新药开发经过漫长审批后还不能立即投入市场应用，药品进入医院要招标，一些省份往往几年都不招标，新产品进入市场还需要相当长的时间，先期进入的低端产品继续行销市场。

当务之急，是要改革产业准入制度，破除限制新技术新产品新商业模式发展的不合理准入障碍，对药品包括医疗器械等创新产品，要建立便捷有效的监管模式，改革审评审批制度，优化流程，缩短周期；对重点发展的新能源汽车、风电、光伏等领域要实行有针对性的准入政策；在互联网、金融、环保、医疗卫生、文化、教育等领域的监管，要与创新发展协同推进。

[①] 盛朝讯，《加速培育我国知识产权竞争力》，《国务院发展研究中心调查研究建议》，2015年4月29日。

> 专栏7-4 从治疗丙肝特效药看生物医药创新潜力
>
> 丙肝被医学界称为"隐形杀手"。大多数受感染者对其难以觉察,呈缓慢发病过程,最终导致肝硬化或肝癌。目前全世界有1.5亿—1.7亿丙肝病毒携带者,远超全球艾滋病毒感染人数,每年约35万人死于各类与丙肝相关疾病。丙肝给各国特别是发展中国家带来沉重的经济、社会和医疗负担。
>
> 美国吉利德公司研发的治疗丙肝特效药"索非布韦",于2013年获美国政府批准上市。该药服用方便,每日仅需口服1片,疗程从传统治疗所需的12个月大幅缩短到12周,治愈率从不足40%大幅提升至90%以上,每片售价1 000美元,12周标准治疗需耗费84 000美元。上市半年销售额达到58亿美元,全年突破100亿美元,2—3年收回成本。2014年9月,吉利德公司以仅相当于美国市场1%的低价向世界上丙肝感染率最高的国家埃及提供"索非布韦",疗程12周,每位患者最终花费不超过900美元。
>
> 一边是特效和"天价",一边是对埃及降价99%销售,折射出世界范围内新医药革命的新动向。这一事例也表明全球仿制药市场急剧扩大,目前市场规模已超过1 500亿美元,过去10年增速是专利药的2倍以上。随着新专利药的不断问世,仿制药有望出现更快的增长。
>
> 资料来源:根据公开资料整理。

第三,政策支持从选择性转向普惠性。这是创新政策的发展方向。传统的产业政策往往采取选择性方式,给特定产业和企业以支持,以优惠待遇使其获得竞争优势。这种方式已经不能适应创新发展的要求,在大众创业、万众创新的背景下,政策支持要从选择性转向普惠性。国家统计局曾对37万家规模以上工业企业进行过一个调查,2013年享受到研发费用加计扣除政策的企业不到3%，约1.1万家，其中8 570家又是经国家认定的高新技术企业，占比高达78%。绝大多数企业享受不到创新政策优惠，不是没有开展研发活动、产生研发费用，而是没有进入《国家重点支持的高新技术领域》和《当前优先发展的高技术产业化重点领域指南》两个目录，这是受到限制的主要原因。必须改革完善产业研发费用计税方法，取消目录管理方式，支持所有企业享受研发费用加计扣除优惠政策。涉及的税收减免，经测算完全是可以承受的。

采购政策要建立健全符合国际规则的支持采购创新产品和服务的政策体系，鼓励采用首购、订购等非招标采购方式，以及政府购买服务方式，促进创新产品的研发和规模化应用，研究完善使用首台（套）重大技术装备鼓励政策。20世纪40年代，美国第一台计算机的研制、60年代互联网鼻祖阿帕网络（ARPANET）以及现在的苹果触屏技术、语音识别系统等都是美国国防部的政府采购合约项目。金融政策要强化对创新型企业的服务，放宽创业投资优惠政策适用范围，允许商业银行投贷联动试点、开展知识产权证券化业务、股权众筹融资试点等，发挥创业板、"新三板"等的直接融资作用，加大对创新型中小企业的支持。国家设立400亿规模的新兴产业投资引导基金，采取市场化、企业化运作方式，带动社会资本支持战略性新兴产业和早中期、初创期创新型企业发展。

第四，健全科研成果转化激励机制。改革开放三十多年，一条重要的经验就是建立合理的分配制度，调动人的积极性和创造性。当年农村实行家庭联产承包责任制，企业实行绩效奖金制度，生产效率突飞猛进。激发科技人才的创新动力，就是要舍得向科技人才让利。1980年美国推出《拜杜法案》，将联邦财政资助形成的科研成果所有权和处置权，大幅让渡给研究机构和发明人，极大地促进了技术创新。

加快下放科技成果使用、处置和收益权，提高科研人员成果转化收益比例,加大科研人员股权激励力度。《科技成果转化法》规定,企业和事业单位职务发明成果转让收入,奖励科研人员和团队的比例不低于20%,上不封顶,但不少单位担心国有资产流失,怕追究责任,就低不就高,一律按最高20%处理。这次明确在利用财政性资金设立的高等学校和科研院所中,职务发明成果转让收益用于奖励科研负责人、骨干技术人员等重要贡献人员和团队的收益比例,从不低于20%提高到不低于50%,并将写入修订后的《促进科技成果转化法》,这是一个大的进步。逐步实现高等学校和科研院所与下属公司分离,原则上高等学校、科研院所不再新办企业,强化科技成果以许可方式对外扩散。

第五,创新培养用好吸引人才机制。 OECD在一份关于中国问题的研究报告中谈到,随着经济增长的放缓,中国面临的最棘手问题,就是人们的教育程度与经济日益依靠技术和创新这种需求之间的错位。教育体制过度关注考试分数,不鼓励创造性和批判性思考,更强调理论而不是实践。学校传授的知识和培养的技能,不能充分满足劳动力市场的需求,以工作场所培训为基础的职业教育严重不足。对于这些问题,社会各界已经形成共识,科技人才制度需要改革,人才培养模式需要创新。

一是构建创新型人才培养模式。我国科技人力资源总量和研发人员规模虽然位居世界第一,但质量偏低、结构失衡,创新能力不足,人才培养与社会需求未能有效衔接。要在持续提高全民受教育程度的同时,扭转基础教育应试性、灌输式培养模式,尊重学生的个性发展,强化兴趣爱好和创新型思维培养。深化高等教育、职业教育产教融合,以高层次创新人才和高素质技能人才为重点,推动人才培养和使用相衔接,供给和需求相适应,探索科教结合的学术系统研究生培养新模式,加快部分普通本科高等学校向应用技术型高等教育转型,通过校企联合招生、联合培养、实习实训、弹性学习等方式,提高学生就业实践和创新能力。

二是按照市场规律促进人才自由流动。发达国家科技人才在企业、大学和研究机构之间频繁流动是一种普遍现象，而我国企业科技人才难以走进高等院校和科研院所，事业单位的科技人才流向企业之后就再也回不来，不利于科技与产业的融合。1983 年，国家有关部门出台的停薪留职政策，对鼓励当年的职工创业意义重大，现在鼓励大众创业、万众创新，应研究制定类似政策。要改进科研人员薪酬和岗位等级制度，允许科研人员带着科研项目和成果，保留基本待遇到企业开展创新工作或创办企业；允许高等学校和科研院所设立一定比例的流动岗位，吸引有创新实践经验的企业家和企业科技人才兼职；完善科研人员在企业与事业单位之间流动时社保关系转移接续政策，促进人才双向自由流动。

三是实现更具包容性、竞争力的人才吸引制度。已故新加坡内阁资政李光耀先生曾经指出，中美在吸引人才方面存在差距，中国是从13 亿人中选人才，而美国是从 70 亿人中选人才。在全球化背景下，谁拥有的创新人才多，谁具备的竞争能力就强。美国硅谷地区四成以上的人口来自国外，1995—2005 年，超过半数的硅谷初创公司都由移民创建，海外人才给美国创新带来了源源不断的活力。目前中国"绿卡"被称为世界上最难申请的绿卡。据公安部出入境管理局统计，截至 2014 年年底，外国人在华常住 66.4 万人，就业 27.7 万人，这一部分人呈现高端化、年轻化的特点，而取得永久居留证的却不足 5 000 人。而今信息网络将全球创新资源紧密连接在一起，创新团队和成果正在打破空间和国界限制，创新合作方式正在发生重大变化。我们要充分利用全球智力资源和高端人才，加快改革技术移民、永久居留、来华创业、来华工作等管理制度，放宽技术型人才取得外国人永久居留证的条件，改进外籍人才来华工作签证办法，对持有外国人永久居留证的外籍人才在创办科技型产业等创新活动方面，给予中国籍公民同等待遇。面向全球引进首席科学家等高层次科技人才。

- **发展智能制造：加快世界制造强国建设**

制造业是一个国家的核心竞争力。当今世界强国都拥有强大的制造业。以创新驱动的美国制造，以精湛著称的德国制造，以高效取胜的日本制造，都是大国崛起的写照。2010年，美国环球通视的数据表明，中国已超过美国成为世界头号制造业大国，按产出计算，中国制造业产出占世界的比重为19.8%，美国为19.4%。中国上一次占据这个位置是在1850年，其后在工业革命的带动下，英国成为最大的工业品生产国，持续了50年的时间。接着美国开始了长达110年占据制造业霸主地位的历史。时至今日，在世界500多种工业产品中，中国有200多种产量排在世界第一。但我们只是制造业大国，不是制造业强国；只是世界生产工厂，不是世界创造基地。

中国制造业全员劳动生产率只有美国的1/12、日本的1/11，低端产能严重过剩，高端产能严重不足。比如，进口机床平均价格是出口机床价格的400多倍。随着中国人口老龄化进程加速，劳动力成本不断提高，目前东南亚大部分国家劳动力成本约为中国的50%，箱包鞋袜等劳动密集型产业已经加速向这些国家转移。根据美国波士顿咨询公司的研究，中国"长三角"地区制造业成本仅比美国低5%[1]，如果发展战略不调整，将难以阻挡高端制造业向发达国家回流。

中国正处在制造业大国向制造业强国迈进的关键阶段。2015年5月8日，国务院发布《中国制造2025》方案，这是实施制造强国战略的行动纲领。方案提出，一条主线：加快新一代信息技术与制造业深度融合。主攻方向：推进智能制造。基本方针：创新驱动，质量为先，绿色发展，结构优化，人才为本。三步目标：第一步，到2020年，基

---

[1] 波士顿咨询公司，《成本竞争力指数研究报告》，转引自机电产品进出口商会网站，2014年5月4日。

本实现工业化，到 2025 年迈入制造强国行列；第二步，到 2035 年，中国制造业整体达到世界制造强国阵营中等水平；第三步，新中国成立 100 年时，制造业大国地位更加巩固，综合实力进入世界制造强国前列。

专栏 7-5　《中国制造 2025》十大重点领域

（1）新一代信息技术产业　　（2）高档数控机床和机器人

（3）航空航天装备　　　　　（4）海洋工程装备及高技术船舶

（5）先进轨道交通装备　　　（6）节能与新能源汽车

（7）电力装备　　　　　　　（8）农机装备

（9）新材料　　　　　　　　（10）生物医药及高性能医疗器械

资料来源：《国务院关于印发〈中国制造 2025〉的通知》（国发〔2015〕28 号）。

智能制造是走向制造强国的重要支点。 工业革命以来的技术进步，使人类实现了对自身肌肉力量的突破与超越，进而通过力量的放大，实现了生产效率的革命性提升。当今智能化技术的创新组合，致力于人类大脑智慧的拓展与延伸，从智能硬件到人工智能的升级换代，带来生产生活方式的大变革，引发生产效率的指数级增长。基于新一代信息技术与制造业、互联网的融合发展，智能装备、智能工厂、智能产品、智能物流正在创造制造业新模式，拓展制造业新领域，构建从生产、消费、流通到零售的全产业链的新工业体系。

智能机器人是智能制造的重要标志。 20 世纪 60 年代，美国生产出第一代工业机器人。很长一段时间里，机器人的发展重点是如何精准地执行人类下达的命令。据国际机器人联合会统计，2002—2013 年，全球新装工业机器人年均增速达到 9%。2013 年，全球工业机器人销

中国经济的转型升级

——从"十二五"看"十三五"

售量达到16.8万台。据麦肯锡全球研究所预计,到2025年,5%—15%的制造业工人将被工业机器人取代,全球工业机器人保有量将达到1500万—2500万台。[①] 2013年,中国工业机器人销量约3.7万台;2014年,中国工业机器人销量超过4万台,超越日本成为全球第一大市场,预计到2020年将达到10万台以上,但关键零部件技术受制于人,整机国产化率不到40%。随着脑科学、仿生学、材料科学、信息通信等一系列技术的突破,机器人开始逐步像人一样地思维、感知、学习,能够替代人从事更加复杂、多变的工作,使无人工厂、智能服务成为可能。

"Science never say never."前不久,媒体报道,全球首例截肢男子移植由自己大脑控制的生物仿真手(见图7-1)。这是人工智能的一个成功案例,也是未来智能制造的一个重要方向。美国佐治亚理工学院的科学家已经研制成功"电子皮肤",这种"皮肤"覆盖在机器人的手臂上,借助传感器收集信息,识别周围情况,精确控制触碰物体的力度,灵活避开前进中的障碍。德国机器人公司(Festo)开发出具有"肌肉记忆"功能的机械手臂,从而使运动的精确性大大提高。2015年4月,号称最像真人的"仿真美女机器人"亮相香港,皮肤由柔软的硅胶制造,肤色逼真度极高,会做出眨眼、微笑、皱眉等65种不同面部表情,能像真人那样发声、对话、唱歌。未来的机器人既是资本品,也是消费品。就像工业机器人安放在工厂、生产领域一样,服务机器人将走进家庭、公共场所。

智能材料是智能制造的重要支撑。智能材料是具有感知、反馈、响应、识别、自诊断、自适应、自修复功能的新型材料,是材料科学发展的最前沿领域,也是智能技术向前发展的支撑。目前3D打印技术已经日渐成熟,正在向4D、5D拓展。4D打印技术是在3D的基础上

[①] 中国科协国际联络部、国务院发展研究中心国际技术经济研究所,《世界前沿技术发展研究报告2014》,中国科学技术出版社2015年版。

第 7 章 实施创新驱动发展战略

图 7-1　全球首例截肢男子移植由自己大脑控制的生物仿真手

资料来源：凤凰网科技栏目，2015 年 2 月 26 日。

增加时间元素，让物体随着时间的推移"自我组装"，即材料自动变成预设的模型。美国陆军已经运用 4D 打印技术开发出"自适应伪装作战服"。而 5D 打印技术是利用活性材料打印后形成自生长，5D 打印骨骼试验已在动物身上取得成功。西安交通大学正在对人工肝脏、人工心脏和人工皮肤的 5D 打印技术进行攻关。这些都离不开智能材料的突破。

专栏 7-6　3D、4D、5D 打印技术

3D 打印：3D 打印是快速成型技术的一种，是以数字模型为基础，运用粉末状金属或塑料等可黏合材料，通过逐层打印的方式来构造物体的技术。3D 打印技术出现在 20 世纪 90 年代中期。2010 年 11 月，世界上第一辆由 3D 打印机打印而成的汽车 Urbee 问世。2011 年 8 月，南安普敦大学的工程师们开发出世界上第一架 3D 打印飞机。

中国经济的转型升级
——从"十二五"看"十三五"

> 4D打印：4D打印是一种无需打印机器就能让材料快速成型的革命性新技术。4D打印比3D打印多了一个"D"就是时间纬度，通过软件设定模型和时间，所使用的变形材料会在设定的时间内变形为所需的形状。4D打印的逻辑是，把产品设计嵌入可以变形的智能材料中，在特定时间或激活条件下，无需人为干预，也不用通电，便可按照事先的设计进行自我组装。
>
> 5D打印：5D打印技术是中国工程院院士、西安交通大学教授卢秉恒院士提出的能够打印生命体的新概念。它是用3D打印技术构造出可以生长的组织细胞，再通过组织液的培育，产生生长因子，用于活性器官再造。目前，西安交通大学已经研制出了可以打印的人工骨细胞。
>
> 资料来源：根据公开资料整理。

工业互联网是智能制造的重要平台。深化互联网应用，发展基于互联网的个性化定制、众包设计、云制造等新型制造模式，推动形成基于消费需求动态感知的研发、制造和产业组织方式。加快物联网技术研发和应用示范。完善互联网基础设施，建设低时延、高可靠、广覆盖的工业互联网。针对信息物理系统网络研发和应用的需求，组织开发智能控制系统、工业应用软件、传感和通信系统协议等，实现人、设备与产品的实时联通、精确识别、有效交互与智能控制。澳大利亚力拓集团运用"互联网+远程运营监控+生产自动化"，开发了"未来矿山项目"，大幅提高了生产效率，降低了安全风险。

大数据开发应用是智能制造的重要基础。管理学家认为"不会量化就无法管理"。数据流引领技术流、物质流、资金流、人才流，数字化推动智能化。物联网让生产活动的所有指标全部数字化，大数据开发应用让智能制造如虎添翼。依靠大数据技术，开展规律性分析、预测性分析，推动大数据在工业研发设计、生产制造、统筹管理、市场营销、售后服务等产品全生命周期、产业链全流程各环节的应用，建造数据工厂、智能工厂。建立面向不同行业、不同环节的工业大数据资源聚合、分析应用平台，扶持基于工业大数据的新技术、新产品，开展在线监控诊断、远程故障诊断及维护、工控系统安全监控等新业务、新业态，实现工业大数据应用常态化、内生化、系统化。

- **推进"互联网+"：实现开放融合、万物互联**

李克强总理在2015年政府工作报告中明确提出，制定推进"互联网+"行动计划。当今世界，互联网发展进入一个全新的时代。继大数据、云计算、移动互联网后，随着智能硬件的性能提升、体积缩小和成本降低，互联网的开放性、连接性将给经济社会发展带来前所未有的契机。美国思科公司预测，未来人们所能想象的一切，包括人员、流程、数据及物体都将与互联网连接，到2020年，全球将有500亿个设备接入互联网，创造无数新的业态、服务和体验，商业价值将达到19万亿美元。① 另一项预测则估计，到2030年，将有超过100万亿个传感器连接物联网。②

什么是"互联网+"？2015年7月1日，国务院印发《关于积极推进"互联网+"行动的指导意见》。与此同时，腾讯公司董事局主席兼CEO马化腾等著的《互联网+：国家战略行动路线图》新书上市。政府版本对"互联网+"的表述是，把互联网的创新成果与经济社会领域深度融合，推动技术进步、效率提升和组织变革，提升实体经济创新力和生产力，形成更广泛的以互联网为基础设施和创新要素的经济社会发展新动能、新形态。企业版本对"互联网+"的表述是，

---

① 国家发改委，《创新领导力国际研讨班总结报告》第7期，2015年。
② 〔美〕杰里米·里夫金著，《零边际成本社会：一个物联网、合作共赢的新经济时代》，赛迪研究院专家组译，中信出版社2014年版。

中国经济的转型升级
——从"十二五"看"十三五"

以互联网平台为基础,利用信息通信技术与多行业的跨界融合,推动产业转型升级,不断创造出新产品、新业态与新模式,构建连接一切的新生态。两个版本的表述,语义趋同,落点有别。前者从宏观层面强调形成经济社会发展新动能、新形态,后者从实物层面强调构建连接一切的新生态。

"互联网+"具有广阔的市场前景和巨大的创新能量。在互联网与多产业融合发展、深度应用的大背景下,当前商业模式、组织结构、应用程序创新风起云涌,层出不穷,对于重塑创新体系,推动经济转型,促进产业升级,培育新型业态,创新公共服务、社会管理模式,增加公共产品供给,提升社会治理能力,都具有重要而积极的意义。我国互联网用户数达到6.5亿,智能手机用户数达到9亿,4G用户数超过2亿,占全球用户1/3强。拥有全球第一的互联网用户数和移动互联网用户数,拥有海量的数据资源和巨大的市场规模,这是世界各国无可比拟的应用优势,推进"互联网+"势不可挡,大有作为。

专栏7-7 "互联网+"重点行动

(1)"互联网+"创业创新　　　(2)"互联网+"协同制造
(3)"互联网+"现代农业　　　(4)"互联网+"智慧能源
(5)"互联网+"普惠金融　　　(6)"互联网+"益民服务
(7)"互联网+"高效物流　　　(8)"互联网+"电子商务
(9)"互联网+"便捷交通　　　(10)"互联网+"绿色生态
(11)"互联网+"人工智能

资料来源:《国务院关于积极推进"互联网+"行动的指导意见》(国发〔2015〕40号)。

国务院指导意见中提出的"互联网+"11项重点行动,涉及的有些领域和内容笔者在其他章节中已做过阐述,这里,集中谈谈四个问题。

"互联网+"创业创新：打造经济发展新引擎。经济新常态需要新引擎。应对经济下行压力,大众创业、万众创新是新的动力源泉。经济学家认为,增长往往发生在新创企业之中。创业推动创新,创新带动创业,新的增长点由此产生。互联网跨界开放、融合、交互的特性,大大降低了创业门槛和创新成本,激发了创业潜能和创新活力。"互联网+"创业创新行动,就是通过鼓励各类互联网平台开放,向小微企业、创业团队提供平台入口、数据信息、计算能力等资源,提供研发工具、统筹管理和市场营销等服务,培育和孵化具有良好商业模式的创业企业。发展创新工场、创客空间、社会实验室等新型众创空间,为创业者提供低成本、便利化、全要素的创业载体。鼓励创业者建立适应互联网时代的创新组织方式,推动企业创新模式由中心化、封闭式向扁平化、开放式转变。

随着互联网时代的到来,个人已经成为社会经济活动的最小单位。慕课（MOOC,大规模网络开放课程）、3D打印、移动互联网等实现了人与人之间的数字化连接,促成了组合式、网络化的创新创业新模式。

专栏 7-8　互联网生态下新的创新创业形式

极客：是美国俚语"Geek"的音译,这个词含有智力超群和努力的语义。现在多指一种在互联网时代创造全新商业模式、尖端技术与时尚潮流的人,他们以创新、技术和时尚为生命意义。

创客：来源于英文单词"Maker",是指出于兴趣爱好,努力把各种创意转变为现实的人。创客运动遵循四项原则：新发明开源共享、推崇协同学习文化、坚持社区自给自足以及承诺可持续生产。新时期的创客触发了创新2.0模式,即基于个人通信到个人计算,再到个人制造的社会技术发展脉络,构建以用户为中心,从创意、设计到制造,完全是面向应用的、网络化的融合创新环境。

维客:原名为"Wiki",也译为维基。是一种在网路上开放,可供多人协同创新的超文本系统,是多人协作的工具,参与创作的人,成为维客。

众包:指一个公司或机构把过去由员工执行的工作任务,以自由自愿的形式外包给非特定的(而且通常是大型的)大众网络的做法。以用户的真实使用感受为出发点,通过网络做产品的开发需求调研。众包的任务通常由个人来承担,但如果涉及需要多人合作完成的任务,也有可能以依靠开源的个体生产的形式出现。

资料来源:根据公开资料整理。

专栏7-9 腾讯、阿里巴巴开放平台

腾讯以社交应用开放为中心,通过微信、QQ与第三方联结,逐步推进超级APP大开放平台战略,形成通信、娱乐、O2O交互、电商、理财等综合服务平台。《2014年中国互联网开放平台白皮书》数据显示,腾讯开放平台开发者收益较去年翻倍(2013年6月—2014年6月),收入前150位的PC开发者中有35%成功获得各轮融资,腾讯创业基地合作孵化的移动开发者中有61%获得了各轮融资。同时,腾讯云开放平台集聚500万创业者,中小团队开发者占创业总人数的40%以上,是上一年同期的4倍,创业公司总估值超过2 000亿元,相当于再造一个三年前的腾讯。

> 阿里巴巴作为开放的第三方电子商务平台,提供了低成本的网络创业渠道,其带动的网商创业潮受到社会广泛关注。2014年,阿里巴巴旗下淘宝平台活跃卖家近340万,淘宝网网络创业就业总人数达866万人;全国211个"淘宝村",活跃卖家超过7万家,直接就业达28万人,正在深刻改变中国农村面貌。以阿里巴巴为代表的第三方电商平台,还为大学生创业提供了新选择。2013年,淘宝网络创业者中,大学本科以上学历占比已达20.2%。
>
> 资料来源:中国电子商务研究中心、中国就业促进会,《网络创业就业统计和社保研究项目报告》;阿里巴巴(中国)有限公司,《中国淘宝村》,电子工业出版社2015年版。

"互联网+"益民服务:构建在线医疗新模式。在益民服务中,"看病难、看病贵"是老百姓满意度不高的突出问题之一。由于优质医疗资源匮乏、传统医疗模式落后、医疗管理体制机制改革尚未到位等原因,农村、县城的病人都到大城市的大医院看病,带来医疗效率偏低、医疗费用偏高、医患矛盾突出,"挂号排队时间长、看病等待时间长、取药排队时间长、医生问诊时间短"等问题,饱受社会诟病。

"互联网+"医疗服务就是依靠全新的健康管理理念、技术和手段,通过可穿戴设备将生命体征数据化,通过大数据分析使患者及时享受专业医护人员的各种健康咨询、筛查、预防、监护和干预服务,通过在线问诊、远程医疗等方式,使患者可以突破时空限制享受跨区域的优质医疗服务;还可以提供在线预约诊疗、候诊提醒、划价缴费、诊疗报告查询、药物配送等便捷服务;从而实现"以医院和医生为中心"的传统医疗服务模式转向"以患者为中心"的新型医疗服务模式。发展互联网医疗,必须深化医疗管理体制机制改革,构建医学健康档案、检验报告、电子病历等医疗信息服务平台,建立跨医院的医疗数据、档案交换标准体系，同时注重个人医疗隐私的保护。

专栏 7-10　微信智慧医疗模式

目前，全国已有近 100 家医院上线微信全流程就诊，超过 1 200 家医院支持微信挂号，服务累计超过 300 万患者，为患者节省超过 600 万小时的时间。纳入医保功能是微信医疗的重要一步，有利于微信医疗服务覆盖所有就诊人群。以全国首家启用微信医保实时结算的广东省妇幼保健院为例，由于微信医保结算的接入，支付流程短、无需单独排队、无需等待退款、医院无需额外增加对账量，解决了内外管理的诸多难题。自 2014 年 7 月上线试用，广东省妇幼保健院月平均交易笔数达到 1.17 万单，据测算平均为患者节约了 3.5 小时的就诊时间。

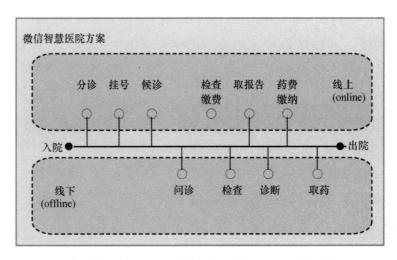

资料来源：曹淑敏，《大融合·大变革》，中共中央党校出版社 2015 年版。

"互联网+"高效物流：建设现代物流新体系。我国物流成本过高，效率偏低，这是一个"老大难"的问题。2014 年，全社会物流总

费用为10.6万亿元,占GDP的比重为16.6%①,发达国家占比在10%以下,美国占比仅为8.5%,只有我们的一半。按照2014年我国GDP总量64.07万亿元计算,每降1个百分点,都会产生较大的经济和社会效应。如果能够把物流成本降到发达国家的水平,对我国经济转型升级,必将是一个有力的推动,对每一个消费者来说也是一大福音。美国著名学者里夫金在他的新作《零边际成本社会》中谈道,基于互联网、物联网的发展,许多产品和服务的边际成本可以降低到接近于零。

物联网的根本特征是信息化、网络化、规模化。在这个空间里,数据和信息可以无限共享,共享次数越多,价值越高。针对物流资源难以高效整合,物流企业信息化水平不高,运输仓储环节多、收费多,第三方物流发展滞后等问题,要加快建设跨行业、跨区域的物流信息服务平台,构建物流信息共享互通体系,打破地区分割、部门分割,将物流全过程的需求、供给、仓储和配送综合接入、深度互联,促进"货物流"与"信息流"有机融合。面向物流"起始一公里"和"最后一公里",打造物流全生命周期的智能仓储系统和配送调配系统,形成多维交互、上下贯通、深度感知、动态响应的网络化现代物流新体系。

深化互联网应用:营造服务业发展新生态。服务业具有涉及领域广、带动就业多、消耗资源少、拉动作用强等特点,不仅是巨大的就业容纳器,也是强劲的经济增长点,是经济转型升级的一个主攻方向。从国际经验看,人均GDP从6 500美元到10 000美元这一阶段,服务业占比大多会提高10个百分点左右。深化互联网应用,推进"互联网+"行动,对于创新服务业模式、扩大服务业领域、提升服务业水平是一个最大的机遇。信息化、网络化、智能化使服务业的劳动分工

---

① 《2014年我国社会物流总费用与GDP比率有所下降》,新华网,2015年4月17日。

中国经济的转型升级
——从"十二五"看"十三五"

得以深化,时空障碍正在消除,资源共享成为可能,边际成本不断降低,必将重构服务业发展生态。

2014年年底,德国研究机构向德国政府提交了《智能服务世界2025》的研究报告,这是继"工业4.0"战略后的又一新理念。"智能服务"既聚焦工业生产流程的优化,也扩展到贸易、物流、农业、医疗、能源等领域,对消费者来说,"智能服务"意味着随时随地得到所需要的产品和服务。"互联网+"每一项重点行动都与服务业的融合创新密切相关。比如说电子商务,2014年交易额已达到13万亿元,增长25%,网上零售额已达到2.8万亿元,增长49.7%[①],占全社会消费品零售额的10%,网店数量300多万家,就业人数超过1 000万人,这是典型的互联网产业,也是典型的新兴服务业。

推进互联网与服务业的融合发展,重要的是改善服务业发展的生态环境。我国服务业发展长期滞后,不是缺乏需求,缺乏资本,主要是开放不够。在对内开放方面,服务业领域仍有50%以上被行政力量垄断,教育、医疗、金融、电信等众多高端服务领域仍保有高度的行政管制和国有垄断。对于新生事物,政府应当采取开放的态度支持其发展,鼓励探索和创新,不要轻易把它扼杀在摇篮里。华大基因技术能够走在世界前列,很重要的一条就是深圳市的创新监管方式,即把无创产前基因筛查技术纳入当地医保,借鉴美国实验室开发诊断试剂监管模式,由医生依据基因测序机构出具的独立报告进行诊断。目前该技术已获得国家食品药品监管总局的批准,可代替羊水穿刺技术进行"唐氏综合征"筛查。

在对外开放方面,服务业开放是一个薄弱环节,开放水平与需求增长不相适应,特别是教育、医疗等与居民消费相关的服务领域,大量服务型需求外流。2014年,我国自费出国留学人数42.3万人,且

---

① 国家商务部,《2014年电子商务交易额测算将达到13万亿元》,转引自新华网,2015年1月21日。

呈低龄化趋势。赴韩国做整形外科手术的人数，占韩国外国患者的67.6%，近5年增长20倍。[①] 服务业开放应进一步加大力度，鼓励和支持社会资本进入教育、医疗、养老、文化等领域，包括放宽对国外资本进入的限制。在互联网这一开放的平台上，各国教育主管部门都在根据新的情况，考虑教育开放的问题。例如，美国Coursera网校开设的多门课程吸引了196个国家的270多万名学生报名参加。从2013年起，该网校与公立大学合作给出学分，依据这些学分可以给予学历。[②]

在数据开放方面，目前80%的数据资源掌握在政府手里，且分散在不同部门，形成一个个彼此屏蔽的信息孤岛。在全球开放数据指数排名中，我国在70个国家和地区中位列第34位。大数据是服务业的"金矿"，是取之不尽、用之不竭、既宝贵又廉价的资源，是互联网与服务业融合发展、创新发展的关键因素，推动数据开放、数据应用、数据立法是政府的一项重要任务。

[①] 迟福林，《转型抉择2020：中国经济转型升级的趋势与挑战》，中国经济出版社2015年版，第174页。
[②] 〔美〕杰里米·里夫金著，《零边际成本社会：一个物联网、合作共赢的新经济时代》，赛迪研究院专家组译，中信出版社2014年版，第119页。

第 8 章　推进以人为核心的新型城镇化

十八届三中全会明确提出,"完善城镇化健康发展体制机制,坚持走中国特色新型城镇化道路,推进以人为核心的城镇化"。2013 年 12 月,首次召开的中央城镇化工作会议上,习近平总书记和李克强总理发表重要讲话,从战略和全局上就推进新型城镇化做出重要部署。习近平总书记强调指出:"在我们这样一个拥有 13 亿人口的发展中大国实现城镇化,在人类发展史上尚无先例。粗放扩张、人地失衡、举债度日、破坏环境的老路不能再走了,也走不通了,在这样一个十分关键的路口,正确的方向就是新型城镇化。"2014 年 3 月,党中央、国务院批准实施《国家新型城镇化规划(2014—2020 年)》,明确了我国城镇化的发展路径、主要目标、战略任务和制度安排。

8.1　何谓中国特色的新型城镇化?

笔者在参与编制国家新型城镇化规划的过程中,感到这是一个必须首先弄清楚的基本问题。社会上对城镇化的议论较多,看法不一。有些人单纯从经济角度,把它看作推动增长的一种方式;有些人主张

"大跃进式"的城镇化,重速度,轻质量,重土地城镇化,轻人的城镇化;有些人忽视中国国情,主张照搬外国经验,等等。何谓城镇化?何谓中国特色?何谓新型城镇化?其意义是什么?这些问题都应该予以回答。

- **城镇化的含义**

城镇化是伴随工业化发展,第二、第三产业向城镇聚集,农村人口向城镇转移,城镇规模不断扩大,城镇数量不断增加的自然历史过程。城镇化是工业化、现代化进程中社会变迁的一种反映,是人类社会发展的客观趋势,是国家现代化的重要标志。城镇化作为一种社会历史现象,既是物质文明进步的体现,也是精神文明建设的动力。

说到城镇化中的中国特色,是指中国至今仍然实行城乡分割的户籍制度,这是城乡二元体制的症结,也是城市内部二元矛盾的根源。目前,世界上实行这种户籍制度的国家只有3个,除了中国,还有朝鲜和贝宁。朝鲜人口2 000多万人,贝宁人口1 000多万人,人均GDP都在900美元以下[①],与中国的情况完全不同。这也是国内外专家高度关注中国城镇化发展的原因。

- **新型城镇化的内涵**

新型城镇化就是要坚持以人为本。以人为本,既是科学发展观的核心,也是新型城镇化的核心。新型城镇化与传统城镇化模式最大的不同、最大的进步是要逐步破除城乡二元体制、二元矛盾,合理引导人口流动,有序推进农业转移人口市民化,稳步推进城镇基本公共服务常住人口全覆盖,促进人的全面发展和社会公平正义,使全体居民共享现代化建设成果。

新型城镇化的"新"还体现在:推动新型工业化、信息化、城镇

---

① 资料来源:世界银行WDI数据库。

化、农业现代化同步发展，促进城镇发展与产业支撑、就业转移和人口集聚有机统一，实现城乡要素平等交换和公共资源均衡配置；根据资源环境承载能力，以综合交通网络和信息网络为依托，以城市群为主体形态，推动大中小城市和小城镇协调发展，控制城镇开发边界，促进城市紧凑发展，提高国土空间利用效率；推进绿色循环低碳发展，形成资源节约型、环境友好型的生产生活方式和城市建设运营模式；依据不同地区的自然、历史和文化禀赋，发展有历史记忆、文化脉络、地域网络、民族特色的美丽城镇，形成融合实际、各具特色的城镇化发展模式。

笔者想特别强调的是，在推进新型城镇化的过程中，要正确处理政府与市场的关系，发挥好"两个作用"，把握好"两个过程"。首先要更加尊重市场规律，充分发挥市场配置资金、技术、人才等要素资源的决定性作用，同时要更好地发挥政府作用，切实履行政府制定发展规划、提供公共服务和营造制度环境的重要职责，使城镇化成为市场主导、自然发展的过程，成为政府引导、科学发展的过程。

• 我国城镇化所处的发展阶段

改革开放以来，我国城镇化经历了一个起点低、速度快的发展过程。第 3 章分析过"城镇化水平和质量不高"的问题。这里，谈谈我国城镇化发展的现实基础和所处阶段与态势。从现实基础看：

一是城镇人口迅速增加，城镇化率大幅提高。1978—2014 年，城镇人口从 1.72 亿人增加到 7.49 亿人，城镇化率年均提高 1.02 个百分点，进入 21 世纪以来年均提高 1.3 个百分点，从 17.92% 提升到 54.77%。据世界银行数据，2014 年全球居住在城镇的人口比例为 54%，我国城镇化率已达到世界城镇化平均水平（见图 8-1）。[①]

[①] 西方国家称为"城市化"，在我国一般称为"城镇化"，两个词在英文中均为 Urbanization。这主要考虑到在现有城镇体系中，我国现拥有 2 万多个建制镇。

第8章 推进以人为核心的新型城镇化

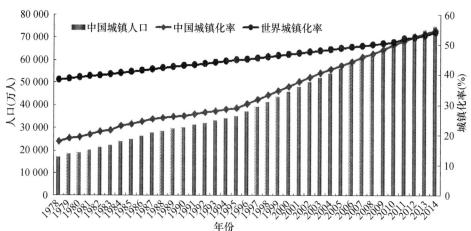

图 8-1　中国城镇化率与世界城镇化率平均水平的比较

资料来源：中国数据来源于历年《中国统计年鉴》，世界数据来自世界银行 WDI 数据库。

二是城镇数量规模扩大，形成具有国际影响力的城市群。1978—2014 年，城市数量从 193 个增加到 653 个[①]，1 000 万人口以上城市，1978 年尚没有，现在达到 6 个。建制镇数量从 2 173 个增加到 20 401 个。[②] 京津冀、长三角、珠三角三大城市群以 2.8% 的国土面积集聚了 18% 的人口，创造了 36% 左右的国内生产总值，吸引了 80% 左右的外商直接投资，实现了 75% 左右的国际贸易，成为拉动我国经济快速增长和参与国际经济合作与竞争的主要平台（见表 8-1）。

表 8-1　改革开放以来我国城市数量规模变化　　　　　　　　　　单位：个

城镇类型	1978 年	2010 年
城市	193	658
1 000 万人口以上城市	0	6
500 万—1 000 万人口城市	2	10
300 万—500 万人口城市	2	21

[①] 资料来源：民政部区划地名司，2014 年数据。
[②] 同脚注①。

(续表)

城镇类型	1978年	2010年
100万—300万人口城市	25	103
50万—100万人口城市	35	138
50万以下人口城市	129	380
20万以下人口城市	46	266
建制镇	2 173	19 410

资料来源：2010年数据根据第六次全国人口普查数据整理。

三是城镇综合服务水平明显提升，人居环境逐步改善。2000—2013年，城市用水普及率从63.9%提高到97.6%；燃气普及率从44.6%提高到94.3%；污水处理率从34.3%提高到89.3%；城市人均道路面积从6.1平方米增加到14.9平方米；人均住宅建筑面积从20.3平方米提高到32.9平方米；人均公园绿地面积从3.7平方米提高到12.6平方米；城市普通中学增加了2 999所；病床数增加了152.2万张；互联网基本覆盖城乡（见图8-2）。

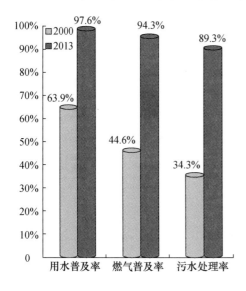
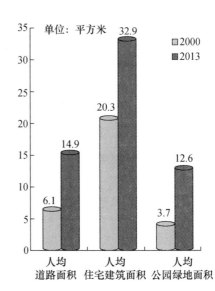

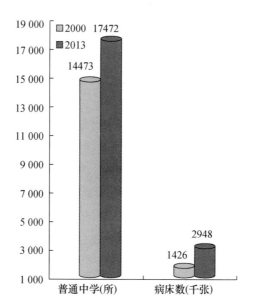

图 8-2　城镇综合服务水平提升的主要指标

资料来源：《2013 城乡建设统计公报》《中国统计年鉴 2014》。

我国城镇化率已达到 50% 以上，这意味着有一半以上的人口生活在城镇，标志着城乡社会结构发生重大变化。未来城镇化发展将呈现新的阶段性特征。

第一，城镇化仍将处于较快发展阶段。按照世界城镇化发展规律，城镇化率在 30%—70%，属于快速发展阶段。城镇化率达到 70% 以后，进入成熟阶段，发展速度相应趋缓。2014 年我国城镇化率为 54.77%，仍处在较快发展阶段。随着经济结构的调整、全面改革的深化和全面建成小康社会目标的实现，城镇化的内在潜力将进一步得到释放（见图 8-3）。

中国经济的转型升级
——从"十二五"看"十三五"

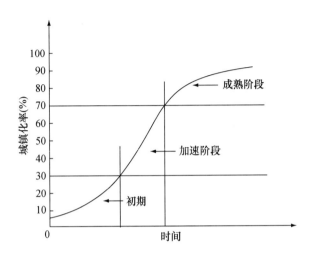

图 8-3 城镇化发展的诺瑟姆曲线*

注：*美国地理学家诺瑟姆研究发现，一个国家或地区的城镇化发展轨迹呈现一条稍被拉平的 S 形曲线，在初始阶段，农业经济占主导地位，城镇化速度缓慢，当城市人口超过 10% 时，城镇化水平逐步加快；当城市人口超过 30% 时，城镇化进入加速阶段，工业规模迅速扩大，农业人口向城市聚集，这一趋势要一直延续到城市人口达到 70% 以后才逐步减缓；此时，城镇化开始步入成熟阶段，农业人口经历大规模的迁移后，人口压力减小，而且农业经济和生活条件大为改善，城市就业市场日趋饱和，导致城市对农村的吸引力大大减弱，城乡间人口实现动态均衡。

第二，城镇化将进入质量与速度并重、以提升质量为主的转型发展阶段。随着全球经济再平衡和产业格局再调整，国际市场争夺、资源供求矛盾和减少污染物排放压力加大，传统高投入、高消耗、高排放的工业化城镇化发展模式难以为继；随着我国农业剩余劳动力逐步减少和人口老龄化程度提高、资源环境瓶颈制约日益加剧、城市内部二元结构矛盾日益凸显，主要依靠劳动力廉价供给、土地等资源粗放消耗、压低公共服务成本推动城镇化快速发展模式已不可持续，城镇化由速度型向质量型转变势在必行。

目前我国农业劳动力供给正处于"刘易斯区间"（见图 8-4）。"刘易斯区间"是著名发展经济学家、诺贝尔经济学奖获得者阿瑟·刘易斯提出的概念。刘易斯认为,二元经济国家的经济发展过程,是现代工业部门相对传统农业部门的扩张过程。在这个过程中有两个拐点,第一个拐点是图中的 L_1,表示在经济发展初期,农业劳动力存在"无限拐点",工业部门可以用极低的工资水平吸引农业劳动力转移。随着农业剩余劳动力减少,工资水平开始上升,达到第一个拐点。第二个拐点是图中的 L_3,表示随着农业劳动生产率上升,出现城乡劳动力市场一体化,二元经济结构消失。在这两个拐点之间的发展阶段称作"刘易斯区间"。我国农业劳动力转移的第一个拐点真正开始出现是在2010 年前后,以劳动力结构性短缺和农民工工资开始进入上升通道为标志,但距离第二个拐点的到来还有相当长一段时间。

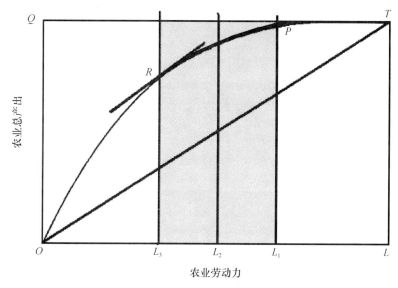

图 8-4 我国农业劳动力进入"刘易斯区间"

国家发改委规划司测算,目前我国农业剩余劳动力在 1 亿人左右,2010—2020 年年均转移农业劳动力约为 1 000 万人,2020 年后年均转移 500 万—600 万人,预计到 2030 年我国农业劳动力转移过程将基本完成(见表 8-2)。

表 8-2 1996—2015 年我国农业剩余劳动力测算

年份	耕地面积（千公顷）	劳动耕地面积（公顷/人）	农业劳动力实际需要量（万人）	第一产业从业人员数（万人）	农业剩余劳动力（万人）
1996	130 039.2	0.6543	19 873.81	34 820.00	14 946.19
1997	129 903.1	0.6550	19 831.39	34 840.00	15 008.61
1998	129 642.1	0.6558	19 770.00	35 177.00	15 407.00
1999	129 205.5	0.6565	19 681.97	35 768.00	16 086.03
2000	128 243.1	0.6572	19 514.09	36 043.00	16 528.91
2001	127 615.8	0.6579	19 397.50	36 513.00	17 115.50
2002	125 929.6	0.6586	19 120.35	36 870.00	17 749.65
2003	123 392.2	0.6593	18 714.69	36 546.00	17 831.31
2004	122 444.3	0.6601	18 550.71	35 269.00	16 718.29
2005	122 082.7	0.6608	18 475.78	33 970.00	15 494.22
2006	121 775.9	0.6615	18 409.29	32 561.00	14 151.71
2007	121 735.2	0.6622	18 383.10	31 444.00	13 060.90
2008	121 715.9	0.6629	18 360.17	30 654.00	12 293.83
2009	119 889.3	0.6637	18 064.95	31 535.00	13 470.01
2010	119 163.5	0.6644	17 936.02	30 983.00	13 047.36
2011	118 457.6	0.6651	17 810.37	30 412.00	12 601.17
2012	117 771.7	0.6658	17 687.97	29 819.00	12 131.47
2013	117 105.9	0.6666	17 568.81	29 207.00	11 638.27
2014	116 460.1	0.6673	17 452.90	28 574.00	11 121.57
2015	115 834.2	0.6680	17 340.22	27 922.00	10 581.39

资料来源：1996—2008 年耕地资源数据根据国土资源部各年国土资源公报整理，2009 年以后的耕地资源数据采用预测模型估算得到。

• 推进新型城镇化的重大意义

2009 年，世界银行的年度研究报告《重塑世界经济地理》写道：过去的两个世纪，增长的城市、人口的迁移和活跃的贸易，是发达世界进步的主要催化剂。今天，在发展中世界最具活力的经济体中，如中国、印度，这一传奇正在重演。诺贝尔经济学奖获得者约瑟夫·斯蒂格利茨也曾预言：美国的高科技和中国的城镇化是 21 世纪对人类影

第8章 推进以人为核心的新型城镇化

响最大的两件事,是世界经济发展的两大引擎。对中国而言,从当前讲,推进新型城镇化是稳增长、调结构、促改革、惠民生的黄金结合点;从长远看,推进新型城镇化对于全面建成小康社会、加快现代化建设、实现中华民族伟大复兴的中国梦,具有重大的现实意义和深远的历史意义。

新型城镇化:现代化的必由之路。 从工业革命以来的人类发展史看,一个国家要实现现代化,必须同时推进工业化与城镇化。现代化既是经济结构转型的过程,也是社会结构转型的过程。城市对劳动、资本和技术形成显著的"虹吸"效应,产生的生产总值占全球总量的80%。人口向城市的集中不仅能显著降低经济成本,增强创新活力,还将大幅降低基础设施和公共服务供给成本。有关研究表明,人类发展指数[①]与城镇化率之间存在显著的正相关性,2005年城镇化率超过60%的77个国家中,有75个国家的人类发展指数都处于中等偏上水平。在当今的中国,城镇化与工业化、信息化、农业现代化同步发展,是现代化建设的核心任务。

新型城镇化:经济发展的强大动力。 国际经验表明,内需是大国经济的重要支撑。"十三五"时期如何保持经济持续健康发展?扩大内需是基本战略,而其最大潜力在于城镇化。目前,我国城镇化率不仅远低于发达国家80%的平均水平,也低于人均收入与我国相近的发展中国家60%的水平。2014年,我国城镇常住人口7.49亿人,农民工及其家属2.57亿人。到2020年,预计我国城镇化率将达到60%左右,城镇常住人口8.5亿人左右,农民工及其家属3亿人左右。1个农民转为城镇市民,收入和消费可以增加3倍左右。2014年,1.68亿外出农民工人均月收入2 864元,人均月消费支出却只有944元,支出占收入

---

① 人类发展指数(HDI-Human Development Index)是由联合国开发计划署(UNDP)在《1990年人文发展报告》中提出的,用以衡量联合国各成员国经济社会发展水平的指标。主要包括出生时预期寿命、平均受教育年限、预期受教育年限、人均国民收入四个指标。

中国经济的转型升级
——从"十二五"看"十三五"

的比重仅为33%,远远低于城镇居民69%的水平。有分析表明,他们把相当一部分收入用于老家住房的扩改建。城镇化水平和质量的持续提高会使更多的农民通过转移就业提高收入,通过落户城镇享受更好的公共服务,进而使城镇消费群体不断扩大,消费结构不断升级,带来基础设施、公共服务设施和住宅建设等巨大的投资需求。如果把农民工市民化的问题解决好了,可以为经济持续健康发展提供源源不断的动力。

新型城镇化:产业升级的有效途径。产业是城市繁荣的前提。我国第二、第三产业结构的现状是,工业大而不强,服务业发展滞后。城镇化带来资本、技术、人才、信息等要素的集聚和不断扩张的市场规模效应,有利于激发创业创新活力,推动传统产业升级和新兴产业发展,提高核心竞争力。加快发展服务业是产业结构优化升级的主攻方向。我国服务业增加值占GDP的比重与中等收入国家、发达国家平均水平比较还相差10—20个百分点。城镇化与服务业发展密切相关,城镇化过程中的人口集聚、生活水平的提高、生活方式的变化,都会扩大生活性服务需求。而生产性服务业的发展,更会带来社会分工的细化,促进三次产业的联动,提高资源配置的效率。

新型城镇化:区域协调的重要支撑。我国城镇化水平东高西低的特征比较突出,中西部城市发育明显不足。2014年中西部地区城镇化水平大约相当于日本20世纪50年代的水平。东部一些地区的人口资源矛盾加剧,中西部不少地区的发展潜力还没有得到充分发挥。这种空间分布导致人口大规模流动,资源大跨度调运,增加了经济社会成本。随着新一轮西部大开发和中部崛起战略的深入推进,东部沿海地区产业转移加快,在中西部资源环境承载能力较强的地区,培育壮大新的城市群,统筹大中小城市发展,形成新的增长极,有利于促进经济增长,促进市场空间由东向西、由南向北拓展,推动人口、经济布局更加合理,区域发展更加协调。

第8章 推进以人为核心的新型城镇化

新型城镇化:"三农"问题的破解之道。我国农业、农村、农民问题的根源是人多、地少、资源紧缺。在现有城乡二元体制下,土地规模经营难以推行,传统生产方式难以改变。第二次全国土地调查数据显示,目前我国人均耕地1.52亩,不到世界人均水平3.3亩的一半。全国农民户均土地规模经营不到10亩,远低于韩国农民户均22.5亩和日本农民户均30亩的水平。[①] 解决这一问题必须超越农业和农村层面来思考。大量农村剩余劳动力转移到城镇,农民人均资源占有量相应增加,有利于节约、集约用地,促进农业生产规模机械化,提升农村生产效率和商品化率,提高农业现代化水平和农民生活水平。早在1987年,邓小平同志在会见喀麦隆总统,谈到农业问题时就指出:"大量农业劳动力转到新兴的城镇和新兴的中小企业,这恐怕是必由之路。总不能老把农民束缚在小块土地上,那样有什么希望?"

新型城镇化:社会进步的必然要求。基于对实践的观察和深入的研究,马克思、恩格斯曾明确指出,对传统社会来说,社会整体变迁意义上的进步,莫过于城市社会取代农业社会。[②] 城镇化作为人类文明进步的产物,不仅能够提高生产活动效率,提升人们的生活质量,而且会大大加快城市文明普及程度。目前我国城乡分割的户籍制度和与之紧密相连的公共服务制度,导致数亿人不能合理纵横流动,不能共享现代文明成果,对社会公平、社会进步的影响不可小视。蔡洪滨教授的研究表明:高的社会流动性一方面能够避免社会中的底层和弱势群体跨入"贫困陷阱",赋予他们公平的机会向较高的社会阶层进行流动,消除动态不平等;另一方面也促进经济效率的提高,推动经济增长。新型城镇化强调以人为本,有利于维护社会公平正义、增进人民福祉、促进人的全面发展以及社会的和谐进步。

---

① 《韩国统计年鉴2013》;《亚太经济》,2012年第6期。
② 〔德〕马克思、恩格斯,《马克思恩格斯全集》(第3卷),中共中央马克思恩格斯列宁斯大林著作编译局译,人民出版社1971年版。

专栏 8-1 新型城镇化主要指标设置

按照新型城镇化的要求,在城镇化水平、基本公共服务、基础设施、资源环境四大领域,设置了 18 个主要指标。

指标	2020 年目标	指标	2020 年目标
常住人口城镇化率	60% 左右	城市污水处理率	95%
户籍人口城镇化率	45% 左右	城市生活垃圾无害化处理率	95%
农民工随迁子女接受义务教育比例	≥99%	城市家庭宽带接入能力	≥50Mbps
城镇失业人员、农民工、新成长劳动力免费接受基本职业技能培训覆盖率	≥95%	城市社区综合服务设施覆盖率	100%
城镇常住人口基本养老保险覆盖率	≥90%	人均城市建设用地	≤100 平方米
城镇常住人口基本医疗保险覆盖率	98%	城镇可再生能源消费比重	13%
城镇常住人口保障性住房覆盖率	≥23%	城镇绿色建筑占新建建筑比重	50%
百万以上人口城市公共交通占机动化出行比例	60%	城市建成区绿地率	38.9%
城镇公共供水普及率	90%	地级以上城市空气质量达到国家标准的比率	60%

资料来源:《国家新型城镇化规划(2014—2020 年)》。

8.2 世界城市化发展的主要态势

从世界范围看，**18世纪中叶至19世纪中叶是城镇化刚刚兴起的阶段**。作为最早开始城镇化进程的英国，1750年城镇化率只有17%，1800年工业革命开始时，仅有3%的世界人口住在城市。**19世纪中叶至20世纪中叶是城镇化局部发展阶段**。受工业革命的影响，数以亿计的人口从农村迁移到城市。1950年城市居民数量增至世界人口的30%，欧洲、拉丁美洲、北美洲和澳大利亚城镇化率明显高于其他区域，19世纪末，美国城镇化发展进入快车道，1920年城镇化率超过50%。**20世纪中叶至今是城镇化快速发展阶段**。主要发达国家率先完成城镇化进程，城镇化席卷世界其他地区，以最快的速度蔓延到亚洲和非洲；日本城镇化率最高，2014年达到91.14%。

综合联合国、世界银行、亚洲开发银行等国际组织和研究机构的分析判断，世界城市化发展的主要态势呈现五个特点：

- **世界城镇人口持续增长**

如图8-5所示，联合国2012年3月发布的《世界城市化展望》预测：2011—2030年，世界人口将从69.7亿人增加到83.2亿人，城镇人口将从36.3亿人增加到49.8亿人，城市化率将从52.1%提高到59.9%。到2050年，世界人口将增加到93.1亿人，城镇人口将增加到62.5亿人，城市化率将达到67.1%。城镇增长人口将主要集中在欠发达地区的城市和城镇，特别是亚洲和非洲。从1980年到2010年，亚洲城镇人口增长超过10亿人，达到其他地区的总和，未来30年还将有10亿人加入城镇人口的行列。

中国经济的转型升级
——从"十二五"看"十三五"

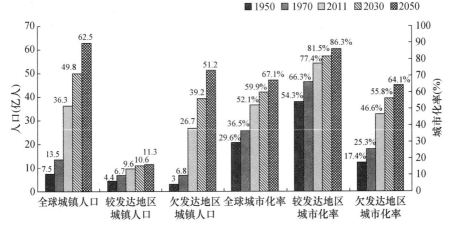

图 8-5 世界人口增长及城市化率

资料来源：联合国，《世界城市化展望》，2012年。

● 城镇人口向大城市集中趋势明显

根据联合国对1970年、2011年和2025年三个年份的数据分析，城镇人口在不同规模城市中的分布情况（见图8-6）：从1970年至2011年的41年间，50万以下城市人口比重从61.6%降至50.9%，下降了10.7个百分点；100万以上城市人口比重从29.9%升至40%，提高了10.1个百分点，其中1 000万以上的城市人口增长最快，比重从2.9%升至9.9%，提高了7个百分点。人口向大城市集中的趋势仍将持续，预计到2025年，50万以下城市人口比重还将下降8.5个百分点，100万以上城市人口比重还将提高7.6个百分点，而1 000万以上的城市人口增长仍然最快，提高3.7个百分点。这种变化趋势与以往的观点恰恰相反。主要是大城市的集聚效应越来越明显，工作好找，机会较多，收入较高，空间较大。

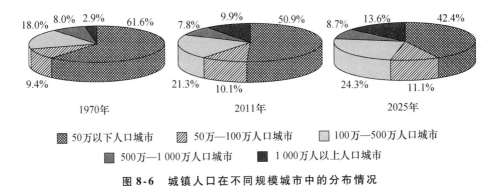

图 8-6　城镇人口在不同规模城市中的分布情况

资料来源：联合国，《世界城市化展望》，2012 年。

与此同时，亚洲超大城市人口高度集聚（见图 8-7）。根据联合国最新数据，2014 年人口 1 000 万以上的超大城市有 28 个，其中亚洲有 16 个；预计到 2025 年，全球超大城市数量将达到 37 个，亚洲将有 22 个。目前中国 1 000 万人口以上的城市有 6 个，分别是北京、上海、天津、重庆、广州和深圳。

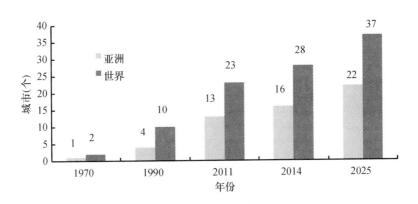

图 8-7　亚洲超大城市人口高度集聚

资料来源：《联合国 2014〈世界城市化展望〉》，联合国网站。

中国经济的转型升级
——从"十二五"看"十三五"

- **城市群主导的城市化浪潮方兴未艾**

城市群已成为发达国家城市化发展的主体形态,成为既是人口居住和就业创业的城镇密集区,也是支撑经济发展、参与国际竞争的核心大平台。单个大城市"摊大饼"式平面扩张的模式已逐步被摒弃。现在世界五大城市群分布在美国、西欧和日本,分别是美国东北部大西洋沿岸城市群、美国五大湖城市群、英国伦敦城市群、欧洲西北部城市群和日本太平洋沿岸城市群。

专栏 8-2　世界五大城市群　　　　　单位:%

城市群	国土面积占比	人口集聚度	经济集聚度
美国东北部大西洋沿岸城市群	1.5	18	24
美国五大湖城市群	2.2	16	18
英国伦敦城市群	18.4	65	80
欧洲西北部城市群	20.2	35	44
日本太平洋沿岸城市群	26.5	69	74

(1)美国东北部大西洋沿岸城市群,北起波士顿,南至华盛顿,包括纽约、费城等大城市。

(2)美国五大湖城市群,从芝加哥向东到底特律、匹兹堡(后来又延伸至加拿大的多伦多和蒙特利尔,被称为北美五大湖城市群)。

(3)英国伦敦城市群,从伦敦到伯明翰、曼彻斯特、利物浦等大城市。

(4)欧洲西北部城市群,由大巴黎地区、莱茵—鲁尔城市群和荷兰—比利时城市群组成,涉及欧盟14个国家。

> （5）日本太平洋沿岸城市群，由东京、名古屋、大阪三大都市圈组成。
>
> 资料来源：根据公开资料整理。

● 越来越多国家重视人口空间布局优化

根据联合国《世界城市化展望》和《世界人口政策》报告：尽管人口向大城市流入的趋势在持续，但世界各国政府都希望通过政策引导对其人口空间布局进行优化调整。58%的发展中国家和29%的发达国家希望进行大幅调整，28%的发展中国家和43%的发达国家希望进行小幅改动。调整人口空间布局的政策方向主要集中在如何减少人口向大城市迁移，防止出现交通堵塞、环境污染、房价高涨等大城市病，防范可能发生的自然灾害等风险。

随着人口集聚密度加大，自然灾害风险相伴而生。全球人口在100万以上的城镇地区中，有60%（约8.9亿人）生活在面临至少一种自然灾害高风险的地区（见图8-8）。亚洲城市往往位于自然灾害高风险区，2010年已有超过3亿亚洲城市人口受到海岸洪水的威胁，预计到2025年将达到4.1亿人。自然灾害主要有风暴、干旱、地震、洪涝、山体滑坡、火山喷发等，洪涝是最常见、最严重的自然灾害，其次是干旱。联合国与哥伦比亚大学共建的数据库搜集了全球75万人口以上的633个城市的地理坐标和自然灾害数据。

● 包容性发展成为世界城市发展的重要目标

联合国人居署提出"包容城市"的主题。包容城市强调城市发展在经济、社会、治理、文化等领域的均衡与统一，强调城市发展过程中公平和效率的内在一致。包容城市通过提供均等的商业和就业机会、

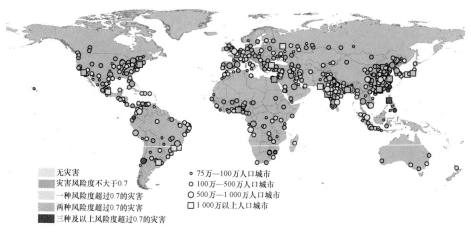

图 8-8　世界自然灾害分布情况

资料来源：联合国，《世界城市化展望》，2012。

制定有利于穷人的经济政策，促进经济发展；为所有的城市居民提供充足的住房、良好的基础服务、均等的社会福利设施和满足人们基本需要的公共产品；保障公民权利和自由，扩大民众的社会政治活动参与度，使其更好地参与民主决策；促进社会融合，鼓励城市多样性。这一概念的提出与发展，有助于解决城市特别是全球性大都市内部由于要素快速流动而产生的社会"碎片化"问题，弥合所谓的"城市鸿沟"。包容性城市建设的关键，在于构建高水平的社会服务体系，而社会服务均等化又是完善社会服务体系的核心。

8.3　推进新型城镇化的战略重点

我国人口多、资源相对短缺，生态环境比较脆弱，城乡区域发展不平衡。在这个大背景下，推进新型城镇化，既要从国际视野出发，遵循一般规律，吸取世界城镇化发展的经验教训，更要从基本国情出发，把握特殊规律，在实践中不断探索创新。

第8章 推进以人为核心的新型城镇化

围绕国家新型城镇化规划做出的部署,按照中央城镇化工作会议的要求,"十三五"时期要切实抓好推进农业转移人口市民化、优化城镇化布局和形态,提高城市可持续发展能力、推动城乡发展一体化四大任务,着力解决"三个1亿人"城镇化,即促进约1亿农业转移人口落户城镇、改造约1亿人居住的城镇棚户区和城中区、引导约1亿人在中西部地区就近城镇化。

- **首要任务:推进农业转移人口市民化**

在编制国家新型城镇化规划时,我们做过一个测算,预计到2020年,农民工及其家属在内的农业转移人口将达到3.2亿左右。目前这个群体已经成为我国产业工人的主体,60%以上是"80后""90后"新生代农民工,在流入地居住年限达到5年以上的超过5000万人,举家外出的约5500万人。他们工作、生活在城市,干最苦、最累、最脏的活,却享受不到城镇的基本公共服务。他们的职业是工人,哪怕干了一二十年,由于"身份"是农民,仍然被社会称为"农民工"。吕途所著的《中国新工人迷失与崛起》一书中一针见血地写道:他们处于一种"城市待不下,农村回不去"的迷失状态,他们的未来决定着中国的未来。因为他们的背后,还有6000多万留守儿童,代际流动、代际公平的问题不可回避。

推进农业转移人口市民化的战略目标是逐步解决数亿农业转移人口"半市民化"问题。其基本原则是,存量优先、带动增量,因地制宜、分步推进,尊重意愿、自主选择;根本途径是,统筹推进户籍制度改革和基本公共服务均等化。笔者基于多年的研究思考和实践体验,认为解决这一问题可以分三步走:**第一步**,到2020年,实现1/3的农业转移人口落户,2/3根据相关条件享受相应的城镇基本公共服务;**第二步**,到2030年,实现2/3的农业转移人口落户,城镇基本公共服务覆盖全部常住人口;**第三步**,到21世纪中叶,也就是在实现中国梦的同时,彻底破除城乡二元体制,实现城乡一体化。未来五年,应该抓好两件大事：

第一，深入推进户籍制度改革，努力实现1亿左右农业转移人口落户城镇。 2014年2月，国务院印发《关于进一步推进户籍制度改革的意见》，放宽户口迁移政策。为更好地实施人口和城市分类管理，2014年10月，国务院调整城市规模划分标准，以城区常住人口为口径，将城市划分为五类七档。按照实施差别化落户政策的要求，各地根据综合承载能力和发展潜力，以就业年限、居住年限、社会保险参保年限等基准条件，以长期进城务工经商、举家迁徙和新生代农民工为重点目标人群，因地制宜地制定公开透明的落户条件，并向全社会公布，以引导农业转移人口在城镇落户的预期和选择。

专栏 8-3　城市规模划分标准

城市分类		1980年标准	新标准
超大城市			1 000 万以上
特大城市		100 万以上	500 万—1 000 万
大城市	Ⅰ型	50 万—100 万	300 万—500 万
	Ⅱ型		100 万—300 万
中等城市		20 万—50 万	50 万—100 万
小城市	Ⅰ型	20 万以下	20 万—50 万
	Ⅱ型		20 万以下

资料来源：《国务院关于调整城市规模划分标准的通知》（国发〔2014〕51号）。

从外出农民工的分布现状及变化趋势看，大、中、小城市的落户改革都需要放宽或放开。应全面放开建制镇和小城市落户限制，有序放开城区人口50万—100万的城市落户限制，合理放开城区人口100万—300万大城市落户限制，合理确定城区人口300万—500万大城市落户条件,严格控制城区人口500万以上特大城市人口规模。为什么要控制特大、超大城市人口?主要是考虑资源环境承载能力难以支撑,预防和治理"大城市病"。像北京这样的城市,水资源已经无法满足继续扩张的人口用水需求。笔者在调研中认为,100万—300万人口的城市,既具有规模效应,又便于有效管理,也是农民工集聚最多的地方,如一些发达地级市和中西部省会城市。"人往高处走"是一个普遍现象,公开落户标准,可以让人们自己选择。

专栏 8-4　外出农民工分布现状及变化趋势

如图 A 和表 A 所示,2014 年 1.68 亿外出农民工里,有 8.1% 分布在直辖市,22.4% 分布在省会城市,34.2% 分布在地级市,34.9% 分布在县级市和小城镇。与 2009 年相比,省会城市、县级市和小城镇的农民工比例分别上升了 2.6 和 0.6 个百分点,直辖市下降了 1 个百分点。

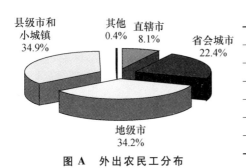

图 A　外出农民工分布

表 A　外出农民工分布　单位:%

	2009	2014
直辖市	9.1	8.1
省会城市	19.8	22.4
地级市	34.4	34.2
县级市	18.5	34.9
建制镇	13.8	
其他	4.4	0.4

资料来源:《全国农民工监测调查报告》(2010 年、2014 年)。

值得注意的是,一些地方只看到外来农民工生产者的功能,忽视了他们作为生活者的要求,没有看到他们所做的重要贡献,没有看到此中蕴藏的经济潜力和社会风险,没有尽到政府应尽的责任和义务,有的地方甚至出现政策收紧的现象,还有的地方只重视本地农民的市民化,不关注外来

中国经济的转型升级
——从"十二五"看"十三五"

农民的市民化。看来要使户籍改革落地,还需要加大推进力度。

第二,全面推进居住证制度,稳步推进 2 亿多尚未落户的农业转移人口享有相应城镇基本公共服务。推进农业转移人口市民化,落户只是一个方面,也有一个过程。农业劳动力在城乡间流动就业是长期现象,推进城镇基本公共服务由主要对本地户籍人口提供向对所有常住人口提供转变,这是市民化的题中之义。"十三五"时期,应通过建立健全居住证制度,在子女义务教育、就业创业、基本养老、基本医疗、保障性住房等基本公共服务方面,迈出较大的步伐。大量的问卷调查和实际接触中,农民工最大的愿望是,孩子们能够与他们生活在一起,能够在他们身边上学。一位农民工心痛不已地说道:"我希望孩子们有一天能够了解,了解我们为什么那么长时间都不在家,了解我们为什么没有在他们学着认识这个世界的时候陪伴在他们身边,了解我们所做的牺牲,我们希望为他们争取一个更好的未来"[①]。

子女教育和住房保障是两个最重要、最紧迫的问题。

首先,要保障农民工随迁子女平等受教育的权利。教育部已经建立全国中小学生学籍信息系统,可为学籍转接提供便捷服务,九年义务教育是法定的,经费应逐步做到"钱随人走";农民工随迁子女义务教育要纳入各级政府教育发展规划和财政保障范畴,公办义务教育学校对农民工随迁子女全面开放,与城镇户籍学生混合编班;积极创造条件满足农民工随迁子女接受普惠性学前教育的需求;对在公益性民办学校、普惠性民办幼儿园接受义务教育、学前教育的,采取政府购买服务等方式落实经费,保证教育质量;要进一步完善和落实农民工随迁子女接受义务教育后在输入地参加中考、高考的政策。令人可喜

---

① 〔加拿大〕道格·桑德斯著,《落脚城市》,陈信宏译,上海译文出版社 2012 年版,第一章"城市的边缘"。作者走遍了包括中国在内的 16 个国家、30 多个城市及乡村,描述全球移民的故事。他认为外来移民在美国、欧洲与澳大利亚引起的社会紧张,在伊朗、委内瑞拉、孟买、阿姆斯特丹与巴黎市郊出现的政治冲突,应当被投注更多的注意力。一方面,这里面潜藏着发生暴力冲突的危险;另一方面,明日的中产阶级或将诞生于此,下一代的梦想也都可能在此打造而成。

的是，2014年已有28个省份实现了农民工随迁子女在流入地参加高考。

其次，要采取廉租住房、公共租赁住房、租赁补贴等多种方式改善农民工居住条件。多年在城里打拼的农民工心中，渴望有一个"温暖的家"。用他们的话来说，没有自己的家，永远只是"一个穿梭在繁华城市里的一无所有的过客"。"家"在哪里？正如吕途在书中所写："绝大多数打工者在大城市买不起房子，只能在农村盖房或者在镇上买房，但这都需要花费和预支打工者十几年甚至几十年的收入，而农村土地的产出很难维持生计，小城镇没有合适和足够的就业岗位，所以打工者不能住在新盖或者新买的房子里，还是要一辈子在城里打工，结果小城镇和农村的房子只是一个'家'的符号而已。"①

"十三五"时期，笔者认为，应该采取以租赁住房为主的方式，使在城镇长期稳定就业的农民工及其家属有一个安身之所。这从经济、社会两个层面都有重要意义，不仅有利于农业转移人口市民化，也有利于房地产市场的健康发展。要把解决农民工住房问题纳入城镇住房发展规划和保障实施范围；农民工集中的开发区、产业园区可以集中建设宿舍型或单元型小户型公共租赁住房；农民工数量较多的企业可以在符合规定的用地范围内建设农民工集体宿舍；允许集体经济组织利用农村集体建设用地建设公共租赁住房；完善商品房配建保障房住房政策，使落户的农民工与其他社会群体混合居住，更好地融入城市（见图8-9）。关于就业创业服务、基本养老、基本医疗问题，笔者将在第12章"加快基本公共服务均等化"中进行论述。

农民工市民化需要政府、企业、社会和个人共同努力，应构建政府主导、多方参与、成本共担、协同推进的农民工市民化机制，主要包括两个方面：一是建立政府、企业、个人成本分担机制，二是合理确定各级政府职责。

---

① 吕途，《中国新工人：迷失与崛起》，法律出版社2013年版。

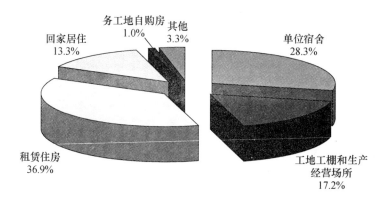

图 8-9　2014 年外出农民工住房情况

资料来源：国家统计局，《全国农民工监测调查报告》（2015 年）。

专栏 8-5　政府、企业、个人成本分担机制

政府	承担农民工市民化在义务教育、劳动就业、基本养老、基本医疗卫生、保障性住房以及市政设施等方面的公共成本。
企业	落实农民工与城镇职工同工同酬制度，加大职工技能培训投入，依法为农民工缴纳职工养老、医疗、工伤、失业、生育等社会保险费用。
个人	积极参加城镇社会保险、职业教育和技能培训等，按规定承担相关费用，提升融入城市社会的能力。

资料来源：《国家新型城镇化规划（2014—2020 年）》。

专栏 8-6　各级政府职责

中央政府	统筹推进农民工市民化制度安排和政策制定，增加对吸纳省级行政区外农民工较多地区的财政转移支付，逐步提高城镇基本公共服务支出中中央分担的比例。
省级政府	制定本行政区农民工市民化总体安排和配套政策，增加对吸纳外来农民工较多市县的财政转移支付，增强市县提供基本公共服务的财务保障。

	（续表）
市县政府	制定本行政区城市和小城镇农民工市民化具体方案和实施细则，出台落户标准，提供基本公共服务，承担相应财政支出。

资料来源：《国家新型城镇化规划（2014—2020年）》及相关研究资料。

● 主体形态：城市群带动各类城镇协调发展

到2020年，我国城镇常住人口预计达到8.5亿左右。如何优化城镇化布局和形态，合理引导人口空间分布？根据发展现状和资源环境承载能力，全国主体功能区规划提出，构建以陆桥通道、沿长江通道为两条横轴，以沿海、京哈京广、包昆通道为三条纵轴，以轴线上城市群和节点城市为依托、其他城镇化地区为主要组成部分，大中小城市和小城镇协调发展的"两横三纵"城镇化战略格局。国家新型城镇化规划明确，发展集聚效率高、辐射作用大、城镇体系优、功能互补强的城市群，优化提升东部地区城市群，培育发展中西部地区城市群，促进各类城镇协调发展。

以建设世界级城市群为目标，优化提升京津冀、长江三角洲和珠江三角洲等东部地区城市群。继续在制度创新、科技进步、产业升级、绿色发展等方面走在全国前列，加快形成国际竞争新优势，在更高层次上参与国际合作和竞争，发挥其对全国经济社会发展的重要引领和支撑作用。增强城市群内中小城市和小城镇的人口经济集聚能力，引导人口和产业由特大城市主城区向周边和其他城镇疏散转移。统筹区域、城乡基础设施网络和信息网络建设，深化城市间分工协作和功能互补，加快一体化发展。依托河流、湖泊、山峦等自然地理格局建设区域生态网络。

以推动国土空间均衡发展、培育区域经济发展重要增长极为目标，加快培育成渝、长江中游、哈长等中西部地区城市群。加大对内对外开放力度，有序承接国际及沿海地区产业转移，加快新型工业化进程，壮大现代产业体系，依托优势资源发展特色产业；完善基础设施网络，

中国经济的转型升级
——从"十二五"看"十三五"

提升中心城市辐射带动能力,形成经济充满活力、生态环境优美的新型城市群;依托陆桥、通道上的城市群和节点城市,推动丝绸之路经济带建设。积极为农民工返乡就业创业、就近转移就业创造条件,使1亿人在中西部地区就近城镇化(见图8-10)。

以促进各类城镇协调发展为目标,创新城镇化发展模式,主体形态与多元形态并存,融合互动、相辅相成。 2015年上半年,笔者到山东省德州市、四川省泸州市、浙江省嘉兴市进行城镇化调研,这三个市都是国家新型城镇化试点城市。从它们的实践探索中,笔者获得的最深的一点感受是,不同地区、不同城市处于不同的发展阶段,应坚持从实际出发,选择不同的城镇化发展路径和模式。

例如,德州市是山东的北大门,是华北、华东两大经济区的连接带,位于环渤海经济圈中。现在从北京到德州坐高铁只需要1小时10分钟,作为京津冀城市群的协作区、辐射区,面对眼前的机遇,德州的自我定位是,全力打造京津冀产业转移承接基地、科技成果转化基地、优质农产品生产供应基地、高素质劳动力培训输送基地和京津冀南部生态功能区。2015年伊始,德州举办中科院院士专家行活动,128家企业与102名院士达成共建院士工作站等科技创新平台意向40项,186家企业对接中科院科技成果项目320项,达成科技成果转化意向100项,大有复制改革开放之初上海与江浙产业、人才互动发展那段精彩过程的势头。

又如,泸州市是成渝城市群、长江经济带的重要节点城市,是川滇黔渝结合部的区域中心城市,也是著名的"中国酒城",泸州老窖和郎酒都生产于此。1983年胡耀邦同志考察这里时留下一句名言:"风过泸州带酒香。"泸州人口509万人,2014年常住人口城镇化率44.8%,低于全国平均水平约10个百分点,户籍人口城镇化率36.7%,却只相差约8个百分点。泸州的发展思路是,重点做大做强中心城区和4个县城,未来中心城区人口达到200万人左右,县城人口平均达到30万至40万人。通过户籍制度改革和基本公共服务供给,

第 8 章 推进以人为核心的新型城镇化

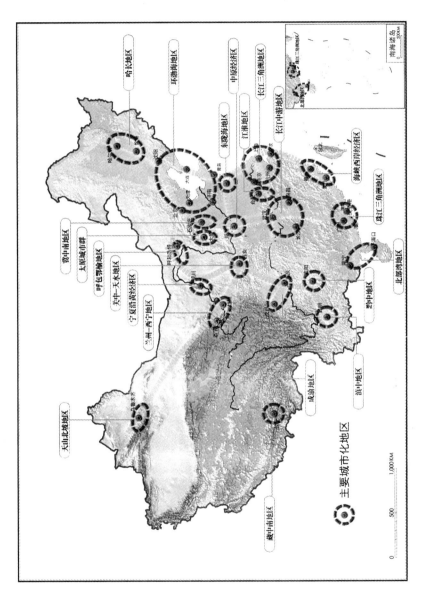

图 8-10 "两横三纵"为主体的城市化战略格局

中国经济的转型升级
——从"十二五"看"十三五"

泸州市下决心逐步解决130万存量农业转移人口的市民化问题。同时，在"十三五"期间，泸州市着力推进国民经济社会发展规划、城乡建设规划、土地利用规划、生态环境保护规划、基础设施规划等"五规合一"。

再如，嘉兴市是上海经济圈、杭州经济圈和环太湖经济圈的交汇区，地处长三角的几何中心。从2004年开始，嘉兴就率先实施城乡一体化发展战略，推动城镇化与新农村建设双轮驱动，创新开展以宅基地与承包地分开、搬迁与土地流转分开，以宅基地置换城镇房产、土地承包经营权置换社会保障为内容的"两分两换"改革试点，在全国产生重要影响。目前嘉兴已处于工业化中后期阶段，2014年常住人口城镇化率达到59.2%，全市人均GDP已接近1.2万美元，比全国人均GDP水平高出36%。在国家新型城镇化综合试点中，嘉兴的主要目标是，消除城乡一体化体制机制障碍，打造全国城乡统筹发展的示范区。

在宏观层面和政策导向上，还要注重优化城镇结构，突出发展重点。一是增强中心城市辐射带动功能。沿海中心城市要提高参与全球产业分工的层次，加快提升国际化程度和国际竞争力；内陆中心城市要加大开发开放力度，构建现代产业和服务体系，发挥规模效应和带动效应；区域重要节点城市要完善城市功能，加强协作对接，实现集约发展、联动发展、互补发展；特大城市要适当疏散经济功能和其他功能，推动形成通勤高效、一体发展的都市圈。二是加快发展中小城市。引导产业项目在资源环境承载能力强的中小城市布局，引导高等学校和职业院校在中小城市布局，优质教育和医疗机构在中小城市设立分支机构，把有条件的县城和城镇发展成为中小城市，培育壮大陆路边境口岸城镇。三是有重点地发展小城镇，控制数量，提高质量。大城市周边的重点镇要加强与城市发展的统筹规划和功能配套，逐步发展成为卫星城；具有特色资源、区位优势的小城镇，要培育成为文化旅游、商贸物流、资源加工、交通枢纽等专业特色镇；远离中心城市的小城镇，要完善基础设施和公共服务，发展成为服务周边、带动农村的综合性小城镇。

写到这里，笔者在思考，伴随着宽带网络、综合交通、互联网、物联网、分布式电源、智能电网逐步覆盖城乡，加上大数据、云计算、3D打印和电子商务，在中小城市、小城镇甚至是乡村，都可以享受现代文明，参与社会分工，那里的发展空间和机会都在拓展，未来产业和人口也可能向那里流动。受过良好教育、充满创意的年轻人可能会回到自己的家乡，在田园般的环境中创业创新。未来城镇化发展模式会不会受到影响？"宅男宅女宅经济"会不会产生？互联网时代的"去城市化"现象会不会出现？现在都不能做出简单的判断。

● **城市可持续发展：创新绿色智慧人文城市建设**

现代城市规模化的扩张和多元化的需求，以及当今世界信息化、网络化的迅猛发展，使我们的城市面临越来越多的挑战。社会生产、人们生活正在发生革命性的变化，这既为城市规划建设、管理和服务带来新的冲击，也为其注入新的活力。在机遇与挑战面前，着眼城市可持续发展，提升城市品位，增进居民福祉，必须推进以创新、绿色、智慧、人文城市为目标的现代新型城市建设。

创新城市的英文表述是"innovative city"，含义是要把创新作为城市经济发展的主要驱动力。伦敦大学规划学教授 Hall 认为，创新源自不同文化的融合、不同思想的碰撞和不同人的交流，强调时间和机遇对创新城市构建的重要性。创新城市主要包括文化创新城市、工业创新城市、服务创新城市和科技创新城市等四种类型。比如，法国巴黎是文化创新城市的典范，美国硅谷是科技创新城市的样板。建设创新城市，就是要顺应科技进步和产业变革新趋势，以城市为创新载体，采取凝聚创新资源和营造创新环境为导向的城市政策。重构以企业、大学、科研和金融机构共同组成的创新生态系统，集聚创新人才，建设创新基地，培育创新集群；发展创新公共平台，完善创新服务体系，推动从技术、制度到模式的全面创新；倡导鼓励冒险、宽容失败、在开放中竞争、在竞争中合作的城市文化，激励每一个拥有梦想和雄心的优秀人才创新创业。政府不仅要承担好竞争规则的制定者、执行者的角色，而且在公共服务方面，要当好"保姆"，在公共安全方面，要当好"保镖"。

绿色城市至少应当具备以下功能：控制疾病和减轻健康负担；减少危险废弃物；营造高品质的城市环境；最大限度地避免向郊区转移环境成本；确保在促进可持续消费方面取得进展。建设绿色城市，就是要把生态文明、绿色发展理念融入城市发展全过程，提升可持续发展水平。不同国家、不同城市从城市形态、土地利用、交通方式和城市管理等方面对建设绿色城市进行了探索，概括出几个特点：一是紧凑城市，主要是集约化的土地利用和土地功能的混合使用；二是公交优先城市，建设以公共交通为主体的城市机动化出行系统，降低私家车的使用率，鼓励骑自行车和步行；三是生态城市，保持和维护生态系统平衡，倡导可再生的绿色能源、生态化的建造技术；四是发展可持续经济，推广生态友好型技术，推动绿色增长和绿色就业。国家新型城镇化规划提出，构建绿色生产方式、生活方式和消费模式，确定绿色城市建设的六大重点。

专栏 8-7　绿色城市建设六大任务

绿色能源
推进新能源示范城市建设和智能微电网示范工程建设，推动新能源示范城市建设分布式光伏发电示范区。在北方地区城镇开展风电清洁供暖示范工程。选择部分县城开展可再生能源热利用示范工程。

绿色建筑
推进既有建筑供热计量和节能改造，重点是北方采暖地区居住建筑、夏热冬冷地区建筑和公共建筑，提高新建能效水平。推进建筑工业化、标准化，提高住宅工业化比例。政府投资的公益性建筑、保障性住房和大型公共建筑全面执行绿色建筑标准和认证。

第8章 推进以人为核心的新型城镇化

（续表）

绿色交通 加快发展新能源、小排量等环保型汽车，加快充电站、充电桩等配套设施建设，加强步行和自行车交通系统建设，积极推进混合动力、纯电动、天然气等新能源和清洁燃料车辆在公共交通行业的示范应用。严格实行运营车辆燃料消耗量准入制度，到2020年淘汰全部黄标车。
产业园区循环化改造 以国家级和省级产业园区为重点，推进循环化改造，实现土地集约利用、废物交换利用、能量梯级利用、废水循环利用和污染物集中处理。
城市环境综合整治 实施清洁空气工程，强化大气污染综合防治；实施安全饮用水工程，治理地表水、地下水；实施重金属污染防治工程，推进重点地区污染场地和土壤修复治理；推进存量生活垃圾治理。
绿色新生活行动 倡导简约适度、绿色低碳、文明节约的生活方式，推广节能环保型汽车、节能省地型住宅；推进废弃物循环化利用，减少使用一次性产品，抑制商品过度包装。

资料来源：《国家新型城镇化规划（2014—2020年）》。

智慧城市是物联网、云计算、大数据、空间地理信息集成等新一代信息技术与开放的城市运行体系有机结合的产物，是信息化与城市化高度融合的城市形态。建设智慧城市，就是要运用新一代信息技术，构建城市信息化管理体系，创造更加美好的城市生活。

智慧城市是城市发展的新理念。我国的工业化、城镇化还在深入发展之中，城市建设仍将持续相当长一段时间。在信息化的大背景下，谋划城市创新发展，推进智慧城市建设，要有互联网思维，使新一代信息技术成为最具活力的元素，与城市发展同频共振。通过智慧城市建设，增强城市规划的科学性和前瞻性，推动构建现代化的产业发展体系，完善智能化的基础设施体系，建立普惠化的公共服务体系，支撑精细化的社会管理体系，形成宜居化的生态环境体系。

智慧城市是城市运行的新模式。借助互联网、依托物联网，通过打造一体化的时空信息平台、基础设施网络和信息处理中心,促进各类数据信息集聚、分析和应用,实现对城市运行全方位、全过程的指挥调度。通过智慧城市建设,形成一个全面感知、融合交汇、智能判断、及时响应的城市运行新模式,实现物理分散与虚拟集中的结合,优化城市空间结构,降低资源消耗水平,提高城市运行效率,促进生产方式网络化运行、集约化配置、协作化开发和高效化利用。

智慧城市是城市管理的新方式。信息社会、网络空间日益扩大,城市管理空间发生变化,随着我国城市规模的扩大、城市人口的增加,城市管理的难度越来越大,服务的压力越来越大,传统方式难以适应。通过智慧城市建设,促进治理体系和治理能力现代化,实现数据综合共享,运用大数据技术,强化精细化、精准化管理,形成"用数据说话、用数据分析、用数据决策、用数据创新"的城市管理新方式,有效提升城市管理和公共服务的普适性、可及性和针对性。

智慧城市是城市建设的新机制。信息化带来的城市管理和服务模式的改变,已在倒逼城市建设机制的创新。智慧城市的建设需要政府、企业和社会各界形成共识和合力,这不仅仅是一个技术方案问题、项目建设问题,还涉及城市规划、建设、管理和服务体制改革,涉及如何正确处理政府与市场的关系等重大问题。在这一过程中,注重发挥政府规划和政策引导的同时,要放宽准入、放开市场,通过特许经营、购买服务等多种形式,引导社会力量、鼓励社会资本参与智慧城市建设。

专栏 8-8 智慧城市建设方向

信息网络宽带化

推进光纤到户和"光进铜退",实现光纤网络基本覆盖城市家庭,城市宽带接入能力达到 50Mbps,50% 家庭达到 100Mbps,发达城市部分家庭达到 1Gbps。推动 4G 网络建设，加快城市公共热点区域无线局域网覆盖。

规划管理信息化

发展数字化城市管理，推动平台建设和功能拓展，建立城市统一的地理空间信息平台及建（构）筑物数据库，构建智慧城市公共信息平台，统筹推进城市规划、国土利用、城市管网、园林绿化、环境保护等市政基础设施管理的数字化和精准化。

基础设施智能化

发展智慧交通，实现交通诱导、指挥控制、调度管理和应急处理的智能化。发展智能电网，支持分布式能源的接入、居民和企业用电的智能管理。发展智能水务，构建覆盖供水全过程、保障供水质量安全的智能供排水和污水处理系统。发展智能管网，实现城市地下空间、地下管网的信息化管理和运行监控智能化。发展智能建筑，实现建筑设施、设备、节能、安全的智能化管控。

公共服务便捷化

在教育文化、医疗卫生、计划生育、劳动就业、社会保障、住房保障、环境保护、交通出行、防灾减灾、检验检测等公共服务领域，推进覆盖城乡居民、农民工及其随迁家属，支持跨部门跨地区业务协同和共建共享的信息服务体系建设，实现公众获取基本公共服务更加方便、及时、高效。

城市治理精细化

在市政管理、人口管理、公共安全、应急管理、社会诚信、市场监管、检验检疫、食品药品安全、饮用水安全等社会管理领域，深化信息应用，加快相关信息服务体系建立、完善，推进政务办事网上公开，创新城市治理方式，推动政府行政效能和城市管理水平大幅提升。

> **生活环境宜居化**
>
> 加快构建完善水、大气、噪声、土壤和自然植被环境智能监测体系和污染物排放、能源消耗在线防控体系,显著提升城市环境污染信息化管理水平,促进城市人居环境改善。
>
> **产业发展现代化**
>
> 加快传统产业信息化改造,推进制造模式向数字化、网络化、智能化、服务化转变。积极发展信息服务业,推动电子商务和物流信息化集成发展,创新并培育新型业态。
>
> **网络安全长效化**
>
> 加快建立城市网络安全保障体系和管理制度,建设完善基础网络和要害信息系统安全可控技术手段,确保重要信息资源得到可靠保障,居民、企业和政府的信息得到有效保护。
>
> 资料来源:根据《关于促进智慧城市健康发展的指导意见》(发改高技〔2014〕1770号)整理。

人文城市是从历史文化角度观察和解读城市发展,要求适应城市人群的基本生活需求、社会发展需求和精神价值需求,也可延伸为关于城市品质的多维度评价,如人文景观、人文环境、人文素养、人文关怀等。人文城市理念还强调促进人与人之间的友好交流,让城市居民真正认识自己所在城市具有的独特历史风貌和文化魅力。这些人文情怀会让城市充满家园的温馨,是城市居住的核心元素。意大利首都罗马是世界人文城市的典范,至今仍然保存着文艺复兴与巴洛克艺术风貌,这要归功于罗马人从未停止过对城市历史文化遗产的保护。建设人文城市,就是要把城市建设成为历史底蕴厚重、时代特色鲜明的人文空间,彰显城市的个性魅力;注重发掘城市文化资源,强化文化传承创新,在旧城改造中保护历史文化遗产、民族文化风格和传统风貌，在新城建设中融入传统文化元素；加强历史文化名城名镇、历史文化街区、民族风情小镇文化资源挖掘和文化生态的总体保护，保存城市文化记忆；促进传统文化与现代文化、本土文化与外来文化的交融，形成多元开放的现代城市文化。

提升城市可持续发展能力，还有很重要的一条是，必须改变城市建设用地粗放低效利用的现状，促进城市集约紧凑发展。一些城市"摊大饼"式地扩张，追求宽马路、大广场，开发区、工业园区和新城新区建设面积过大，城镇人口密度逐年降低。2000—2011年，全国城镇建成区面积增长76.4%，而城镇人口仅增长50.5%；城镇建成区每平方公里按规划标准应承载10000人，现在降到8000人以下；全国人均城镇工矿用地从130平方米增加至142平方米。这不仅浪费了大量耕地资源，威胁到国家粮食安全和生态安全，也加大了地方财政金融风险。

城市发展模式要向密度较高、功能混合、公交导向的集约紧凑式开发模式转变。人均城市建设用地要严格控制在100平方米以内，逐步提高人口密度。新城新区建设必须严格规范，不能盲目扩张、遍地开花。确实因中心城区功能过度叠加、人口密度过高或规避自然灾害等原因，需要规划建设的新城新区，要以人口密度、产出强度和资源环境承载力为基准条件，强化产城融合和功能混合，防止"空心化"。笔者2015年4月在兰州市开展城镇化调研时考察其中心城区，了解到整个城区167平方公里，238万居民，人口密度约1.43万人/平方公里，城关区附近16平方公里，70多万居民，人口密度约4.4万人/平方公里，兰州石化公司在市区占地8.6平方公里，造成较为严重的空气污染，对饮用水安全也构成威胁。随着兰州新区的建设，"两高一资"企业搬迁，改变了城市窘境，拓展了城市空间，提升了企业发展水平，一举多得。

> **专栏 8-9　美国城市"精明增长"的理念**
>
> 2000年，美国城市规划协会联合60家公共团体组成"美国精明增长联盟"，确定城市精明增长的核心内容是：用足城市存量空间，减少盲目扩张；加强对现有社区的重建，重新开发废弃、污染工业用地，以节约基础设施和公共服务成本；城市建设相对集中，密集组团，生活和就业单元尽量拉近距离，减少基础设施、房屋建设和使用成本。"精明增长"最直接的目标就是控制城市蔓延，在拓宽满足经济社会发展用地需求途径的基础上控制土地粗放利用，实现"城市有边界地增长"。
>
> "精明增长"的10项规划原则是：混合式多功能的土地利用；垂直的紧凑式建筑设计；能在尺寸样式上满足不同阶层的住房要求；步行式社区；创造富有个性和吸引力的居住场所感觉；增加交通工具种类选择；保护空地、农田、风景区和生态敏感区；加强利用和发展现有社区；做出可预测、公平和产生效益的发展决定；鼓励公众参与。
>
> 资料来源：根据相关公开资料整理。

- **城乡发展一体化：促进城乡共同繁荣**

推进新型城镇化，必须高度重视城乡发展一体化，正确把握和处理好城乡关系。纵观世界各国，巴西由于片面强调城市扩张，忽视农村发展，对农村投入长期不足，导致城乡出现巨大差异，大量贫困农民涌入城市，"贫民窟"成为城市的一大问题。墨西哥自20世纪60年代中期开始实施重工轻农的进口替代发展战略，国家对农业的投资、对农产品价格和市场的支持保护力度不断减弱，农村经济衰败，大量农民破产或被迫放弃农业生产到城市谋生，造成农业劳动生产率低、

第8章 推进以人为核心的新型城镇化

城镇化率高的扭曲现象。而德国对农业地区进行政策倾斜,建立小城镇发展援助机制,实施财政拨款、投资补贴、借贷担保、低息贷款、农产品价格支持、专项资金扶持等诸多优惠政策,制定法律法规,从就业、住房、医疗、贫困救助等多方面对包括农民在内的所有国民提供公共服务,同时普及义务教育和职业教育,使德国进城农民能够适应现代产业的要求,顺利融入城市生活。韩国于1970年开始发起"新村运动",从国家层面实施以工业支持农业,以城市反哺农村的战略。日本第二次世纪大战后制定或修订《农业基本法》《农业现代化资金筹措法》《农地法》和《农振法》等一系列法律来振兴农村经济。这些经验和教训都值得我们汲取。

作为世界上最大的发展中国家,我们必须清醒地认识到,农业是百业之基,农村是安邦之基,农民是执政之基。习近平总书记强调:如果粮食出了问题,谁都不可能救我们,13亿人的饭碗必须牢牢端在自己手里。自2004年以来,我国已从农产品净出口国转为净进口国,目前粮食自给率约90%,其中,主要是大豆进口量大,2014年大豆进口依存度为85%左右,食用油进口依存度为60%。根据有关专家测算,净进口农产品数量已相当于在境外利用了7亿多亩农作物播种面积。[①] 有关机构预测,到2030年我国城镇化率可能达到70%左右,到那时农村人口还有4亿多人。加快城乡发展一体化,建设社会主义新农村,完善以工促农、以城带乡机制,形成工农互惠、城乡一体的新型关系,促进城乡共同繁荣,始终是我国现代化进程中最重要、最艰巨的任务。

第一,完善城乡发展一体化体制机制。加快消除制约城乡协调发展的体制性障碍,促进城乡公共资源均衡配置、生产要素自由流动和平等交换。推进城乡统一要素市场建设,加快建立城乡统一的人力资源市场,落实城乡劳动者平等就业、同工同酬制度;建立城乡统一的

---

① 资料来源:国家发改委农经司相关研究成果。

中国经济的转型升级
——从"十二五"看"十三五"

建设用地市场,保障农民公平分享土地增值收益;创新面向"三农"的金融服务,统筹发挥政策性金融、商业性金融和合作性金融的作用,保障金融机构农村存款主要用于农业农村;引导更多人才、技术、资金等要素投向农村。推进城乡规划一体化,统筹经济社会发展规划、土地利用规划和城乡规划,合理安排市县域城镇建设、农田保护、产业集聚、村落分布、生态涵养等空间布局。推进城乡基础设施一体化,统筹基础设施建设,强化城乡基础设施连接,推动水电路气城乡联网、共建共享。推进城乡公共服务一体化,加快公共服务向农村延伸,全面建成覆盖城乡居民的社会保障体系,逐步实现城乡基本公共服务均等化。

第二,加快农业现代化进程。转变农业发展方式,走出高效、产品安全、资源节约、环境友好的现代农业发展道路,提高农业综合生产能力、抗风险能力、市场竞争能力和可持续发展能力,保障国家粮食安全和重要农产品有效供给,严格耕地保护红线,稳定粮食播种面积,加强中低产田改造和高标准农田建设;完善粮食主产区利益补偿机制,健全农产品价格保护制度,将粮食生产核心区和非主产区产粮大县建设成为高产稳产商品粮生产基地;支持优势产区棉花、油料、糖料生产;推进畜禽水产品标准化规模化养殖。提升现代农业发展水平,强化农业科技创新,推广应用现代化农业技术,提高耕种收综合机械化水平;推进家庭经营、集体经营、合作经营、企业经营等多种经营方式,发展专业大户、家庭农场、农民合作社、农业企业等多种规模经营;鼓励和引导工商资本到农村发展。发展适合企业化经营的现代种养业、农产品加工流通和农业社会化服务;培育网络化、智能化、精细化的"种养加"生态农业新模式,创新农业生产经营体系、管理服务体系和农产品、农资质量安全追溯体系。

第三,建设社会主义新农村。遵循自然规律和坚持城乡空间差异化发展原则,科学规划县域村镇体系,统筹农村基础设施和社会事业发展,建设农民幸福生活的美好家园。提升乡镇村庄规划管理水平,适应农村人口转移和村庄变化的新形势，推进山水林田路综合治理，建设各具特色的美丽乡村；按照发展中心村、保护特色村、整治空心村的要求，在尊重农民意愿的基础上，改善农民居住条件；采取集中供水、分散供水等方式解决农村饮用水安全问题，增强农村电网供电能力，实现城乡电网同网同价，加强以太阳能、生物沼气为重点的清洁能源建设，加快乡村旅游公路、宽带网络建设和邮政设施建设；全面推进农村环境综合整治，重点抓好农村垃圾、污水、土壤污染治理；着力提高农村义务教育质量和均衡发展水平，建立健全新型职业化农民教育、培训体系，完善农村三级医疗服务网络；加强乡村公共文化和平台设施建设；健全农村留守儿童、妇女、老人关爱服务体系。

8.4 统筹新型城镇化的制度安排

推进新型城镇化涉及诸多重点领域和关键环节体制机制改革，关键因素是人、地、钱，牵一发而动全身。当前的改革试点和长远制度安排，要紧紧围绕重点解决人往哪里去、钱从何处来、土地怎么办等突出问题，加强顶层设计，鼓励基层探索，形成上下互动、统筹推进的合力，营造有利于城镇化健康发展的制度环境。

- **人口管理制度：强化户籍、居住、人口管理制度的衔接**

户籍制度改革意见已经出台，居住证管理办法正在制定。"十三五"时期应改革完善人口管理和服务制度，实现户籍制度、居住证制度、基本公共服务制度与人口信息管理制度的有效衔接。美国每年约有17%的人口流动迁徙，由于每个人终身只有一个社会安全号码，因此只要你出行或消费，无论在哪里，你的信息都会被记录下来，政府也能够给你提供相应的服务。而我们在人口管理和服务方面还有不少薄弱环节，许多信息掌握不了，许多服务也提供不了。"十二五"规划提出推进社会保障一卡通,全国统一的社会保障卡发放数量达到8亿张,覆盖60%的人口。现在看来这一目标可以实现。

未来五年,要全面推进公民身份证号码与社会保障卡号码的统一,以此为基础,加快人口基础信息库建设,分类完善就业、教育、收入、房产、信用、计生、税务系统总系统,逐步实现跨部门、跨地区信息融合和共享,建设覆盖全国、安全可靠的国家人口综合信息库和信息交换平台,以公民身份证号码为唯一标识,查询和评估人口相关信息,为人口管理和服务提供可靠支撑。到2020年,要基本建立与全面建成小康社会相适应、有效支撑社会管理和公共服务、依法保障公民权利、科学高效、规范有序的新型人口管理制度,为更长一个时期推动基于出生地、限制流动的户籍制度转变为基于居住地、自由迁徙的居住证制度打好基础。

- **土地管理制度:推进农村土地三项改革试点**

土地问题是城镇化的核心问题。我国农村土地为农村集体经济组织所有,只有先征为国有用地,才能转为城镇用地。农民作为集体经济组织的单个成员,对承包的耕地享有占有、使用和收益的权利,对使用的宅基地享有占有和使用的权利,但都没有处分的权利,这是我国土地制度的基本特征。

目前土地要素不能在城乡之间顺畅流转、平等交换,这影响了农村土地出让市场和城镇土地供给市场的健康发育,加剧了耕地资源浪费和土地财政依赖,因损害农民利益而激发的社会矛盾时有发生。例如,农村宅基地分配困难、利用粗放、退出不畅,一方面,用益物权难以落实,另一方面,面积在不断扩大。根据有关部门提供的数据,2000—2011年,农村人口减少1.33亿人,农村居民点用地却增加了3 045万亩,1996年,人均村庄用地只有200平方米,2012年,实际人均村庄用地面积达到了240平方米。

"十三五"时期,要全面推进农村土地征收、集体经营性建设用地

第8章 推进以人为核心的新型城镇化

入市、宅基地改革试点,逐步打破城乡空间土地流动壁垒。缩小征地范围,规范征收程序,对被征地农民做到补偿合理、保障多元。完善农村集体经营性建设用地产权制度,明确入市范围和途径,建立健全市场交易规则,同权同价,收益共享。完善宅基地权益保障和取得方式,探索宅基地有偿使用制度和自愿有偿退出机制。针对大量农村宅基地闲置的现象,针对大量长期在城镇稳定就业和生活的农民工住房困难的现实,笔者认为要加快推进农村宅基地改革试点。第一,做好确权颁证工作,依法保障农民宅基地使用权;第二,建立集体经济组织主导、农民参与、市场化运作、政府土地储备政策支持、政策性金融支持的交易机制;第三,推进农民住房抵押、担保、转让,建立机制,加强管理;第四,建立与城镇基本公共服务相挂钩的退出机制;第五,以自愿为前提,充分尊重农民意愿;第六,守住"农地农有""农地农用"的底线。

- **资金保障机制:多元化、低成本、可持续**

根据国务院发展研究中心、社科院等有关研究机构测算,每个农业转移人口落户城镇的公共成本为8万—13万元。"十三五"时期,实现1亿左右农业转移人口落户城镇、推进城镇基本公共服务覆盖常住人口,尽管是以解决存量农民工为主,公共成本有些已经支付,有些可分期支付,但都将会增加各级政府财政支出负担,需要统筹推进财税体制改革和投融资体制改革,建立健全多元化、低成本、可持续的城镇化资金保障机制。可能的政策选择有:

一是完善财政转移支付制度,按照事权和支出责任相适应的原则,合理确定各级政府在公共服务方面的事权,建立财政转移支付同农业转移人口市民化挂钩机制,建立城镇基本公共服务支出分担机制。二是完善地方税体系,按照全国人大常委会立法规划,加快推进房地产税法、资源税法出台,培育地方主体税种,增强地方政府提供基本公共服务的能力。三是适当扩大财政赤字,发行城镇化建设专项国债。

中国经济的转型升级
——从"十二五"看"十三五"

四是发挥巨额住房公积金在保障性安居工程建设上的积极作用,进行专业化投资。五是建立健全管理规范、风险可控的城市政府举债融资机制,赋予地方政府依法适度发行市政债券的权限,通过资产证券化方式,拓展释放城市存量资产价值的渠道。六是制定政策性金融专项支持政策,发挥国家开发银行等政策性金融机构的作用,为城市基础设施提供可作为资本金的软贷款和成本合理、期限匹配的融资服务。七是推广使用政府与社会资本合作模式,鼓励和引导社会资本以公私合营(PPP)、建设—经营—转让(BOT)、建设—拥有—经营(BOO)、建设—转让—经营(BTO)等各种方式进入城镇化建设领域。2015年6月1日,《基础设施和公用事业特许经营管理办法》正式施行,为创新投融资方式,拓展政府融资渠道,激发社会投资活力提供了有力支撑。

● **行政管理体制:探索新型设市模式**

我国城市数量总体偏少,中小城市严重不足。城镇人口达到7.49亿人,但城市数量只有653个。美国城市人口2.58亿人,城市数量多达10 158个,日本城市人口1.15亿人,城市数量也有787个。目前,我国镇区人口超过10万人的镇有237个,超过5万的镇有876个。1997年以来,除个别特殊地区外,基本停止设市。很多特大镇已经具备城市的人口规模、经济规模和基本形态,但管理体制滞后于城镇发展,城镇功能滞后于产业发展。强镇扩权空间已释放殆尽,管理体制重构受到"天花板"制约。用"建设农村、管理农民"的方式来"建设城市、管理市民"已难以为继,必须在深化改革中走出一条新路。

对此,主要的考虑是,坚持改革城市设置模式与改革行政管理体制同步推进。新设市在纵向上可以采取省直辖、县代管的模式,"一级政府、一管到底",既无法律障碍,又可减少行政层级,提高行政效能;横向上,可以创新党委、人大、政府、政协四大市级机构的设置,优化职能分工,推行大部门制,合并事项,因事设岗,精简管理机构,降低行政成本；管理服务上，更多依靠市场，更多交给社会，采取政府购买方式。"十三五"时期，可以以经济规模、人口规模为基准，以改革创新的思路，推动镇区常住人口10万人以上的建制镇发展为中小城市。同时，进一步完善整县设市、切块设市、联合设市等多种设市模式。根据对浙江的调研结果测算，特大镇基础设施和公共服务设施与城市相比标准偏低，设市后每年固定资产投资可增长25%—30%；特大镇居民收入水平较高，具有较好的消费基础，可刺激住房、家用电器、文化娱乐等消费支出大幅增长。

专栏8-10　温州市龙港、塘下、柳市、鳌江四镇有关情况

一是常住人口已形成较大规模。2014年龙港、塘下、柳市、鳌江四镇常住人口分别为43.7万人、32万人、28万人、24.7万人，镇区常住人口分别为24.9万人、22.5万人、15.4万人、13.8万人，均超过或接近全国常住人口排名后100位的县级市平均26.2万人和建成区13万人的水平。

二是经济发展已达到县级市水平。近几年四镇经济增速、固定资产投资增速和财政收入增速均快于浙江省县级以上城市。2014年四镇财政总收入平均为22.39亿元，高于2013年全国县级市平均22.19亿元的水平；四镇人均财政收入为6971元，是县级市人均财政收入的2倍。

三是城市基本框架和功能已初步具备。2014年四镇建成区面积平均达到16.7平方公里，如龙港镇建成区的污水集中处理率、垃圾集中无害化处理率分别为85%和100%，拥有城市公交线路14条，中、小学54所，各类医院5所。

四是可用财力和人员编制占比过低。例如，柳市、塘下、龙港和鳌江四镇财政收入分别占乐清市、瑞安市、苍南县和平阳县的28.5%、26.6%、50.3%、44.3%，但可用财力分别只占3.6%、

5.2%、11.6%、12%；四镇常住人口分别占19.9%、22.3%、36.7%、27.9%，但行政事业单位人员分别只占2.1%、1.3%、2.8%、10.1%。

资料来源：国家发改委，《培育新生中小城市亟待体制破冰——浙江省特大镇发展调研报告》。

- **城镇住房制度：市场配置与政府保障相结合**

住房问题事关城市健康发展和居民切身利益，世界各国普遍重视。英国通过税收减免、租金控制和补贴政策，帮助个人支付住房贷款或租金，针对低收入者推出共有房屋产权政策，可部分购买、部分租用，收入提高后再购买完全产权。波兰政府制定《社会租赁住房体系法案》，实行由政府、单位和个人共同出资建房的合作社制度，为包括农村转移人口在内的中低收入者提供公租房和廉租房。美国鼓励不同收入人群混合居住，从20世纪90年代开始，向符合条件的低收入家庭发放房租补助券，受益家庭将家庭收入的30%作为房租，余下的与市场房租差额部分由政府补足。日本为解决外来人口融入城市问题，持续为中低收入家庭提供保障性住房（见表8-3）。在编制"十二五"规划时，笔者到香港特别行政区调研了解到，49%的居民住在政府提供的低价房、公租房里。

表8-3 日本八个五年计划期间保障房建设情况

计划期	计划建设量（千套）		实际完成量（千套）		保障房占比（%）
	总套数	保障房	总套数	保障房	
1966—1970	6 700	2 700	6 739	2 565	38.1
1971—1975	9 576	3 838	8 280	3 108	37.5
1976—1980	8 600	3 500	7 968	3 649	45.8

（续表）

计划期	计划建设量（千套）		实际完成量（千套）		保障房占比（%）
	总套数	保障房	总套数	保障房	
1981—1985	7 700	3 500	6 104	3 231	52.9
1986—1990	6 700	3 300	8 356	3 138	37.6
1991—1995	7 300	3 700	7 632	4 017	52.6
1996—2000	7 300	3 525	6 812	3 487	51.2
2001—2005	6 400	3 250	3 493	996	28.5

资料来源：国家发改委规划司根据相关资料整理。

"十三五"时期，首先，应建立健全市场配置和政府保障相结合的住房制度。加快构建以政府为主提供基本保障、以市场为主满足多层次需求的住房供应体系，逐步形成总量基本平衡、结构基本合理、房价与消费能力基本适应的住房供需格局。对城镇低收入和中等偏下收入住房困难家庭，以租为主、租售并举，提供保障性住房，满足基本住房需求。稳定增加商品住房供应，大力发展二手房和住房租赁市场，满足市场多样化住房需求。调整完善住房、土地、财政、金融等方面的政策，健全房地产市场，调控长效机制，完善不动产登记制度，实现全国住房信息联网，支持合理自住需求，抑制投机投资需求。其次，基本完成约1亿人居住的城镇棚户区和城中村改造。根据有关部门的统计，全国城镇棚户区和城中村涉及4 200万户、1亿多人。要在前几年的基础上，结合城市规划、土地利用规划和保障性住房建设规划，发挥政府和市场的双重作用，调动社会力量和棚户区居民多方的积极性，采取综合性的政策举措，到2020年基本完成各类棚户区和城中村改造任务，明显改善居民住房条件。

- 深化改革试点：突破在地方，规范在中央

为破解推进新型城镇化的体制机制难题，2014年9月，李克强总理主持召开专题会议，对新型城镇化试点工作进行总体部署。2014年

中国经济的转型升级
——从"十二五"看"十三五"

12月,国家发改委等11个部门联合印发《国家新型城镇化综合试点方案》,确定在安徽、江苏两省和宁波等62个城市(镇)开展国家新型城镇化综合试点。重点围绕农业转移人口市民化成本分担机制、多元化可持续的城镇化投融资机制、农村宅基地制度的改革完善、行政管理创新和行政成本降低的新型管理模式等任务开展改革探索。与此同时,国土资源部牵头在33个县(市)开展农村土地征收、集体经营性建设用地入市、宅基地制度改革试点;财政部牵头在10个省(自治区、直辖市)开展地方政府债券自发自还试点;住房城乡建设部公布了3 675个全国重点镇名单,在60个建制镇开展示范试点;国家发改委还联合相关部门开展了"多规合一"空间规划、城市地下空间规划建设管理、划定城市开发边界、深化县域基础设施投融资体制等多项改革试点,可以说,任务艰巨繁重。

试点的本质是创新,试点的灵魂在突破。1997年笔者在长沙市政府工作时,负责全国在100个城市开展的优化资本结构试点工作。当时提出了一个观点:你要我试点,我就要突破,突破在地方,规范在中央。地方创造的经验可行,最后在国家层面得到认定和推广。长沙市推出一项重要改革措施提高城市教育费附加1个百分点,将46所企业附属学校剥离出来,交给政府和社会管理的做法,受到国家经贸委的充分肯定和大力推广。综合试点就要发挥好改革先遣队的重要作用,在中央统筹下,尊重地方首创精神,鼓励攻坚克难、重点突破。要为大胆探索、锐意开拓、勇于创新、敢于担当的改革派、务实派扫清障碍、当好后盾。要在试点中创造经验、提供样板,形成可借鉴、可复制、可推广的经验和模式。

第 9 章 统筹区域协调互动发展

区域发展不平衡是一个全球性问题。2015 年第四届全球智库峰会发布的《全球经济治理再平衡》报告认为,全球经济正面临贫富差距拉大、自然环境恶化等严峻挑战,实现再平衡任重道远。我国幅员辽阔,市场广袤,不同区域禀赋结构各异,区域发展既有明显的差距,又有巨大的潜力、韧性和回旋余地。新中国成立以来,伴随着改革开放的进程,国家把统筹区域协调发展作为一项全局性、战略性的重大任务,我国区域发展差距逐步缩小,发展动力、活力不断增强,呈现出协同互动的良好态势,但区域发展不平衡的问题依然突出。

9.1 区域发展战略的历史演进

区域发展有其内在的时空演进规律。从沿海起步先行,溯内河,沿交通干线向纵深腹地梯度发展,不断突破区域性壁垒和分割,推动生产要素跨区域流动,促进统一大市场的形成,这是全球区域发展的普遍规律和本质要求,也是包括我国在内的许多国家现代化进程的共同经历和内生动力。从新中国成立之初毛泽东同志强调"沿海与内地

中国经济的转型升级
——从"十二五"看"十三五"

工业"的平衡①,到改革开放之时邓小平同志提出"两个大局"②的思想,从21世纪开始西部大开发、东北振兴和中部崛起等区域政策的陆续出台,到十八大后"一带一路"、京津冀协同发展、长江经济带等新"三大战略"的提出,以"四大板块"为基础,"三大战略"为新引擎,主体功能区战略和海洋强国战略为依托的区域协调互动发展新格局正在初步形成。总结概括,我国区域发展大致经历了沿海与内地工业平衡发展,"先富带后富"非均衡发展,东、中、西、东北地区协调发展,跨区域组合式互动发展四个阶段。

- **沿海和内地工业平衡发展阶段**

我国区域协调发展的思想渊源,最早可以追溯到1956年毛泽东同志的《论十大关系》。在论述"沿海和内地工业关系"时,毛泽东同志首次提出了沿海和内地工业平衡发展的原则。在"加强内地建设、平衡生产力布局与巩固国防"的目标下,平衡发展原则成为改革开放前区域发展战略的主基调。20世纪60年代中期,国家开始"三线建设"③,将我国生产力布局由东向西转移、由沿海沿边前线(一线)向属于三线地区的13个省和自治区的中西部转移,历经三个五年计划,累计投资2052亿元,占同期全国基建总投资的39%,投入人力高峰时达400多万人,建成了总长8046公里的铁路干线,建设了1100多个大中型工矿企业、科研单位和大专院校,一批新的工业基地和工业

---

① 1956年毛泽东同志在《论十大关系》中指出:我们国家过去的工业主要集中在沿海地区,只有30%在内地,这是历史上形成的不合理的状况。沿海工业的基础必须充分利用,但要平衡工业发展布局,内地工业就必须要发展起来。

② 1988年邓小平同志提出"两个大局",指出沿海地区要对外开放,使这个拥有两亿人口的广大地带较快地先发展起来,从而带动内地更好地发展,这是一个事关大局的问题。内地要顾全这个大局。反过来,发展到一定的时候,又要求沿海拿出更多力量来帮助内地发展,这也是个大局。那时沿海也要服从这个大局。

③ "三线"建设是指1964—1978年在我国中西部地区,长城以南、广东韶关以北、甘肃乌鞘岭以东、京广铁路以西地区的13个省进行的一场以战备为指导的大规模国防、科技、工业和交通基本设施建设。

城市在中西部崇山峻岭中拔地而起。① 经过几十年的建设，内地工业产值占全国的比重由1952年的31.9%，提高到1978年的40.1%。沿海与内地工业的平衡布局，对于我国内地经济的发展、生产力非均衡布局的改善、民族团结和国家安全都产生了重要而积极的作用。这一时期开辟了中西部地区工业化、城镇化的历史征程，改变了我国经济空间结构。

- **"先富带后富"非均衡发展阶段**

改革开放之初，为了突破计划经济体制的束缚，邓小平同志提出允许一部分地区、一部分人先富起来，先富带后富，最终实现共同富裕的著名论断。随后，1979年，国务院同意在深圳试办出口特区，后更名为深圳经济特区；1986年制订的"七五"计划提出加速东部沿海地带的发展；1988年，邓小平同志又提出"两个大局"的重要思想；1990年，中央决定开发浦东新区；1992年，邓小平同志南方谈话再次强调东部沿海地区要率先开放发展。东部地区的率先发展，加快了我国改革开放的进程，使我国的经济实力迅速上升，缩小了与发达国家之间的差距，为20世纪末实现国内生产总值比1980年翻两番的战略目标，以及人民生活达到小康水平做出了巨大贡献。

东部地区的率先发展产生了较大的极化效应，加上发展的基础条件，拉大了地区之间的发展差距。1949—1978年的30年间，东、中、西部地区国民生产总值（GNP）年均增速分别为6.81%、6.78%、7.25%，发展速度比较接近，西部要快于东部。1979—1995年的17年间，东、中、西部地区GNP的年均增速分别为12.8%、9.3%、8.7%，东部增速翻了将近一番，反超西部4.1个百分点。② 1998年，东部地区人均国内生产总值（GDP）为9 522元，分别是中部5 252

---

① 田姝，《三线——一个时代的记忆》，中国共产党新闻网，2014年10月8日。
② 刘芳，《对我国区域经济发展差异的分析》，《湖南商学院学报》，2001年第2期。

元、西部 4 031 元的 1.8 倍和 2.4 倍①，差距十分明显。

- **东、中、西、东北地区协调发展阶段**

　　非均衡发展模式在取得巨大成就的同时，也加剧了区域之间的发展不平衡，引起了中央的高度重视。1995 年 9 月，江泽民同志强调"没有西部地区的稳定就没有全国的稳定，没有西部地区的小康就没有全国的小康"。自此，区域发展战略开始转型。1999 年，十五届四中全会正式提出西部大开发战略，2000 年，党中央、国务院对实施西部大开发战略做出全面部署。

　　东北地区是中国的"鲁尔"。②然而，20 世纪 90 年代，"东北现象"③凸显。改革开放初期，辽宁省的 GDP 是广东省的 2 倍，而到了 2002 年广东省的 GDP 是辽宁省的 2 倍。2002 年，十六大报告首次将东北振兴问题提升到国家战略层面。2003 年 10 月，党中央、国务院发布《关于实施东北地区等老工业基地振兴战略的若干意见》，东北振兴破冰启航。

　　对于中部崛起战略的由来，笔者至今记忆犹新。2000 年，作为湖南省计委主任，笔者陪同时任湖南省委书记杨正午、省长储波参加中央经济工作会议，分组讨论西部大开发问题时，来自中部地区的代表议论纷纷：东部率先发展、西部大开发，中部怎么办？如何防止"中部塌陷"？中部地区发展引发的热议，使得中部发展问题摆上议事日程。2006 年，党中央、国务院发布《关于促进中部地区崛起的若干意见》，中部崛起战略的实施终结了"不东不西"的尴尬。

　　至此，西部大开发、东北振兴、中部崛起和东部率先发展的区域

---

① 中国社会科学院工业经济研究所课题组，《西部开发与东、中部发展问题研究（上）》，《中国工业经济》，2000 年第 4 期。
② 鲁尔是德国重要的工业区，工业产值曾占全国的 40%，以采煤、钢铁、化学、机械制造等重工业为核心，形成部门结构复杂、内部联系密切、高度集中的工业综合体。
③ "东北现象"是指 20 世纪 90 年代东北三省在长期计划经济体制下积累的深层次结构性和体制性矛盾凸显，经济陷入困境，大批国有企业停产，企业亏损严重，众多职工下岗失业。

发展总体战略基本形成。2007年,西部经济增速首次超过东部,打破了东部地区"一马当先"的增长格局。2008—2012年,中西部和东北地区增长速度连续5年全面超过东部地区,经济总量占全国的比重由2006年的44.7%上升到2012年的48.7%,2013年和2014年,中西部地区经济增速继续保持快于东部地区,标志着我国区域发展差距扩大的趋势得到初步遏制,这是我国区域发展进程中一个重大的历史性变化(见表9-1)。区域协调发展总体战略形成后,为优化国土开发格局,促进区域协调发展,2007年10月,胡锦涛同志在十七大报告中明确提出,"按照形成主体功能区的要求,完善区域政策,调整经济布局"。

表9-1 2006—2012年四大板块GDP增长速度　　　　单位:%

年份\地区	2006	2007	2008	2009	2010	2011	2012	2013	2014
东部	14.2	14.6	11.2	10.8	12.4	10.5	9.3	9.1	8.1
东北	13.8	14.4	13.5	12.7	13.7	12.6	10.2	8.4	5.9
中部	13.2	14.6	12.4	11.8	13.9	12.9	11.0	9.7	8.9
西部	13.6	14.9	13.0	13.5	14.2	14.1	12.5	10.7	9.1

资料来源:根据国家统计局国家数据库中相关数据编制,www.data.stats.gov.cn。

● **跨区域组合式互动发展阶段**

十八大以来,中央从全局出发,着眼于统筹区域协调互动发展,统筹国际国内两个市场,开创性地提出了推进"丝绸之路经济带"和"21世纪海上丝绸之路"建设、京津冀协同发展、推动长江经济带发展等新的三大战略构想。习近平总书记在2014年中央经济工作会上强调:"这三大战略的共同特点,是跨越行政区划、促进区域协调发展。"从四大板块竞相发展,到三大战略协同推进,从统筹东、中、西部,到协调南北方,从沿海、沿江、沿边组合式联动,到对内对外全方位开放,从打破行政区域壁垒、推动体制机制创新,到实现基础设施互联互通、构建统一大市场,这种跨区域、组合式的互动发展模式是我国区域发展战略理念的又一次创新和飞跃。

9.2 新常态下"四大板块"的发展重点

新常态带来新情况、新变化。四大板块由于自然历史条件、经济社会基础和区域主体功能等不同,表现出的阶段性特征不尽相同,未来发展的方向、重点以及水平与成效也会有所不同。总体来看,"十三五"时期,东部地区仍是我国经济发展的稳定器,中部地区将成为拉动经济发展的新增长极,西部地区经济发展将从高速回落,东北地区经济将在结构调整中发展,西部和东北地区仍然是经济发展重要的回旋空间。从结构优化进程看,根据一般发展规律,在工业化进入后期阶段以前,经济转型升级虽然成为主旋律,但粗放式增长与集约式增长并存,转型之路充满挑战。从这个意义上来说,东部地区转向质量效益型经济已经在路上,而其他地区正在向着这一方向艰难探索。从动力转换角度看,东部地区创新驱动发展的优势和潜力明显,能量正在集聚和释放,而其他地区正处于改造提升传统增长点与加快培育新增长点的"青黄不接"的痛苦时期,动力转换还有一段路程要走(见表9-2)。

表9-2 四大区域经济社会发展水平(2013年)

	人均GDP(美元)	农村居民纯收入(元/人)	城镇居民可支配收入(元/人)	城镇化率(%)	工业化程度	收入水平等级(根据世界银行标准)
东部	9 287.7	12 052.1	32 472.0	63.2	即将进入工业化后期	即将达到高收入水平
东北	7 852.2	9 909.2	22 874.6	60.2	工业化中期向后期过渡	中等收入水平

（续表）

	人均GDP（美元）	农村居民纯收入（元/人）	城镇居民可支配收入（元/人）	城镇化率（%）	工业化程度	收入水平等级（根据世界银行标准）
中部	5 601.1	8 376.5	22 736.1	48.2	工业化中期	中等收入水平
西部	5 463.7	6 833.6	22 710.1	45.9	工业化中期	中等收入水平

资料来源：根据国家统计局国家数据库中相关数据计算，www.data.stats.gov.cn；根据中国社会科学院城市发展与环境研究所关于西部大开发的有关研究整理。

● 西部：以实施新一轮开发开放推进全面小康

"十三五"时期，我国能否全面建成小康社会，关键看西部。西部经济社会发展相对落后，是我国贫困人口集中分布区域，是我国全面建设小康社会的最大"短板"。同时，随着区域协调互动发展战略和"一带一路"、向西开放等重大战略举措的深入推进，西部地区由"末梢"变为"前沿"，对外开放合作迎来前所未有的历史性机遇。未来5年，新一轮西部大开发开放的政策取向，应重点围绕在两条战线上并行推进。一条是，以保障和改善民生、加大扶贫开发力度、提高人民生活水平和质量为核心，让各族人民共享改革开放成果，共同迈进全面小康社会。另一条是，以开放促改革、促发展，加快改造提升传统产业，积极培育特色产业和新兴产业，增强经济发展的内生动力，扩大对外开放的广度深度，在开放合作中加快发展。

加快西部全面建成小康社会进程。根据国家信息中心《西部地区全面建成小康社会进程分析研究》报告，2012年，西部地区全面小康社会的实现程度为78%，其中，人均国内生产总值、农村居民人均纯收入、基本养老保障覆盖率等关键指标的实现程度均低于50%，距离全面建成小康社会还有很大差距。"十三五"期间，在保持经济持续增长的同时，要把主攻方向放在扶贫攻坚、文化教育、医疗卫生、社会保险等社会事业发展上，全力推进基本公共服务均等化。特别是西部地区的贫困人口占全国的50%以上，全国划定的14个集中连片贫困地

中国经济的转型升级
——从"十二五"看"十三五"

区有11片主要在西部,集中连片贫困地区内的680个贫困县有505个在西部。要把促进西部贫困地区发展和贫困人口脱贫摆到十分突出的位置,加大西部扶贫开发的力度,实行更加特殊、更加优惠的扶贫开发政策,实现西部贫困人口全面脱贫,突破未来西部全面建成小康社会的瓶颈制约。

加快新一轮西部大开发步伐。西部较多省区在"一带一路"中处于核心区域和关键节点上,具有天然的地缘优势,是国家向西对外开放的前沿阵地。西部要紧紧抓住这一契机,清除制约开放发展的体制机制障碍,提升向西开放和沿边开放水平,加强基础设施互联互通,建立开放型经济新体系,构筑开放与开发互动新格局。充分发挥西部国际博览会、东西部合作与投资贸易洽谈会、中国—东盟博览会、欧亚经济论坛等交流平台作用,加快构建国际国内互动合作新机制,优化与周边国家和地区经贸往来软环境,推动西部大开放、大发展。

加快西部开发方式转变。西部大开发应通过政策倾斜和相应的制度安排,形成一定的政策梯度优势,改变西部在资金、技术、人才和物流成本等方面的不足。西部经济增长方式仍属于传统要素驱动型,近年来,投资的贡献率一直在70%以上,排位靠前的主导和支柱产业都是以煤炭、石油、天然气、有色金属等资源为基础的采掘业和加工业,且产业链条较短,产品附加值较低,能耗强度较高。2012年,西部万元生产总值能耗为1.27吨标准煤,分别是东部、东北、中部的1.81、1.25、1.30倍,居四大区域之首。因此,西部要尽快摆脱这种粗放式开发模式,通过深入实施以市场为导向的优势资源转化战略,加强煤炭资源、油气资源、有色金属、农林产品资源的精细开发、综合加工和高效利用,延伸产业链,提高附加值,推动传统优势产业提质增效。同时,有针对性地承接东部产业转移,加快发展新兴产业和轻工产业,形成新的主导和支柱产业,实现产业结构优化升级。

第 9 章 统筹区域协调互动发展

● **中部：以构建现代产业体系打造新的增长极**

中部是未来我国经济发展新的增长极，是新常态下缩小区域差距的突破之地。中部地处我国中心地带，具有区位、梯度发展优势，作为我国"东西交汇、南北沟通"的枢纽站和中转站，是构建统一大市场的支撑区和整合区，这在客观上要求中部未来产业体系具备更强的创新性、集聚性、开放性、融合性和市场适应性。"十三五"时期，中部崛起要瞄准构建现代产业体系和培育我国经济发展新的增长极的"双目标"，重点立足"三基地、一枢纽"的定位①，积极融入和借势新的"三大战略"，同步推进新型工业化、城镇化、信息化和农业现代化，不断增强综合经济实力，巩固提升我国经济发展第二梯队的战略地位。

打造国家先进制造业中心。中部制造业现代化程度还不高，多处于价值链中低端。作为我国重要的现代装备制造基地，要紧紧抓住我国实施创新驱动发展战略、推进《中国制造2025》行动的大好时机，借鉴美国发展"五大湖"工业基地的经验做法，着力发展附加值高、带动性强、涉及面广的先进制造业。加快发展智能制造装备和产品，加快机械、船舶、汽车、轨道交通装备等行业的智能化改造，促进信息技术、互联网与制造业跨界深度融合，推动制造模式向数字化、网络化、智能化、服务化转变。培育壮大节能环保、电子、生物医药、新能源新材料等高技术产业和战略性新兴产业，建设完善以企业为主体、市场为导向、产学研相结合的技术创新体系，大力实施核心技术和重大产业发展创新工程，形成一批具有国际竞争力的新兴产业集群。

加快现代农业发展。中部是国家粮食生产基地，发展现代农业具有比较优势，任何时候都要保护好、利用好宝贵的农业资源。要加大粮食主产区、粮食生产重大工程、农田水利基础设施和农业科技推广

---

① "三基地"是指粮食生产基地、能源原材料基地、现代装备制造及高技术产业基地；"一枢纽"是指综合交通运输枢纽。

中国经济的转型升级
——从"十二五"看"十三五"

平台的投入力度,大力扶持黄淮海平原、江汉平原、鄱阳湖和洞庭湖地区、山西中南部等农产品优势产区建设,着力发展高产、优质、高效、生态、安全农业。加快发展特色种植业、循环养殖业、生态林业和农产品精深加工业、现代物流业,积极拓展农业的生态、文化、旅游功能。加强农业装备、加工、贮藏、运输等环节及农用物资、生物质综合利用等技术研发,重点突破大型复杂农机技术和农业机械化集成技术,推动形成具有较强国际竞争力的现代农业产业体系和技术支撑体系。

提升现代服务业水平。中部服务业增加值占比长期偏低,2013年仅为36%,比全国平均水平低10个百分点,比东部地区低11个百分点。要充分利用互联网、物联网等新技术、新模式,推动服务业创新发展、加快发展,重点发展电子商务、现代金融、现代物流、系统外包、工业设计等生产性服务业,发展现代化教育教学、文化创意、数字医疗与健康、数字生活、数字旅游等生活性服务业,加快发展信息服务、研发服务、检验检测服务等高技术服务业,不断丰富新兴的服务模式和服务业态,推进服务业现代化、高端化。优化现代服务业空间布局,打造和培育各具特色的专业化服务产业集聚区,促进现代服务业资源向核心区域重点领域集聚,形成现代服务业发展新高地。

- **东北:以推进老工业基地转型发展实现全面振兴**

东北地区是新中国工业的摇篮,基础雄厚,资源丰富。目前,东北地区汽车产量占全国的1/4,重型卡车产量占全国的1/2,船舶产量占全国的1/3,原油产量占全国的2/5,木材产量占全国的1/2。然而,近年来东北地区经济增速持续回落,"东北现象"再次引人瞩目。2014年,东北三省GDP平均增速为5.9%,较东部、中部和西部地区分别低2.1、3、3.1个百分点;三省财政收入仅增长0.1%,较东部、中部和西部地区分别低11.1、11.7、10.4个百分点。如何重振东北经济,是未来五年面对的一大挑战。

第9章 统筹区域协调互动发展

为了推动东北破解发展难题,实现全面振兴,2014年8月,国务院印发《关于近期支持东北振兴若干重大改革政策举措的意见》,提出了11个方面的35条政策措施。笔者认为,关键要抓好"两改",即深入推进老工业基地改造,提升产业竞争力;全面深化国有企业改革,增强内生发展动力。

深入推进老工业基地改造。一是做强装备制造业。东北是国家重要的装备制造产业基地,装备制造业增加值占东北三省工业的比重超过20%。加快发展东北具有比较优势的高铁装备、核电设备、数控机床、先进船舶、民用航天航空和高端海洋工程装备、大型农业机械等装备制造业,注重支柱产业的技术创新和转型升级,提升国际竞争力,推动东北装备走向世界。二是面向东北亚扩大开放。东北地区是"一带一路"向北开放的重要窗口,"一带一路"建设将给东北注入巨大动力和政策红利。以沿海经济带和延边口岸带动开放,加强中俄、中日、中韩、中朝和中蒙开放合作,加强陆路、水路和航空等对外通道和口岸建设,推进欧亚高速运输走廊建设,构建向北开放的快速通道,推动在能源、矿产资源、制造业等领域实施一批重大合作项目。三是推进资源型城市转型。支持城区老工业区和独立工矿区的搬迁改造,支持发展接续替代产业。

全面深化国有企业改革。由于历史原因,东北国有经济比重过大,当前的东北现象在一定程度上折射出国有企业发展动力不足的问题。同时,国有企业占据较多的优势资源,对民营企业会形成挤出效应,影响民营企业的发展空间。因此,一方面要在中央国有企业和地方国有企业两个层面,同步深入推进国有企业和国有资产管理体制改革,给予改革先行先试的政策支持,推动国有资本向关键性、战略性、基础性和先导性行业领域集中,妥善解决国有企业改革历史遗留问题,如厂办大集体、企业办社会职能和离退休人员社会化管理等,增强国有经济的内生动力。另一方面要大力发展混合所有制经济,促进非公有制经济大发展,促进国有经济与民营经济互动发展,以开放的观念、开放的市场、开放的政策,激活本地的民间资本和人才,吸引更多的外来资本和人才流向东北地区,扶持民营经济和中小企业发展,注入新能量,培育新引擎,增强东北微观经济的活力。

- **东部:以技术制度全面创新提升国际竞争力**

东部地区是我国经济最具活力、开放程度最高、创新能力最强、吸纳外来人口最多的区域。在我国改革开放进程中,东部地区始终走在前列。东部曾经创造的历史辉煌依靠的是改革、开放、创新,东部再创辉煌靠什么?答案只有一个,依然是改革、开放、创新。在这一次转型升级、攻坚克难的征途上,东部要继续以先行者的身份,以全球化的视野,演奏新的乐章,创造新的经验,提供新的样板。"十三五"时期,东部应始终坚持"三个领先":

改革领先。改革是"开弓没有回头箭"。要以"明知山有虎,偏向虎山行"的勇气,不断把改革推向前进,推向纵深。要针对深层次的体制机制问题,冲破思想观念障碍,突破利益固化藩篱,开启新一轮改革浪潮,全面推进行政体制、财税体制、金融体制、科技体制、投资体制、国有企业和收入分配等领域的改革,通过试点在微观上探索突破,通过规范在宏观上指导推广,立足释放改革红利,激发制度创新活力,开创东部经济转型、体制创新、陆海统筹新局面。

创新领先。面对全球新一轮科技革命和产业变革,东部作为国家队代表参与国际竞争,再也不能做追随者,至少要做并行者,要在某些领域和方面做领跑者。在实施创新驱动发展战略中,东部要全面推进科技、制度、管理和商业模式的创新,推进科技创新与经济发展的融合,推进全面创新改革试验,以创新主导者的姿态和自信,集聚创新要素,完善创新平台,培育创新型城市,建设区域性创新中心,融入全球创新网络,为创新型国家建设做出重要贡献。

开放领先。东部要适应经济全球化新形势,充分利用沿海独特的区位优势和"一带一路"的历史机遇,实行更加积极、主动、开放的战略和政策，不断拓展开放领域和空间，完善开放型经济体系，全面提升国际合作的水平，着眼于世界范围内的资源和要素配置，提升产业在全球价值链分工中的层级，推动重点产业国际化布局，建立全球化产业链体系，发展一批跨国公司，更好地利用国际国内两种资源、两个市场，增强国际竞争力。

9.3 新"三大战略"的主攻方向

实施"一带一路"、京津冀协同发展、长江经济带三大战略（以下简称新"三大战略"），是党中央、国务院审时度势，谋划中国经济新棋局做出的重大战略决策，对深化我国不同区域互动合作、打造新的增长带增长极、构建全方位开放格局、增强我国战略主动性等，都具有重大而深远的意义。

- **新"三大战略"的特征与意义**

新"三大战略"融对内开放和对外开放于一体，打破行政壁垒，跨越国别界限，通过核心引领、轴带支撑，与四大板块相互交融，呈现出跨区域互动、组合式发展、网络化连接、全方位开放的时代特征。

"一带一路"可谓"一子落而满盘活"。它以一种古老而又崭新的形式将亚欧非沿线国家合作推向新的历史高度，以一种前瞻性的思路构成了中国沿边沿海内陆全方位开放的大格局，在提升向东开放水平的同时，加快向西、向北开放步伐，助推西南部、东北部等内陆沿边地区由对外开放的边缘迈向开放的前沿。无论是"东出"还是"西进"，都将给中国经济和沿线国家发展开辟广阔的空间，带来众多商机。京津冀协同发展核心在于有序疏解北京非首都功能，提升核心功能，统筹推进京津冀基础设施建设、产业升级转移、区域环境治理等，探索人口经济密集地区优化开发模式，走出一条具有中国特色的解决

"大城市病"的路子,为全国区域协调发展体制机制创新提供经验。长江经济带横贯东部、中部、西部三大区域,向西连接丝绸之路经济带,向东对接21世纪海上丝绸之路,推动长江经济带发展,有利于促进经济增长空间从沿海向沿江内陆拓展,挖掘长江中上游广阔腹地蕴含的巨大内需潜力,优化沿江产业结构和城镇化布局,推动海陆双向对外开放,缩小东部、中部、西部地区发展差距,保护好"母亲河"长江的生态环境。

- **"一带一路":构建开放发展的新格局**

历史上,丝绸之路就是中国同亚洲、非洲、欧洲诸多国家经贸和文化交流的大通道。2013年9月和10月,习近平主席在出访中亚和东南亚国家期间,提出共建"丝绸之路经济带"和"21世纪海上丝绸之路"的战略构想。十八届三中全会决定将推进丝绸之路经济带、21世纪海上丝绸之路建设正式写入"构建开放型经济新体制"部分,确立其为新时期中国对外经济合作顶层战略。"一带一路"是中国政府洞察世界发展趋势、适应地区形势变化、统筹国际国内两个大局做出的重大战略决策,是中国全方位对外开放合作的大战略和总抓手。

根据2015年发布的《推动共建丝绸之路经济带和21世纪海上丝绸之路的愿景与行动》,共建"一带一路",秉持和平合作、开放包容、互学互鉴、互利共赢的理念,打造政治互信、经济融合、文化包容的利益共同体、命运共同体和责任共同体。有关研究显示,"一带一路"贯穿亚欧非大陆,东连亚太经济圈,西达欧洲经济圈,涉及约65个国家,总人口约44亿人,年生产总值约21万亿美元,分别占全球的62.5%和28.6%,是迄今世界上最长、最具有发展潜力的经济大走廊。

"一带一路"战略将致力于实现以下目标:一是顺应世界多极化、经济全球化、文化多样化、社会信息化的潮流,努力维护全球自由贸易体系和开放型经济体系,促进中国与相关各国加强合作、共克时艰、共谋发展。二是促进区域内经济要素有序自由流动、资源高效配置和市场深度融合，推动沿线国家实现经济政策协调，共同打造开放、包容、均衡、普惠的区域经济合作架构，探索国际合作和全球治理新模式。三是努力推动亚欧非大陆及附近海洋的互联互通，建立和加强中国与沿线国家互联互通的伙伴关系，构建全方位、多层次、复合型的互联互通网络。四是增进沿线各国人民的人文交流和文明互鉴，推动各国人民相逢相知、互信互敬，共享和谐、安宁、富裕的生活。

关于"一带一路"战略的建设方向和重点，笔者将在第14章再进行专题论述。

● **京津冀：唱响协同发展的主旋律**

京津冀同属京畿重地，濒临渤海，背靠太岳，携揽"三北"，战略地位十分重要。地域面积21.6万平方公里，2014年年末常住人口1.1亿人，地区生产总值6.6万亿元，以全国2.3%的国土面积承载了8%的人口，创造了10.4%的经济总量；2014年人均地区生产总值6万元，是全国平均水平的1.3倍。京津冀地区与长三角、珠三角地区比肩而立，对全国经济社会发展具有十分重要的支撑和引领作用。

当前京津冀地区发展面临一些突出问题，北京人口增长过快，"大城市病"凸显；资源环境承载超限，自然生态系统退化；资源配置行政色彩浓厚，市场机制作用发挥不充分；战略定位缺乏统筹，功能布局不够合理；区域发展差距悬殊，公共服务水平落差大。京津冀区域的功能定位是：建设以首都为核心的世界级城市群、区域整体协同发展改革引领区、全国创新驱动经济增长新引擎、生态修复环境改善示范区。京津冀协同发展的空间格局为："一核"，即北京是核心；"双城"，即北京、天津是主要引擎；"三轴"，即京津发展轴、京保石发展轴、京唐秦发展轴；"四区"，即中部核心功能区、东部滨海发展区、南部功能拓展区、西北部生态涵养区，此外，还包括多个节点城市。

中国经济的转型升级
——从"十二五"看"十三五"

推动京津冀协同发展,是一项具有系统性、复杂性和长期性的重大工程。千头万绪归根结底都应在"协同"二字上下功夫。一是要疏解协同。疏解北京非首都功能、解决北京"大城市病"是京津冀协同发展的首要任务,三地应打破各自"一亩三分地"的思维定式,加强顶层设计,推进布局调整,形成疏解协同的共识与合力,增强区域发展的协调性。二是要交通协同。交通一体化是京津冀协同发展的基本前提,要加快轨道交通、公路、港口、航空等交通基础设施建设,加快形成快速、便捷、高效、安全、智能的一体化综合交通网络。三是要产业协同。要按照"对接产业规划,不搞同构性、同质化发展"的要求,着力推进三地产业对接协作和合理布局。四是要环保协同。加强区域生态环境保护合作,在大气污染防治协作机制的基础上,完善防护林建设、水资源保护、水环境治理、清洁能源使用等领域的合作机制。

推动京津冀协同发展,国家明确将在三个领域率先突破。

交通一体化发展。按照网络化布局、智能化管理和一体化服务的要求,构建以轨道交通为骨干的多节点、网格状、全覆盖的交通网络,提升交通运输组织和服务现代化水平,建立统一、开放的区域运输市场格局。重点是建设高效密集轨道交通网,完善便捷通畅公路交通网,打通国家高速公路"断头路",全面消除跨区域国省干线"瓶颈路段",加快构建现代化的津冀港口群,打造国际一流的航空枢纽,加快北京新机场建设,大力发展公交优先的城市交通,提升交通智能化管理水平,提升区域一体化运输服务水平,发展安全绿色的可持续交通。

生态环境联防联治。按照"统一规划、严格标准、联合管理、改革创新、协同互助"的原则,打破行政区域限制,推动能源生产和消费革命,促进绿色循环低碳发展,加强生态环境保护和治理,扩大区域生态空间。重点是联防联控环境污染,建立一体化的环境准入和退出机制,加强环境污染治理,实施清洁水行动,大力发展循环经济,推进生态保护与建设，谋划建设一批环首都国家公园和森林公园，积极应对气候变化。

产业升级转移。从全国生产力整体布局出发，明确三省市产业发展定位，理顺产业发展链条，加快产业转型升级，打造立足区域、服务全国、辐射全球的优势产业集聚区。重点是明确产业定位和方向，加快产业转型升级，推动产业转移对接，加强三省市产业发展规划衔接，制定京津冀产业指导目录，加快津冀承接平台建设，加强京津冀产业协作等。

推动京津冀协同发展，还要强化深化改革、创新驱动、试点示范三个关键支撑，为协同发展提供强劲动力。要下决心破除限制资本、技术、产权、人才、劳动力等生产要素自由流动和优化配置的各种体制机制障碍，尽快建立优势互补、互利共赢的区域一体化发展制度体系；要以促进创新资源合理配置、开放共享、高效利用为主线，以深化科技体制改革为动力，推动形成京津冀协同创新共同体，建立健全区域协同创新体系，弥合发展差距，贯通产业链条，重组区域资源，共同打造创新发展战略高地；要从实际出发，选择有条件的区域率先推进，推动交通一体化、生态环境保护、产业升级转移、完善公共服务、疏解北京非首都功能、对外开放等领域先行先试，通过试点示范带动其他地区发展。

- **长江经济带：打造创新发展的新引擎**

长江全长 6 300 多公里，干线航道 2 838 公里。长江是货运量位居全球内河第一的黄金水道，分别为美国密西西比河、欧洲莱茵河的 4 倍和 10 倍。长江经济带覆盖上海、江苏、浙江、安徽、江西、湖北、湖南、重庆、四川、云南、贵州等 11 省市，面积约 205 万平方公里，占全国总国土面积的 21.4%，人口和生产总值均超过全国的 40%。长江通道是我国国土空间开发布局最重要的东西轴线，既是贯穿东、中、

中国经济的转型升级
——从"十二五"看"十三五"

西三大区域的产业带、城市带和生态带,也是"一带一路"战略在国内的主要交汇地带。

2014年9月,国务院印发《关于依托长江黄金水道推进长江经济带发展的指导意见》和《长江经济带综合立体交通走廊规划》,明确把长江经济带建设成为具有全球影响力的内河经济带、东中西互动合作的协调发展带、沿海沿江沿边全面推进的对外开放带、生态文明建设的先行示范带的战略定位,围绕构建横贯东西、辐射南北、通江达海、经济高效、生态良好的长江经济带的总体目标,未来五年要重点建设综合立体的交通新走廊,构建沿江现代产业新集群,打造长江绿色生态新廊道,培育全方位对外开放新优势,建设三大新型城市群,建立区域协同发展新机制。

当前,长江经济带发展面临的主要问题是,综合交通通道功能需要强化,长江航运潜力尚未充分发挥,上游三峡船闸、中游荆江河段航道等存在瓶颈制约,东西向铁路、公路能力不足,南北通道能力紧张;产业整体技术水平亟待提升,低中端、同质化问题比较突出,部分行业产能过剩,科技创新能力不强,转型升级任务繁重;沿江生态环境形势严峻,聚集了全国40%的造纸、43%的合成氨、87%的磷铵、72%的染布、40%的烧碱产能;上游水土流失严重,中下游湖泊、湿地、生态功能退化,洞庭湖、鄱阳湖枯水期延长;少数地区重金属污染严重等。推动长江经济带发展,不能再走过去粗放式发展的老路,要探索出一条创新发展新路,这样长江经济带才会有生命力和竞争力(见图9-1)。

第 9 章 统筹区域协调互动发展

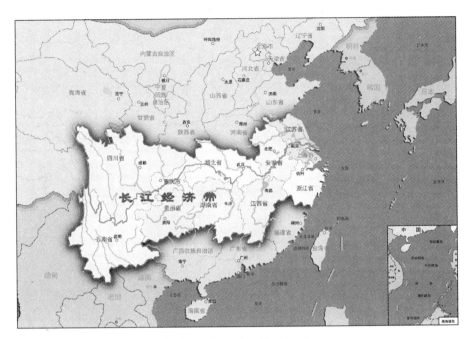

图 9-1 长江经济带示意图

建设综合立体交通新走廊。推动长江经济带发展，首先在于充分挖掘、利用黄金水道的优势和潜力。借鉴密西西比河、莱茵河流域的整治开发经验，加快推进长江干线航道系统治理，整治疏导下游航道，扩大三峡枢纽通过能力，有效缓解中上游瓶颈，改善支流通航条件，优化港口功能布局，加强集疏运体系建设，发展江海联运和干支直达运输。同时，要统筹铁路、公路、航空、管道建设，形成快速大能力铁路通道，建设高等级广覆盖公路网，推进航空网络建设，完善油气管道布局，加快多式联运发展，加强各种运输方式衔接和综合交通枢纽建设，推进沿江运输服务和组织管理一体化。

构建沿江现代产业新集群。推动长江经济带发展，中央已经明确不搞"政策洼地"，未来发展的关键要转向内生动力和核心竞争力的培育。这就必须真正落实创新驱动发展战略，引导创新资源向企业集聚，增强科技创新能力，推进信息化、智能化与先进制造业、现代服

中国经济的转型升级
——从"十二五"看"十三五"

务业的融合发展。要以沿江国家级、省级开发区为载体,以大型企业为骨干,着力培育电子信息、高端装备、汽车、家电、纺织、服装等世界级制造业集群,建设具有国际先进水平的长江口造船基地和长江中游轨道交通装备、工程机械制造基地,促进沿江链化、一体化、园区化发展,打造沿江绿色能源产业带。保护和利用好长江流域宝贵的农业资源,提升现代农业和特色农业发展水平,建设一批高水平现代农业发展先行区、示范区。创新承接产业转移机制,推动产业园区跨省市合作共建,积极探索建立"园区共建、利益共享"机制,合理引导产业转移和分工协作。

打造沿江绿色生态新廊道。推动长江经济带发展,必须绷紧生态环境保护这根弦,走绿色化发展道路,不能再走先污染后治理、边污染边治理的老路。强化长江水资源保护和合理利用,严格控制和治理长江水污染,加大重点生态功能区保护力度,加强流域生态系统修复和环境综合治理,妥善处理江河湖泊关系,促进长江岸线有序开发。长江沿线要广泛形成绿色发展共识,坚持在保护中开发,在开发中保护,共同守住长江经济带的生态底线,确保一江清水绵延后世、永续利用。

培育全方位对外开放新优势。长江经济带具有独特的沿海沿边沿江区位优势。要深化向东开放,加快向西开放,培育全方位开放新优势。深化向东开放,要充分发挥上海对沿江开放的辐射效应、枢纽功能和示范引领作用,重点是建设好、管理好上海自由贸易试验区,通过先行先试、经验推广和开放合作,形成可复制、可推广的成功经验,营造国际化、法治化的营商环境,带动长江经济带更高水平地开放。加快向西开放,要增强云南面向西南开放的重要桥头堡功能,提升云南向东南亚、南亚开放的通道功能和门户作用,推进中印缅、中泰等国际交通运输通道建设,要加强与丝绸之路经济带的战略互动,发挥重庆的中心枢纽作用和成都的战略支点作用,从基础设施、开放平台、体制机制等方面形成有利的硬件条件和软件环境。要推动对外开放口岸和特殊区域建设,构建长江大通关体制。

建设"三大"新型城市群。推动长江经济带发展,要以长三角、长江中游和成渝三大跨区域城市群为主体,以黔中和滇中两大区域性城市群为补充,以沿江大中小城市为依托,促进城市群之间、城市群内部的分工协作,强化基础设施互联互通,优化空间布局,推动产城融合,引导人口集聚,形成集约高效、绿色低碳的新型城市群。要把长三角城市群打造成为具备国际竞争力的世界级城市群,把长江中游城市群建设成为引领中部崛起的核心增长极,把成渝城市群建设成为西部重要的经济中心和长江上游开放高地。要加快完善城市群交通网络,重点建设以上海为中心,南京、杭州、合肥为副中心的"多三角、放射状"城际交通网络,以武汉、长沙、南昌为中心的"三角形、放射状"城际交通网络,以重庆、成都为中心的"一主轴、放射状"城际交通网络,实现城市群内中心城市之间、中心城市与节点城市之间1—2小时通达。

建立区域协调发展新机制。推动长江经济带发展,要立足转变政府职能,打破行政区划界限,建立高效有序的分工协作关系,推动形成市场体系统一开放、基础设施共建共享、生态环境联防联治、流域管理统筹协同的跨区域发展新机制。正确处理政府和市场的关系,充分发挥市场在资源配置中的决定性作用,更好地发挥政府制定规划政策、提供公共服务、营造市场环境的作用,调动一切社会积极力量,让长江经济带的血脉畅通起来、要素流动起来、市场活跃起来。建立健全区域互动合作机制,加强部门协同和上下联动,推动地方政府间的协商合作,发挥各类跨地区合作组织作用。

9.4 主体功能区建设的制度设计

实施主体功能区战略、推进主体功能区建设是党中央、国务院做出的重大战略决策。十七大报告把主体功能区布局基本形成作为全面建成小康社会的一项新要求，十八大报告把加快实施主体功能区战略、优化国土空间开发格局作为生态文明建设的重要基础。实施主体功能区规划已经成为建设美丽中国、实现永续发展的重大战略部署，成为关系全局、影响长远的重大战略任务。

我国国土广袤，自然地貌多样，生态系统复杂。国土空间的特点表明：第一，不是所有的国土空间都适应大规模、高强度的工业化、城镇化开发，必须遵循客观规律，保护自然，有序开发。第二，虽然国土辽阔，但由于人口众多，以及不适合开发的面积很大，人均拥有的适度开发的国土空间并不大，必须节约空间，集约开发。第三，不是所有国土空间都承担同样的功能，都要集聚经济和人口，必须因地制宜、区分功能、分类开发。《全国主体功能区规划》是我国第一部国土空间开发规划，是战略性、基础性、约束性的规划，是规范国土空间开发思路、开发模式、开发强度、开发秩序的行动纲领，是国家区域调控理念和统筹方式的重大创新。

- 从"胡焕庸线"到主体功能区

我国自古就有东南地狭人稠、西北地广人稀的人口地理分布规律。我国著名地理学家胡焕庸教授在1935年发表的《中国人口之分布》一文中首次揭示了这一规律，制作了我国第一张人口密度图，之后，这条反映人口分布的界线被称为"胡焕庸线"。"胡焕庸线"从黑龙江瑷珲（现为黑河）到云南腾冲画出一条约为45度角的直线，分为东南和西北两半壁，东南半壁36%的土地供养了全国96%的人口，约4.4亿

第9章 统筹区域协调互动发展

人;西北半壁64%的土地供养了全国4%的人口,仅1800万人,二者总人口之比为96:4。2000年全国第五次人口普查数据表明:东南半壁占全国国土面积的43.8%,占总人口的94.1%,约12.2亿人;西北半壁占全国国土面积的56.2%,占总人口的5.9%,约0.8亿人。二者总人口之比为94:6。长达65年的发展并没有改变"胡焕庸线"两侧的人口地理分布格局,这表明了线的两侧区域资源环境承载能力对人口分布的硬约束。这也表明"胡焕庸线"的内涵与主体功能区规划的理念是一脉相承的。

- **四种开发方式、三大空间格局**

推进主体功能区建设,就是要根据不同区域的资源环境承载能力、现实开发强度和发展潜力,统筹谋划人口分布、经济布局、国土利用和城市化格局,确定不同区域的主体功能,并据此明确开发方式及其差别化政策,规定开发强度,规范开发秩序,形成人口、经济、资源环境相协调的国土空间开发格局,构建高效、协调、可持续发展的美好家园(见图9-2)。

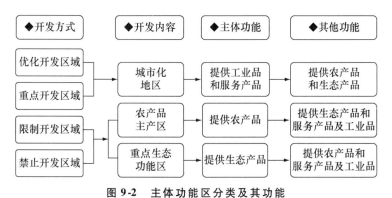

图9-2 主体功能区分类及其功能

按照开发方式,我国国土空间分为优化开发区域、重点开发区域、限制开发区域和禁止开发区域四类。按照开发内容,以提供主体产品的类型为基准,又分为城市化地区、农产品主产区和重点生态功能区三类。城市化地区以提供工业品和服务产品为主体功能,属于优化开发或重点开发区域;农产品主产区以提供农产品为主体功能,属于限制开发区域;重点生态功能区以提供生态产品为主体功能,属于限制开发或禁止开发区域。需要指出的是,主体功能不等于唯一功能,并不排斥发挥其他功能。比如,城市化地区也有生态建设的任务,农产品主产地区也有发展工业的问题。

专栏 9-1　四种开发方式

优化开发区域是经济比较发达、人口比较密集、开发强度较高、资源环境问题更加突出的城市化地区,应该优化进行工业化城镇化开发。

重点开发区域是有一定经济基础、资源环境承载能力较强、发展潜力较大、集聚人口和经济的条件较好的城市化地区,应该重点进行工业化城镇化开发。优化开发和重点开发区域都属于城市化地区,只是开发强度和开发方式不同。

限制开发区域分为两类:一类是农产品主产区,从保障国家农产品安全的需要出发,把增强农业综合生产能力作为发展的首要任务;另一类是重点生态功能区,即生态系统脆弱或生态功能重要、资源环境承载能力较低的区域,把增强生态产品生产能力作为首要任务。这两类区域应该限制进行大规模高强度工业化城镇化开发。

禁止开发区域是依法设立的各级各类自然文化资源保护区域,以及其他禁止进行工业化城镇化开发、需要特殊保护的重点生态功能区,该类区域应该禁止进行工业化城镇化开发。

资料来源:《全国主体功能区规划》(国发〔2010〕46号)。

按照优化开发、重点开发、限制开发、禁止开发的主体功能定位和四种开发方式,《全国主体功能区规划》提出,构建科学合理的城镇

化、农业发展和生态安全三大空间战略格局。

一是构建"两横三纵"为主体的城市化战略格局。① 构建以陆桥通道、沿长江通道为两条横轴,以沿海、京哈京广、包昆通道为三条纵轴,以国家优化开发和重点开发的城市化地区为主要支撑,以轴线上其他城市化地区为重要组成的城市化战略格局。**二是构建"七区二十三带"为主体的农业战略格局。**构建以东北平原、黄淮海平原、长江流域、汾渭平原、河套灌区、华南和甘肃新疆等农产品主产区为主体,以基本农田为基础,以其他农业地区为重要组成的农业战略格局。这是基于我国农业自然资源状况的特点和主要农产品向优势产区集中的趋势提出来的,对优化农业产业布局、确保农产品供给安全具有重要的战略意义。**三是构建"两屏三带"为主体的生态安全战略格局。**构建以青藏高原生态屏障、黄土高原—川滇生态屏障、东北森林带、北方防沙带和南方丘陵山地带以及大江大河重要水系为骨架,以其他国家重点生态功能区为重要支撑,以点状分布的国家禁止开发区域为重要组成的生态安全战略格局。这是从源头上革除生态环境先破坏再治理的弊端,约束盲目开发行为,实现可持续发展(见图9-3和图9-4)。

● 不同主体功能区的差别化政策

各类主体功能区作为政策单元,要求各项政策更具针对性、有效性。要从各类主体功能区的功能定位和发展方向出发,把握不同区域的资源禀赋与发展特点,明确不同的政策方向和政策重点,实施差别化的区域发展政策。《全国主体功能区规划》从产业、财税、投资、金融、土地、环保等方面提出的"9+1"的系列政策措施正在逐步落实。比如,财政政策对国家重点生态功能区的支持力度不断加大,通过均衡性转移支付补偿460个重点生态县,相当于向它们购买生态产品,资金从2010年的249亿元已经增加到2014年的480亿元。

---

① "两横三纵"为主体的城市化战略格局示意图见第8章"推进以人为核心的新型城镇化"。

中国经济的转型升级
——从"十二五"看"十三五"

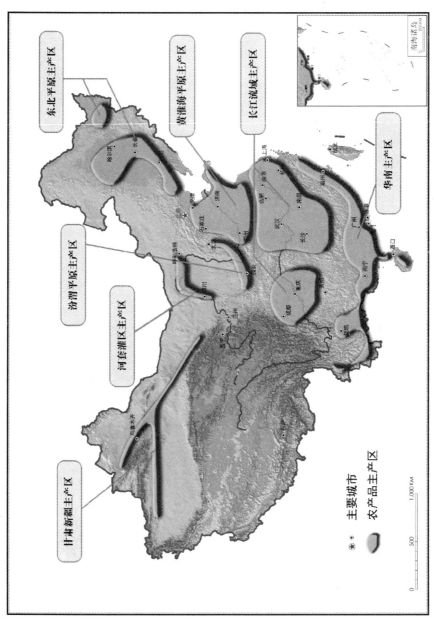

图9-3 "七区二十三带"为主体的农业战略格局

第9章 统筹区域协调互动发展

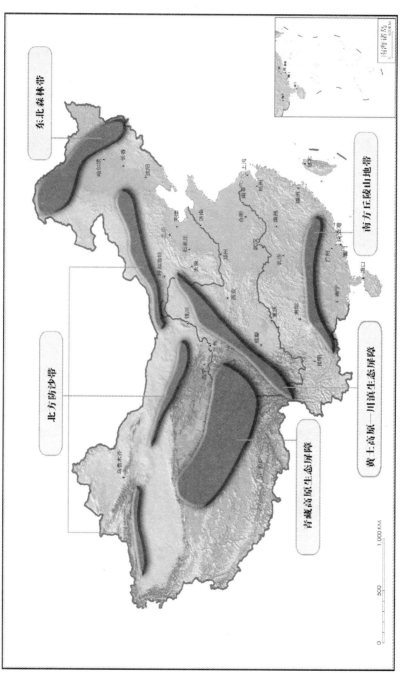

图9-4 "两屏三带"为主体的生态安全战略格局

优化开发区的政策方向和重点是，支持其率先实现经济转型升级，推动产业结构向高端、高效、高附加值转变，引导城市集约紧凑、绿色低碳发展，提高资源集约化利用水平，提升开放型经济水平，增强国际竞争力，在更高层面参与全球分工与竞争。重点开发区域的政策方向和重点是，支持其加快新型工业化、城镇化进程，培育壮大现代产业体系，更好地促进经济和人口的集聚，发挥新增长极的引领作用。限制开发区域的政策方向和重点是，一方面，提高农产品主产区农业综合生产能力，确保耕地数量和质量，加快现代农业发展，加大政府对农业农村的投资力度。另一方面，增强重点生态功能区提供生态产品的能力，增强生态服务功能，保障国家生态安全，因地制宜地发展适宜产业、绿色经济，引导超载人口有序转移，完善生态补偿机制。禁止开发区域的政策方向和重点，加强禁止开发区域的监管功能，对禁止开发区域内的各级各类自然文化资源实施强制性保护。总体上讲，"十三五"时期，主体功能区的配套政策还需要进一步完善和落实，要作为一项重点工作深入推进。

9.5 海洋强国战略的科学谋划

海洋是潜力巨大的资源宝库，也是支撑未来发展的战略空间。我国海域辽阔，海洋资源丰富。从目前情况看，我国还不是一个海洋强国。因此，加快开发海洋资源，发展海洋经济，加强保护海洋生态、海洋权益，实施海洋强国战略必须提上"十三五"时期的重要议程。

第 9 章　统筹区域协调互动发展

- **陆海统筹与海洋强国**

我国是一个陆海兼具的国家，海岸线总长 1.8 万公里，居世界第四位。按照《国际法》和《联合国海洋法公约》的有关规定，我国主张的管辖海域面积达 300 万平方公里。其中，油气资源沉积盆地约 70 万平方公里，海洋渔场 280 万平方公里，海水可养殖面积 260 万公顷，浅海滩涂可养殖面积 242 万公顷，有着丰富的资源优势和发展潜力。

海洋兴则国家兴，海洋强则国家强。世界上的发达国家大多是海洋强国。早在 2500 多年前，古罗马哲学家西塞罗就指出："谁控制了海洋，谁就控制了世界。" 600 多年前，我国伟大的航海家郑和劝谏明宣宗："欲国家富强不可置海洋于不顾，财富取之于海，危险亦来自海上。" 18 世纪美国海权论者马汉提出："国家的兴衰，决定因素在于海洋控制。"

随着对开发蓝色国土重要性和紧迫性认识的不断加深，海洋强国战略逐渐浮现水面。2003 年，《全国海洋经济发展规划纲要（2001—2010 年）》第一次明确提出"逐步把中国建设成为海洋强国"的战略目标。"十二五"规划纲要提出，我国要坚持陆海统筹，制定和实施海洋发展战略，提高海洋开发、控制、综合管理能力。十八大报告提出发展海洋经济，建设海洋强国。2015 年政府工作报告明确，要编制实施海洋战略规划，发展海洋经济，保护海洋生态环境，坚决维护国家海洋权益，向海洋强国的目标迈进。2015 年 8 月，国务院印发《全国海洋主体功能区规划》（见图 9-5）。

中国经济的转型升级
——从"十二五"看"十三五"

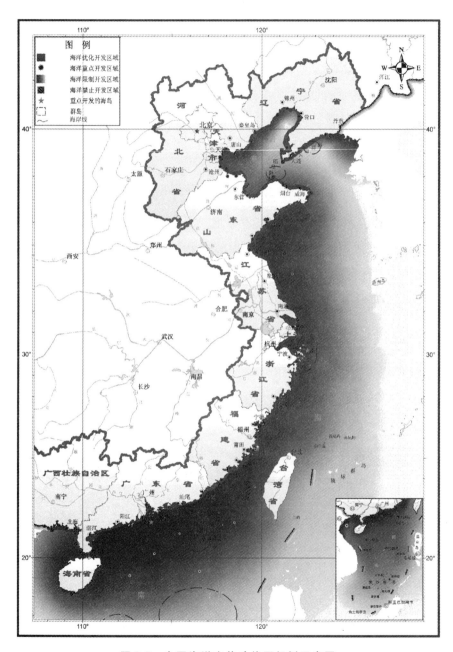

图 9-5 全国海洋主体功能区规划示意图

● 海洋经济：拓宽发展空间

经过多年发展，我国海洋经济持续快速增长，已经成为拉动国民经济发展的重要引擎。2014年，全国海洋生产总值59 936亿元，占国内生产总值的9.4%，全国涉海就业人员3 554万人（见图9-6）。大力发展海洋经济，进一步提高海洋经济的质量和效益，对于拓展经济发展空间、推动经济转型升级，具有重要意义。

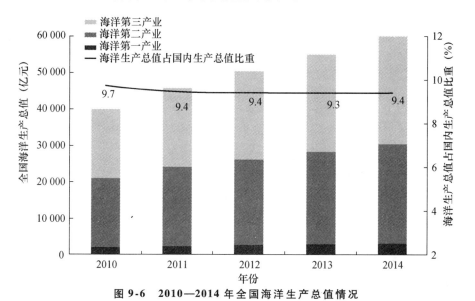

图9-6 2010—2014年全国海洋生产总值情况

资料来源：《2014年中国海洋经济统计公报》。

发展海洋经济，要坚持陆海统筹，系统推进。优化海洋经济总体布局，根据不同地区和海域的自然资源禀赋、生态环境容量、产业基础和发展潜力，形成层次清晰、定位准确、特色鲜明的海洋经济空间开发格局；改造提升海洋传统产业，通过技术创新，加快海洋渔业、海洋船舶工业、海洋油气业、海洋盐业和盐化工等传统产业转型升级；培育壮大海洋新兴产业，大力发展海洋工程装备制造业，加快发展海水利用业，扶持培育海洋药物、海洋生物制品业和海洋可再生能源业；提升海洋服务业水平，加快海洋交通运输业、海洋旅游业和海洋文化

中国经济的转型升级
——从"十二五"看"十三五"

产业发展，推进涉海金融服务业、海洋公共服务业发展；提高海洋产业创新能力，推动海洋产业核心技术的原始创新、集成创新、引进消化吸收再创新，培育和鼓励科技型涉海企业发展，加强海洋产业创新型人才队伍建设；加强海洋经济宏观指导，合理布局临港、临海产业，搞好海洋经济监测与评估，建立与海洋经济发展转型相适应的调控体系，增强对海洋经济发展的组织管理和引导能力（见图9-7）。

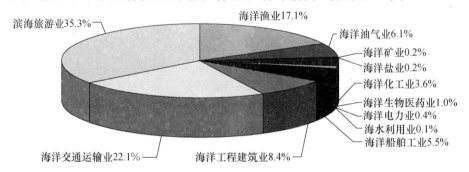

图9-7 2014年主要海洋产业增加值构成图

资料来源：《2014年中国海洋经济统计公报》。

● **海洋生态：优化开发方式**

要高度重视海洋生态环境保护，科学开发利用海洋资源，促进海洋经济和生态环境和谐发展。在海洋资源利用过程中，坚持优先保护生态，推进海洋经济绿色发展。切实发挥海洋功能区划在海洋开发活动中的控制作用，限制高消耗、高污染产业在沿海的布局，禁止利用新建项目使污染物排放转嫁进入海洋。结合近岸海域污染状况和海域环境容量，实施主要污染物排海总量控制制度，制订减排方案并监督实施。加强沿海滩涂、近岸海域保护和围填海管控。

各类海洋功能区应按照国家相关标准，明确海洋环境保护要求和具体管理措施，严格执行海洋功能区环境质量标准。定期开展海洋功能区环境质量调查、监测和评价，加强海洋开发项目的全过程环境保护监管和海洋环境执法，建立健全海洋功能区与海洋开发项目的跟踪监测和后评估制度。加强海洋环境风险管理，完善海洋环境突发事件应急机制，加强赤潮、绿潮、海上溢油、核泄漏等海洋环境灾害和突发事件的监测监视、预测预警和鉴定溯源能力建设。

切实保护海洋水生生物资源，保护渔业可持续发展。对沿岸海域科学规划、合理布局，切实做好重要渔业水域、水产种质资源保护区、水生野生动植物保护区的管理和保护，严格限制对海洋水生生物资源影响较大的用海工程的规划和审批。尽可能减少涉渔工程对渔业的影响，保护重要水产种质资源，维护海洋水生生物多样性，促进渔业经济全面可持续健康发展。

- **海洋权益：维护蓝色疆域**

海洋权益是海洋权利和海洋利益的总称，包括领土主权、司法管辖权、海洋资源开采权、海洋空间利用权、海洋污染管辖权、海洋科学研究权以及国家安全权益、海上交通权益等，是国家权益的重要组成部分。当今世界，海洋的政治、经济、军事等功能日益凸显，海洋权益的保障则显得更为突出。1994年11月，《联合国海洋法公约》正式生效。根据《联合国海洋法公约》的有关规定，我国领海和毗连区有了国际法上的依据及保证。目前，我国许多海域和岛屿无可争议的历史主权面临不少新的争端，严重影响了我国主权安全。

我国坚持走和平发展道路，但决不能放弃正当权益，更不能牺牲国家核心利益。首先，中国的领土主权完整、统一和安全，是最切实和紧要的，也是最根本的国家战略利益，维护海洋权益，第一要务是维护领土主权完整。其次，应着眼国际公共海域，参与相关国际制度的建设。再次，继续坚持"搁置争议，共同开发"的原则，推进互利友好合作，寻求和扩大共同利益的汇合点。最后，努力增强海洋实力，将维护海洋权益和提升综合国力相匹配，包括提高海洋维权能力，健全高效的海洋管理机制，增强全民的海洋意识，为实现海洋强国的目标保护好海洋主权。

第 10 章 完善现代基础设施网络

笔者在国家发改委分管基础产业工作近 6 年，参与过多个重大规划和政策的研究制定，深感基础设施对经济社会发展具有战略性、全局性的影响。基础设施的发展状况已成为体现一个国家发展水平和文明程度的重要元素，对于促进产业转型升级、人口合理流动、城乡区域协调发展具有重要的支撑和引领作用。2014 年 11 月，二十国集团领导人在第九次峰会上发布"全球基础设施倡议"，认为解决基础设施投资不足问题，对于促进增长、创造就业和提高生产力至关重要。在当前世界经济低速增长、全球贸易增速放缓的背景下，基础设施投资也成为一个主要增长点。据世界银行测算，未来几年新兴经济体每年的基础设施投资将多达 2 万亿美元，印度、巴西和非洲国家将成为今后一个时期全球基础设施建设的高增长市场，美国、欧盟、日本也相应推出了基础设施改造和建设计划，如欧盟计划于 2020 年前投资 1.5 万亿美元进行公路建设，海湾国家拟投资 1 600 亿美元建设环海铁路网。

10.1 现代基础设施的发展方向

"十三五"时期，为适应新常态下的新任务、新要求，基础设施发展应从注重总量扩张转向注重结构优化，从注重投资增长转向注重投

第10章 完善现代基础设施网络

资效率,从注重硬件建设转向注重软件服务,从满足单一、同质需求转向满足多元、高效需求,着力推进布局网络化、服务一体化、管理智能化、装备自主化、技术标准化。

- **布局网络化**

布局网络化是现代基础设施的典型特征,表现在基础设施通过多结点、多通道交叉连接,形成互联互通、覆盖广泛的网络。只有当基础设施布局网络化时,才能拥有更强的可达性,进而发挥更大的网络效应,才能使人流、物流、信息流的输送能力和效率大幅提高,从而强化地区之间、城市之间的地理联系,促进经济活动的空间集聚和扩散。基础设施布局网络化的核心是要形成综合网络,既要构建主干骨架,又要完善"毛细血管",实现各种方式、各个环节的有效衔接,真正解决"最先一公里"和"最后一公里"的问题。例如,交通基础设施网络在完善和融合铁路网、公路网、航运网、航空网、管道网,以及区际、城际、城市、城乡交通网的同时,还应有序推进与周边国家和地区的互联互通建设,形成与产业布局、城镇发展、对外开放相适应,多节点、网格状、全覆盖、紧衔接的网络体系。

- **服务一体化**

服务一体化是以基础设施网络为依托,实现运营管理和使用需求全面对接、硬件和软件高效衔接的全过程。基础设施服务一体化是衡量现代基础设施水平的主要指标,是推动管理体制创新的重要手段。这就要求打破基础设施不同管理部门之间的行政壁垒和行业垄断,创新基础设施服务协调机制,加强企业、行业合作,推进管理部门、服务企业之间的统筹协作、互动发展,为公众和社会提供多层次、一体化、高质量的基础设施公共服务。比如,按照"客运零距离换乘,货运无缝化衔接"的要求,高铁北京南站已经将铁路、地铁、地面公交等多种交通方式与购物、餐饮等商业服务业通过自动扶梯、楼梯、人行通道等衔接换乘设施连为一体，不同的交通行业管理部门与商业服务企业密切配合，共同为公众提供一站式出行服务。正在建设的北京新机场也将有多条轨道交通线路引入。

- 管理智能化

管理智能化是基础设施模块控制、系统运营的发展方向，是提升基础设施管理和服务水平的主要手段。其核心是运用新一代信息技术及移动互联网，以数据管理为支撑，及时准确地采集信息，通过数据分析与处理，为基础设施管理部门提供智能调度、智能控制、自动分拣等功能，实现运营管理的智能化。以智能电网为例，智能电网是以物理电网为基础，将现代先进的传感测量技术、通信技术、信息技术、计算机技术和控制技术与物理电网高度集成而形成的新型电网。它以充分满足用户对电力的需求，优化资源配置，确保电力供应的安全性、可靠性和经济性，满足环保约束，保证电能质量，适应电力市场化发展等为目的，实现对用户可靠、经济、清洁、互动的电力供应和增值服务。

- 装备自主化

装备自主化是指自主知识产权成果在基础设施领域的产业化应用，自主品牌逐步占据国内主要市场并具备国际竞争力。基础设施重大装备自主化，不仅关系到我国工业制造水平的升级换代，而且关系到摆脱基础设施重大装备关键技术和零部件的对外依赖，降低我国基础设施建设与运营成本，保障国家经济社会的运营安全。装备自主化的核心是，促进装备产业从低端向中高端迈进，逐步实现高端装备的自主化。这就要求进一步加强基础设施重大装备的自主创新能力，加快产业化进程，努力形成一批拥有自主知识产权的研发成果，培育一批具备国际竞争力的自主品牌。记得2009年笔者到首都国际机场调研时了解到，T3航站楼的行李系统采用西门子的产品，价格昂贵，高达17亿

第 10 章 完善现代基础设施网络

元,年维护费用也多达 1.3 亿元。当时问到"为什么不能自己生产"时,回答说系统集成技术不过关。令人欣慰的是,2012 年昆明长水机场采用昆明船舶设备集团研发的行李系统,国产化率达到 70%,价格仅为 3.26 亿元,年维护费用只有约 900 万元。又如,我国高速铁路动车组经历了引进、消化、吸收、再创新的发展历程后,国产化率已达到 80%,动车组的制造及维修成本大幅降低,对我国高速铁路的健康发展起到了重要作用。

● **技术标准化**

技术标准化是覆盖基础设施规划设计、建设管理、运营维护全过程和全生命周期的规范体系,既是硬规矩,也是软实力。随着科技和经济水平的快速提升,技术标准化已成为自主创新和国家间竞争的制高点,并在国际贸易中发挥越来越重要的作用。谁掌握了技术标准制定的话语权,谁就掌握了市场竞争的主动权。基础设施建设与管理运营的核心是要建立健全先进适用的技术标准体系,适应国际国内基础设施发展的新变化、新要求,制定基础设施信息化、智能化、网络化运营管理等标准,健全高速铁路、城际铁路、市郊铁路、城市轨道交通建设等标准;完善通用航空联程联运、综合枢纽、油气管道、宽带网络、智能电网等标准。在统筹推进国内市场标准化的同时,加快国内标准走向国际市场,推动我国基础设施技术装备走出去,在国际标准制定上争取更多的话语权。

10.2 全面建设综合交通网络

综合交通已超越传统的概念和边界,成为影响经济繁荣、社会进步、民生改善和环境保护的战略要素。构建各种运输方式相互融合的综合交通网络,已经成为世界发达国家交通发展的趋势。"十二五"时期，我国交通基础设施主干骨架初步形成。"十三五"时期应全面建设由铁路、公路、航运、航空等网络共同组成的，区际、城际、城市、城乡等层次功能清晰的综合交通网络。

● **区际交通：完善"四大网络"**

区际交通以连接我国主要经济区域和各大城市群为目标，覆盖人口较为密集、经济较为发达、产业集聚度高的地区。"十三五"时期要重点加快高速铁路网、便捷公路网、发达航运网和先进航空网建设，形成国内国际通道互通、城乡区域覆盖广泛的现代综合交通网络。

高速铁路网。高速铁路缩短了时空距离，改变了经济地理分布和人们的出行习惯，促进了生活品质的提升、消费模式的创新和新型业态的产生。我国人口众多，幅员辽阔，东西长达5 200余公里，南北相距5 500余公里，资源的分布地和使用地相距遥远。"十三五"时期，要在基本形成的"四纵四横"主骨架基础上，继续规划建设一批客流支撑、条件具备、标准适宜、风险可控的高速铁路，扩大高速铁路覆盖范围，推动形成以省会城市、部分中心城市为枢纽，覆盖全国主要大中城市的高速铁路网。

"十三五"时期及今后更长一段时间，仍需要加快推进高速铁路网的建设，扩大区际客运能力。要研究高速铁路的"两延伸、四通道"建设。其中，"两延伸"指延伸东南沿海通道至天津、烟台，延伸京广通道至沈阳及蒙西地区；"四通道"指构建京九通道，银川经西安、重庆、南宁至海口通道，北京经呼和浩特、银川至兰州通道，以及沿江高速通道。这些延伸线和核心通道的建设，将与"四纵四横"成网运行，基本覆盖百万人口城市，逐步实现北京至大部分省会城市、省会城市之间或区域中心城市间1—8小时的高速通达圈，实现旅客出行当日往返或当日到达。这将极大地放大高速铁路网络的乘数效应，为更大范围的资源配置、要素流动、人员往来创造良好条件。与此同时，要充分发挥铁路运量大、能耗低、占地少等优势，全力推进以中西部

第 10 章　完善现代基础设施网络

铁路为重点的干线铁路、扶贫开发性铁路建设，完善沿边铁路、口岸铁路的配套设施，强化重载货运通道，提升铁路运输服务能力和覆盖广度，支撑提升开发开放水平。

便捷公路网。公路是覆盖面最广、通达度最深、服务范围最大的交通方式，可以最大限度地实现门到门服务。我国公路网承担了全社会 75% 以上的货运量和 85% 以上的客运量。我国公路网络分为国家公路网和地方公路网，国家公路网由国家高速公路和普通国道组成，地方公路网包括地方高速公路、省道和县乡道路等。随着经济社会发展水平的不断提升，对公路运输速度及通畅性、通达性提出了更高的要求，必须加快完善布局合理、层次清晰、功能完善、覆盖广泛、安全可靠的公路网络。

"十三五"时期，公路网络建设要立足优化公路结构，提高保障能力和服务水平，发挥路网整体效益。首先，要加强国省干线公路改造。近 10 年来，受制于资金筹措困难等因素，普通国道和省道发展滞后。要进一步完善普通公路投融资体制机制，稳定普通公路建设，养护管理投融资渠道，促进国省道公路持续健康发展。按照《国家公路网规划（2013—2030 年）》，普通国道网由 12 条首都放射线、47 条北南纵线、60 条东西横线和 81 条联络线组成，总规模约 26.5 万公里。要重点加大国省干线瓶颈路段改造力度，提升技术等级和通行能力，加强省际通道和连接重要口岸、旅游景区、矿产资源基地等的公路建设，实现主要港口、民航机场、铁路枢纽、重要边境口岸、省级以上工业园区基本通二级及以上公路，实现县县国道覆盖的目标。其次，建设现代化国家高速公路网。高速公路 2030 年规划目标 13.6 万公里，其中包括远期展望线 1.8 万公里。目前东部地区和中部地区部分省市已建成的 4 车道高速公路已经成为拥堵路段，中西部地区还存在"断头路"，尚未形成北京辐射省会城市、省际多路联通、地市高速通达的高速公路网络。要继续有序推进既有运力紧张、通车年限较长、拥堵严重路段的扩容改造，稳步推进原"7918"以外的新增国家高速公路建设,提升国家主要干线通道的运输能力。同时,适度建设确有必要的地方高速公路。

发达航运网。航运是一种古老的运输方式,却又符合现代交通绿色低碳的发展理念。世界上的许多国家和地区都高度重视航运业的发展。我国航运网沿海(江、河)布局,由开放性的国际海运网和沿内陆江(河)分布的水运网组成,具有良好的发展基础和先天优势。加快发展航运业,建设现代航运网,有利于促进沿海内河产业升级、结构优化和扩大对外贸易。

专栏 10-1 国际航运发展经验借鉴

一、美国航运发展政策

(1)造船政策。贷款利率优惠政策鼓励船东建造新船,造船补贴政策弥补了船东国在国内外造船的差价损失,促进了本国船舶工业的发展。(2)营运补贴政策确保美国籍船舶同外国船的最低营运费用相当。(3)货载保留政策明确美籍船舶具有承运一定比例对外贸易货物的优先权,美籍船舶约40%的货源由该政策获得。

二、马士基集团的发展经验

马士基是全球最大的集装箱承运公司,占据全球市场份额的17%,拥有500多艘集装箱船和150万个集装箱,提供一站式服务和定制服务,包括出口物流、仓储、分拨、空运、海运代理、报关代理等。其发展经验是,建设绿色高效的远洋运输船队,提高能源等重要战略物资的承运比例,发展全球化的物流业,逐步提升在国际海运事务中的影响力和话语权等。

三、部分知名港口运营商

和记黄埔港口集团。业务遍及23个国家(地区),在45个港口经营257个泊位,其旗舰公司香港国际货柜码头有限公司是全球规模

第 10 章 完善现代基础设施网络

> 最大的私营货柜码头经营商。
>
> **新加坡港务集团。** 经营世界最大的集装箱中转枢纽港，是世界第二大港口运营商，拥有遍布全球的 250 条航线及全世界 123 个国家（地区）的 600 个港口。
>
> **迪拜环球港务集团。** 全球第三大码头运营商，下辖 52 个集装箱码头公司、4 个自由贸易区和 3 个物流中心，办事处遍布全球 30 个国家。
>
> 资料来源：根据公开资料整理。

目前，我国海运网和水运网融合发展，江河海联动，集疏运衔接，有效地发挥了航运的潜在优势。沿海已初步形成了以 24 个主要港口为主的环渤海、长江三角洲、东南沿海、珠江三角洲和西南沿海港口群五大港口群。专业化、规模化和经营管理水平处于世界先进行列，港口货物吞吐量、集装箱吞吐量排名世界前 10 位的港口，我国分别有 8 个和 6 个，货物吞吐量超过亿吨的港口有 22 个；我国内河航道通航里程 12.6 万公里，其中高等级航道网里程约 1.2 万公里。航运企业及其运营船队已形成一定规模，船舶的大型化、标准化以及运输规则、运输模式等已与国际接轨，正在从航运大国向航运强国迈进。

"十三五"时期，伴随着我国构建开放型经济新体制和实施"一带一路"战略的步伐，我国航运发展进入一个新阶段。从海运看，沿海港口将改变以"吞吐量论英雄"的传统模式，由数量扩张型向质量效益型、由传统装卸仓储型向现代航运服务业、由服务地区经济向参与国际合作竞争的方向发展。发展专业化、深水化的大型、高效港区，浚深进出港航道，全面提升港口的效率、效益和现代化管理水平；促进港口与企业之间的合营、合资与合作，实现港口群或港口的联盟化经营，培育我国港口运营商的自主品牌，参与全球范围的港口网络运营；建设上海、天津北方和大连东北亚国际航运中心，以自贸试验区建设为契机，以港口、航运为基础，延伸拓展与金融、保险、代理、海事、物流等现代航运业密切相关的高端服务业。从水运看，要围绕建设畅通、高效、平安、绿色的现代化内河水运体系目标，重点推进长江、西江、京杭运河与淮河水系、黑龙江和松花江水系等干支流航道建设，建立主要由千吨级以上航道组成、干支衔接、畅通高效的内河高等级航道网；加快重庆长江上游航运中心、武汉长江中游航运中心发展，推动内河港口集约化发展，重点建设集装箱、大宗散货、滚装汽车等专业化、高效率港区；推进内河船型标准化，加强内河集疏运体系建设，大力发展江海联运。

先进航空网。航空运输是不受地理条件限制的高速、舒适的交通方式，在改善投资环境、扩大对内对外交流、应对突发事件和抢险救援，以及解决复杂地形和边远地区交通运输等方面发挥着重要作用。2014年，我国民用运输机场达202个，年旅客吞吐量超过1 000万人次的机场有24个。从机场自身的财务效益看，支线机场90%以上均不理想，但从国民经济和经济社会发展的整体看，效益显著，干线带支线整体也是盈利的。2013年年底，我国通用航空企业约190家，飞行器约1 500架。从国际比较来看，我国民航运输机场总体偏少，干线机场国际航空枢纽功能偏弱。支线机场和通用航空发展还不能适应经济社会发展的需求。我国民用航空机场密度每万平方公里仅有0.18个机场，低于美国的0.57个、日本的2.59个、印度的0.38个和巴西的0.85个。

专栏10-2 欧美航空发展情况

美国民用航空全球排名第一。2012年，美国机场数量为19 711个，全球飞机起降架次最多的10个机场中美国拥有8个，在旅客吞吐量前10%的机场中，美国拥有4个；2012年，航空旅客周转量达11 279亿人次英里，航空货物吞吐量达1 500万吨，货运周转量为

第10章 完善现代基础设施网络

> 623亿吨英里。2014年,航班准点率为74.07%。
>
> 目前,欧盟共有机场3338个。从机场分布密度来分析,欧盟机场平均分布密度为8.40个/万平方公里,英国为18.63个/万平方公里、德国为15.76个/万平方公里、法国为8.65个/万平方公里。发达国家较高的国民收入水平决定了欧洲较高的航空渗透率。欧洲机场国际旅客吞吐量在全球占据绝对优势,排名前十位的机场中欧洲占了5位。伦敦希斯罗机场国际旅客吞吐量6663万人,高居世界第一。欧洲主要机场中转比例均较高,法兰克福机场中转比例高达54%。
>
> 欧美等发达国家普遍高度重视通用航空,注重立法和发展战略,在市场准入、运行标准、适航审定、安全监管、财政补贴、科技投入等方面都有明确的规定和政策。在空域管理方面,加速空域一体化进程,提高空域资源配置使用效率,简化空管程序,提升空管服务保障水平。
>
> 资料来源:根据公开资料整理。

"十三五"时期,要继续完善机场布局,增加机场数量,扩大航空服务覆盖范围,提升我国民航在国际运输市场中的竞争力。一是加强国际航空枢纽建设。借鉴国际"一市两场"甚至"一市多场"的运营经验,强化北京、上海、广州三地机场的国际枢纽功能,加快推进北京新机场建设,推动实施部分干线机场新建、迁建工程,改扩建繁忙干线机场和建设支线机场,提升枢纽和干线机场运输能力,提高综合保障能力和服务水平,构建规模适当、结构合理、功能完善、干支协调的机场体系。二是推进通用航空发展。通用航空在我国可以说是一个新兴产业,产业链长,辐射面广,发展前景广阔。通勤航空是通用航空的重要组成部分,其特点是小飞机、小机场、小航线、低门槛、运输组织灵活。要加快推进低空空域开放，完善相关配套条件，促进通用航空发展。在多样化、小规模飞行的基础上，挖掘新的增长点，向航空培训、航空器制造与维修、金融与租赁、应急救援等多个领域拓展。

- **城际交通：加快城际铁路发展**

城际铁路具有占地省、能耗低、速度快、容量大、安全性高等优势，是推进新型城镇化进程中解决城市群、城市间交通的最有效方式。目前我国城市群之间、城市群内部的交通连接主要依靠公路、干线铁路，只有三大城市群主通道上建成了城际铁路，多数城市群城际交通结构单一，旅客出行可选交通方式单一，主要通道运输需求与运输能力之间矛盾突出，难以适应城际旅客运输需求。

"十三五"时期，城际交通发展应重点建设城际铁路，要依据国家新型城镇化规划、城市群规划和城镇空间布局，结合既有的交通发展情况，以客运量为依据，科学制定城市群城际交通发展目标，规划布局中心城市与次中心城市、主要城镇城际铁路，合理确定建设规模和时序，逐步构建"轨道上的城市群"。一是在经济发达、人口稠密的东部地区城市群和城镇密集区域内，把城际铁路作为优先领域，建设以城际铁路为主的城际交通网，加快构筑基本骨架，形成网络化运营，提高城际铁路沿线区域一体化和同城化水平。二是在资源环境承载能力较强、发展空间较大的中西部地区城市群，规划建设以中心城市为依托、周边中小城市为重点、有效发挥辐射作用的城际铁路骨干线路，拓展发展空间，引导卫星城镇的合理分布与发展，提升产业和人口的集聚能力。三是在推进城际铁路建设时，要注重挖掘既有设施的能力，充分利用区际通道上已经建成的高速铁路和既有铁路开行城际列车；在通道布局、服务范围、运营组织等方面，应注重城际交通与区际、城市交通的合理分工、有机衔接，准确地把握城际铁路的功能定位、技术标准，线路、车站尽可能覆盖规划人口在10万以上的城镇，最大

第10章 完善现代基础设施网络

限度地拓展吸引范围和辐射半径。

- **城市交通:突出公共交通优先**

城市交通承载着城市的人流、物流,是城市效率提升的重要因素,也是城市可持续发展的重要基础。随着城市人口不断扩张、私人车辆大量增加和公共交通出行比例下降,城市交通滞后于城市发展,拥堵问题日益严重。全国20多个城市机动车超过100万辆,堵车现象已从一线城市蔓延到二、三线城市。大城市公共交通出行分担率平均不到20%,中小城市平均不到10%。绝大多数城市公共交通结构单一,大运量轨道交通发展迟缓,线网密度较低,人均拥有量少,交通中转换乘换装效率不高,枢纽功能和作用发挥不足,内外交通接驳缺乏效率。

解决城市交通拥堵问题,必须把公共交通优先发展战略贯穿于城市发展战略、规划布局、建设管理、政策法规、社会文化等各个层面、各个环节,建立优先发展的机制,落实优先发展的措施。要根据常住人口和流动人口规模、经济社会发展水平和城市发展需求等因素,合理确定城市公共交通发展模式和发展目标。要构建以公共交通为主的机动化出行系统,发展多种形式的大容量公共交通工具,提升公交线网密度、公交站覆盖率和公交出行分担比例。有序推进地铁、轻轨、有轨电车等多种轨道交通方式发展,超大城市、特大城市要加快形成轨道交通网络和运营系统。大中城市要加快发展大容量地面公共交通系统,各类大城市可以考虑规划建设中心城区连接周边中小城镇的市郊铁路。

大力发展综合交通枢纽。根据城市空间、人口分布、产业布局,以运输需求和现实问题为导向,新建与改造相结合、分散与集中相统筹,将地铁等城市轨道交通、公共汽车等地面公共交通、市郊铁路、私人交通等设施与高速铁路、城际铁路、干线公路、民用机场等紧密衔接起来,建设以客运为主的一体化的综合交通枢纽。高速铁路、城际铁路和市郊铁路尽可能在城市中心城区设站,并同站建设地铁、公共汽（电）车等设施，有条件的可同站建设长途汽车站、城市航站楼等设施。民用运输机场尽可能连接城际铁路、市郊铁路或高速铁路，并同站建设地铁、公共汽（电）车等设施。公路客运站、港口客运或邮轮码头也要根据需求和条件建设连接中心城区的公交设施。鼓励采取开放式、立体化方式建设综合交通枢纽，尽可能实现垂直换乘，优化换乘流程，缩短换乘距离，方便旅客中转。

专栏 10-3　上海虹桥综合交通枢纽

虹桥综合交通枢纽是目前国内最大的现代化城市综合交通枢纽，涵盖了除水运之外的航空、铁路（高速铁路、城际铁路）、磁浮、长途汽车等城市对外交通以及地铁、公交、出租等市域交通，规划日客流集散量达 110 万—140 万人次的超大型的城市对外综合客运枢纽。

枢纽内的虹桥机场航班可直达全国各大城市及日、韩等地区；与浦东机场通过轨道交通 2 号线连接；乘坐京沪高铁 5 小时即可直达北京；沪杭铁路客运专线约 40 分钟直达杭州；沪宁城际铁路则可提供 1 小时 30 分钟直达南京的服务。枢纽同步配套建设轨道交通网络，将 5 条地铁引入枢纽，并就近在高铁站房和机场航站楼下分设 2 站，使枢纽成为上海市轨道交通网络的一个重要的节点；新建"一纵三横"高架快速路，将枢纽与上海市区快速路网相融合；枢纽同时为出租、长途、公交以及社会车辆提供各类所需的静态停车设施以方便换乘，整个枢纽规划占地面积 26.3 平方公里。目前，平常日客流约在 100 万人次左右，高峰日客流可达 120 万人次。

枢纽综合体建筑总面积为 120 万平方米，总占地面积近 1.3 平方公里，自东向西、自下而上将机场航站楼、磁浮站房、高铁站房、长途车站、地铁车站、公交站、出租站以及社会停车楼（库）等各类交通设施集约布局于一体。建筑综合体内统一布局贯穿南北的地上一层和地下一层人行换乘大通道，通过各类水平、垂直换乘通道，提供人行立体化换乘空间，枢纽内人行换乘均能在建筑综合体内一次性完成，并同时为旅客提供各项所需的服务设施，体现以人为本的设计理念。

资料来源：根据国家发改委相关研究报告整理。

● 城乡交通：统筹一体化建设

城乡交通网络是小城市、县城连接中心镇和行政村的交通基础设施网络。随着城镇化进程的加快和农村经济发展水平的提高，城乡之间的交流日益频繁，客货运发展势头迅猛。加快完善城乡交通网络，强化城市交通与农村交通的有机衔接，统筹城乡交通一体化规划和建设，使广大农村居民享受到更加便利、更高质量的交通运输服务，是促进城乡协调发展、共同繁荣的重要保障。

近10年来，中央和地方两级政府投入带动全社会投入，农村公路建设投资大幅增加，建设资金总量达到9500亿元，新建和改造约186万公里。用于农村公路建设的车购税投资占车购税用于公路建设总投资的比例，由2010年的29.5%提高到2014年的45%左右；建制村通公路率、通沥青（水泥）路率分别达到96.3%、76.9%，较2010年分别提高了2个和14.5个百分点。但是也要看到，我国城乡之间的公路发展还不够协调，基本运输服务尚未实现全覆盖，农村交通基础设施规模不足、质量较差、养护水平较低、管理主体不统一等问题仍然存在。

"十三五"时期，要全面提升城乡交通一体化发展水平，提高农村公路的通达深度、覆盖广度和技术标准，形成以市为中心辐射到县、以县为中心辐射到乡镇、以乡镇为中心辐射到建制村的城乡一体化交通网络。城乡客货运协调发展中的突出问题在于重点抓好两个方面：一是加大力度推进中西部地区、集中连片特困地区农村公路通达通畅工程，实现所有具备条件的乡（镇）、建制村通沥青（水泥）路；结合村镇调整，有序推进人口聚居的撤并建制村、易地扶贫搬迁新建安置点通沥青（水泥）路建设；研究改变传统农村公路放射状的空间布局结构，推进县乡公路互联互通，逐步实现农村公路连片成网。二是加快完善农村客运网络服务体系，鼓励支持开行农村客运班车，完善农村客运线网布局，实现农村客运班车村村通，鼓励和支持城市公交向周边乡镇延伸，推进农村客运公交化改造，逐步实现城乡客运一体化。

10.3 加快建设新一代信息网络

以宽带网络为主要特征的新一代信息网络是国家战略性公共基础设施，在经济社会发展大局中具有基础性、先导性作用。加快建设新一代信息网络，是实施创新驱动发展战略的重要前提和基本支撑，对于推动经济增长、培育新型业态、促进信息消费、实现产业升级意义重大。

在经济全球化的背景下，宽带网络发展水平已成为衡量国家和企业竞争力强弱的一个重要指标。欧盟研究表明，欧盟宽带人口普及率每提高10个百分点，可帮助其成员国制造业劳动生产率提高5%、服务业增加值提高10%。世界银行研究表明，使用宽带的制造类企业在海外销售额方面超过其他企业6%；使用宽带的服务类企业的销售额比其他企业的销售额高出7.5%—10%。联合国宽带数字发展委员会相关研究指出，中国宽带人口普及率每提高10%，将带动GDP增长2.5个百分点。中国就业促进会研究显示，全国网络创业就业规模接近1000万人，九成以上是个人创业者，成为提供高素质就业创业机会的新平台。国际金融危机后已有140多个国家和地区出台了国家（地区）宽带战略，力图构筑高速宽带网络，抢占未来发展制高点。

专栏 10-4　国际上支持宽带发展的主要政策取向

1. 加大投入。欧盟委员会新一届主席让-克洛德·容克宣布投资 3 150 亿欧元重启欧洲经济，而宽带是优先领域。英国政府提出到 2019 年固定天线和移动网络覆盖 99% 的人口。奥地利、意大利、新西兰均宣布至少达到 10 亿美元的宽带投资计划。

2. 提高速率。美国联邦通信委员会（Federal Communications Commission, FCC）把宽带标准从 4 Mbps①下载速率大幅提升到 25 Mbps，要求电信运营商禁止把 25 Mbps 下载速率以下的接入服务宣传为宽带产品。德国政府提出使所有家庭和企业在 2018 年接入至少 50 Mbps 下载速率的宽带。巴西拟将宽带平均接入速率从 5 Mbps 提升到 25 Mbps。

3. 普遍服务。国际电信联盟最新调查显示，全球 49% 的国家已将宽带纳入普遍服务范围。印度宣布将利用普遍服务基金，资助全国 25 万个村建设高速网络，提供最低 100 Mbps 的带宽。美国 FCC 计划扩大其生命线项目（Lifeline Program），对低收入消费者使用因特网业务给予补贴，以确保所有美国人都上得起网。

4. 保障路权。欧美普遍采用法律或政令方式保障宽带网络建设路权。"欧洲框架计划"第 11 条明确提出：当网络提供者申请授权在公共或私有财产本身、上空或地下安装基础设施时，主管机关应遵循透明和无歧视的原则确保提供通行权。

5. 降低成本。已有超过 160 个国家要求铁塔、基站、管道等设施共享，部分国家通过施行网络协议共享设施，要求铁路公司等企业为新光纤线路开放其基础设施，不同运营商之间共享内部分布系统。

---

① Mbps 是 million bits per second 的缩写，即兆比特/秒，用来描述数据传输速率，是"带宽"的单位。

中国经济的转型升级
——从"十二五"看"十三五"

> 挪威 Telenor 公司和瑞典 TeliaSonera 公司通过协议全面共享了两家公司在丹麦市场的 2G、3G 和 4G 网络。
>
> 资料来源：中国信息通信研究院。

- **加快宽带网络普及升级**

我国一直重视信息基础设施建设。"十二五"前四年累计投资 1.4 万亿元用来加快固定宽带网络建设。2013 年 8 月，国务院印发《"宽带中国"战略及实施方案》，明确到 2020 年基本建成覆盖城乡、服务便捷、高速畅通、技术先进的宽带网络基础设施。目前，我国信息基础设施建设存在的主要问题：一是上网速率慢。国际知名网络公司（AKAMAI）2014 年四季度测速数据，全球平均网速为 4.5 Mbps，59% 的国家和地区超过 4 Mbps，24% 的国家和地区超过 10 Mbps。排名世界前三位的国家和地区中，韩国为 22 Mbps、中国香港为 16.8 Mbps、日本为 15.2 Mbps，而中国内地为 3.4 Mbps，排在第 82 位。二是上网资费偏高。根据《衡量信息社会报告 2014》，我国宽带绝对资费水平与发达国家相当，略高于俄罗斯、印度。三是农村宽带设施严重落后。农村宽带人口普及率仅为 20%，落后城市 40 个百分点。四是网间互通和国际出口带宽不足，距人均 52 Kbps 的国际平均水平相差甚远。"十三五"时期要努力把我国新一代信息网络水平提升至发达国家水平。

在固定宽带网络方面，应全面推进固定宽带网络光纤化进程，实现城镇地区全光网覆盖，全面提供百兆接入能力，使城市宽带用户平均接入速率达到 50M—100M，农村地区行政村一级实现全部光缆通达，自然村争取广泛覆盖，农村宽带接入速率达到 20M 以上。在移动宽带网络方面，进一步加大建设力度，努力在"十三五"初期建成全球领先、深度覆盖的 4G 网络，在热点公共区域应全面推广免费高速 WLAN 接入，同时积极推进 5G 和超宽带关键技术研发和产业布局，研

第 10 章 完善现代基础设施网络

究制定国家频谱中长期规划和路线图。在物联网、下一代互联网、空间互联网等领域，以"万物互联"为目标，构建人、机、物泛在互联的无线传感网，加快 IPv6 地址的商用部署，增强通信、导航等卫星全球服务能力，使互联网成为各行业、各领域、各区域的通用基础设施。进一步降低网络资费为"互联网＋"的发展提供有力支撑。

- **优化国家骨干网络架构**

要顺应云计算、大数据等新技术、新业务快速发展的态势，促进网间互联互通，优化骨干网络结构，适度超前建设高速大容量光通信传输系统，提升骨干网高速传送、灵活调度和智能适配能力。围绕服务区域经济社会发展的需求，推进国家互联网骨干直联点、本地直联点、交换中心建设及布局优化，消除网间互联带宽瓶颈，提高网间流量疏导能力和互通效率。适应实施"一带一路"战略的要求，优化互联网国际通信网络布局，加快互联网国际出入口带宽扩容，全面提升国际互联网带宽和流量转接能力。

- **加强应用基础设施建设**

推进数据中心优化布局和规模化、集中化、绿色化发展，加快部署行业云及大数据平台等新型应用基础设施，鼓励企业建设跨行业物联网运营和支撑平台；大力培育和发展内容分发服务市场，支持内容分发网络扩大覆盖范围与深度，推动内容分发网与移动互联网、云计算等融合发展；持续提升网站服务能力，增加主要业务应用带宽配置，实现互联网信源高速接入、网络流量高效疏通，促进应用基础设施与骨干网络协同发展，持续改善用户上网体验；通过建设技术完善、广泛覆盖、适度超前的应用基础设施，加速大数据、云计算、互联网、物联网等新一代信息技术向生产、服务、管理等领域的渗透和融合。

中国经济的转型升级
——从"十二五"看"十三五"

10.4 大力发展智能电网

新一轮科技革命与能源革命的交汇，催生出以智能电网为代表的新技术、新网络，成为未来竞争力的一块新基石。大力发展智能电网，是推动能源生产消费变革、促进产业转移升级、应对全球气候变化、实现可持续发展的一项重要举措，是"十三五"时期基础设施建设的一个重点。

● **智能电网的概念与特征**

智能电网至今没有一个统一的定义。国际能源署对智能电网的定义是，智能电网是使用数字技术和其他先进技术对来自所有发电源的电力输送进行监测和管理以满足终端用户不同电力需求的电力网络。智能电网使成本和环境影响最小化，使系统可靠性、弹性和稳定性最大化。美国能源部对智能电网的定义是，一个完全自动化的电力传输网络，能够监视、控制每个用户和电网节点，保证从电厂到终端用户的整个输配电过程中所有节点之间的信息和电能的双向流动。著名学者杰里米·里夫金在其著作《第三次工业革命》中认为，智能电网是把互联网技术与可再生能源相结合，在能源开采、配送、利用上从石油世纪的集中式变为智能化分散式，将全球的电网变成能源共享网络。[①] 我国有关机构对智能电网的定义是[②]，在传统电力系统基础上，通过集成新能源、新材料、新设备和先进传感技术、信息技术、控制技术、储能技术等新技术，形成的新一代电力系统。智能电网是一项不断演进的技术，具有渐进发展的特征（见图10-1）。

---

① 〔美〕杰里米·里夫金，《第三次工业革命》，张体伟、孙豫宁译，中信出版社2012年版。
② 国家发改委、国家能源局，《关于促进智能电网发展的指导意见》（发改运行〔2015〕1518号）。

第 10 章 完善现代基础设施网络

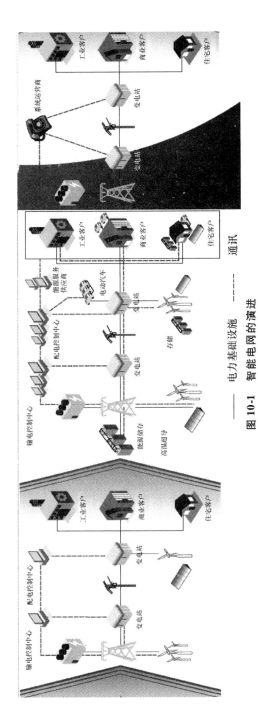

图 10-1　智能电网的演进

资料来源：国际能源署，《智能电网技术路线图》。

综上所述，我们认为，智能电网的定义有广义和狭义之分。广义的智能电网是集成新能源、新材料、新设备和先进信息技术、控制技术、储能技术，可实现电力发、输、配、用、储过程中的数字化管理、智能化决策、互动化交易的智能电力系统。建设智能电网可优化资源配置，满足用户多样化的服务需求，确保电力供应安全、可靠、经济，满足环保约束，适应电力市场化发展的需要。一般意义上的智能电网是广义的概念。狭义的智能电网主要是指在配电和用电环节，将现代先进传感测量技术、信息技术和控制技术与传统低压配电网及用电设备高度集成，形成适应可再生能源、分布式电源接入及用户需求侧响应的新型电网。随着"互联网+"的兴起，近期国内众多专家提出了能源互联网的概念。能源互联网以智能电网为基础，既是能源网络基础设施的升级，更是互联网思维在能源领域的渗透和运用（见图10-2）。

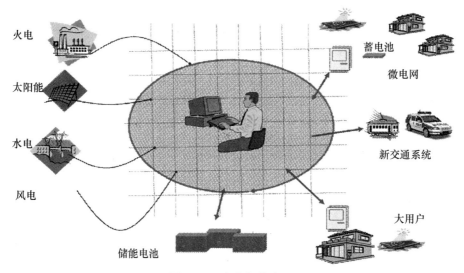

图 10-2　广义智能电网

相对于传统电网，智能电网具有如下特征：**开放**，既适应大电源接入，也适应分布式电源接入，实现"即插即用"；**互动**，鼓励和促进用户参与电力系统的运行及管理，通过与用户的双向互动，满足客户的多样化需求；**安全**，更好地对人为或自然发生的扰动做出辨识与反应；**高效**，通过采用先进实时监测、在线控制技术和需求侧引导，实现电网优化运行、电力设施检修智能化管理和削峰填谷；**清洁**，支持风能、太阳能等可再生能源的大规模应用，为用户提供更丰富的清洁能源；**自愈**，及时发现故障隐患，快速诊断、隔离、消除故障，自我恢复，提高电网运行的可靠性。

- **强化智能电网关键技术开发**

世界主要发达国家通过制定发展战略和明确政策措施，大力推进智能电网技术研发和示范应用。美国最早提出智能电网的概念（Intelli Grid）并开始研究。2005年，美国能源部下属国家能源技术实验室牵头了Mordern Grid项目，提出了构建智能电网的基本概念框架。奥巴马就任总统后发布的《美国的新能源》报告中，正式将智能电网提升到国家战略高度。德国较早通过实施"E-Energy"计划开展智能电网试验。"E-Energy"最重要的三大元素是分布式可再生能源、电动汽车、基于互联网的电力交易和服务平台。日本的智能电网发展侧重于研究和解决光伏发电、风能发电和分布式电源并网，推广电动汽车及发展微网等技术。

我国电网经过多年发展，已具备较高的自动化、信息化水平。电网光纤网络、管理信息系统已全面建成，自主研发的能量管理系统在省级以上调度机构得到广泛应用，在线稳定分析和预警、动态稳定控制达到国际先进水平，国产相量测量装置大部分性能优于国外产品，灵活交流输电、柔性直流输电、数字化变电站、配网自动化等取得大量研究成果，为智能电网发展奠定了良好的基础。近年来，国家有关部门组织组建了智能电网研发中心，初步构建了智能电网研发体系，在电力企业开展了智能电网工程试点。科技部通过863等重大科技专项扶持立项了一批智能电网领域研究项目。未来五年，智能电网关键技术的研究开发，应在以下重点领域实现突破：

大规模可再生能源并网技术。我国明确提出到2020年和2030年实现非化石能源占比分别达到15%、20%的目标，大规模有序开发风能和太阳能等可再生能源发电是未来的重点任务。目前能源领域出现大量"弃风""弃光""弃水"①的怪异现象，内蒙古、云南、四川地区"弃水""弃风"总量，接近500亿千瓦时，超过三峡一半的发电量。要针对这一突出问题，重点研究大区域新能源建模、仿真、接入及功率预测技术，电网、电源与可再生能源统筹规划技术，电网接纳大规模高比例新能源安全经济运行技术等，提高电网接纳可再生能源发电的能力。

智能输电技术。我国能源生产和需求呈逆向分布，能源丰富的地区远离经济发达地区，2/3的可开发水电资源分布在四川、西藏、云南，2/3的煤炭资源分布在"三西"②地区及新疆地区。随着"一带一路"战略的深入推进，我国与俄罗斯、蒙古及中亚、东南亚等周边国家将有望实现电力互联互通。2014年我国跨区、跨国输电能力尚不足1亿千瓦，中国电力企业联合会预测，2020年我国跨区、跨国电网输送容量将占全国电力总负荷的25%—30%，2030年前后跨区、跨国电网输送容量占全国电力总负荷的30%以上。电力供需格局及电力流发展趋势对电网发展提出了更高要求，需要重点研究广域保护与智能控制技术、灵活的输电网功率控制技术、多端柔性直流电网技术、智能变电站技术，全面提升电网智能调度水平，提高远距离、跨区域电力输送能力。

智能配电、用电技术。在智能配电方面，重点研究适应分布式电源接入的配电网规划及运行控制技术、低压直流配电网技术，实现配电网的全面监测、保护、控制、优化和自愈，提高供电可靠性；不断优化配电网络结构，提升配电设施装备水平，实现分布式发电、储能和微网的并网与协调优化运行。在智能用电方面，通过智能电表、远

---

① "弃水、弃风、弃光"是指：水电、风电、太阳能电站发出去的电由于各种原因不能上网而造成浪费的现象。
② "三西"是指：山西、陕西、蒙西。

第 10 章 完善现代基础设施网络

程控制技术等应用,建设用电信息采集系统,实现计量装置在线监测和用户用电信息实时采集;应用移动互联网技术、云计算、物联网、大数据挖掘技术实现海量数据的深层应用,全面支撑智能家庭、智能楼宇和智慧城市建设,推动生产生活智慧化。

分布式能源系统技术。分布式系统是由分布式能源发电系统、储能系统、能量管理系统、负荷以及相关监控、保护等组成的智能微型供电系统,可以兼容各类分布式能源,实现分布式能源与大电网的灵活对接和协调运行,并能够形成具备可靠供电能力的孤岛运行系统。电动车互动技术是分布式系统技术的重要内容,未来我国电动汽车发展迅猛,中国汽车技术研究中心研究表明,到2030年我国将有30%的私家车为电动车,可吸纳300亿度可再生能源,要重点研究车载分散储能设施应用、电动汽车充电网络技术架构、电动汽车与电网双向互动技术等(见图10-3)。

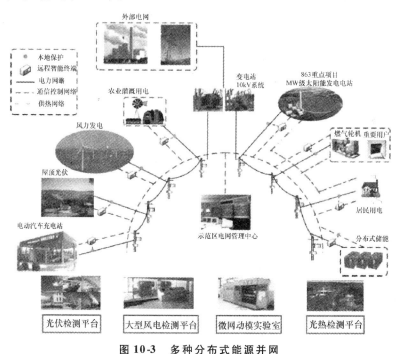

图 10-3　多种分布式能源并网

资料来源:国家能源局研究报告,2015 年。

储能技术。储能技术的发展是分布式系统技术乃至智能电网发展的关键和难点。可再生能源规模化利用、微网系统的建立和电动汽车的大规模应用都离不开储能技术的发展。储能技术将改变传统电力系统发、输、配、用同时发生的模式,可大大提高电网运行的稳定性和供电的可靠性。美国在储能技术研发上取得了重要进展,特斯拉公司研发出一套多用途的储能技术产品,其应用及影响值得关注。

专栏 10-5　特斯拉能量墙

2015年,美国特斯拉公司推出一套适用于家庭、企业和公共事业的电池方案,其核心设备是特斯拉能量墙。能量墙是被设计用来在居民住宅里存储能量的可充放电的锂电池,它可以在电力需求低谷的时候低价充电,在电价更高的需求高峰时段输出电能,从而平移用电峰谷;电池能够存储过剩的太阳能发电,以便在没有太阳的时候使用。家庭电池能量墙增加了家庭太阳能使用的容量,同时在电网中断的时候提供电力备份保障。能量墙包含特斯拉锂电池包、液态热量控制系统,以及一套接受太阳能逆变器派分指令的软件。这一整套设备将被无缝安装在墙壁上,并能和当地电网集成,以处理过剩电力,让消费者灵活安排自己的能源储备。

资料来源:根据公开资料整理。

● **加强智能电网标准体系建设**

智能电网涉及众多行业和技术领域,统一规范的技术标准体系对于不同行业间的协同配合、不同技术领域之间的相互衔接具有重要意义,是推动智能电网有序发展的关键。各国和一些国际组织十分注重智能电网技术标准的建设。美国、日本都成立了专门的工作组,开展智能电网标准的相关研究,国际电气与电子工程师学会(Institute of

Electronical and Electronics Engineers，IEEE），希望通过开放标准进程，为未来与智能电网相关的标准制定建立基础。

我国正在积极推进智能电网标准化工作，国家电网、南方电网和装备制造企业从智能电网建设和运行需要出发，制定了系列企业标准。"十三五"时期，应按照标准先行的原则，加快建立支持智能电网可持续发展的标准体系。相关部门要加强顶层设计，组织龙头企业制定标准体系和技术规范，提出我国智能电网的标准体系结构。要加强国内标准的推广应用力度，完善标准的信息服务、认证、检测体系，做好标准实施的监督工作。要积极参与国际智能电网有关标准的制定和修编，加大智能电网核心技术及关键设备的研究开发力度，实现智能电网的技术标准及产业输出，提升我国在国际社会的话语权和影响力。要研究我国智能电网发展的指标评价体系，客观公正地从能源效率、经济效益、社会效益、电网性能等各方面对智能电网的绩效进行综合评价。

- **建立智能电网统筹推进机制**

智能电网发展是一项复杂的系统工程，涉及多元化能源品种、多方利益主体，需要政府部门、电网企业、发电企业、设备及电器制造商、信息通信企业、科研单位、电力用户等各方相互配合，建立健全政府引导的统筹协作机制。重点是加强智能电网发展的顶层设计，制定发展战略和规划，统筹谋划智能电网发展；深化智能电网发展体制机制改革，有序放开电力市场竞争性业务，推动组建独立的电力交易机构，搭建多层次的电力交易平台体系，鼓励社会资本进入能源包括电力行业的各领域、各环节，加强对电网自然垄断环节的监管；完善鼓励智能电网发展的激励政策，探索建立有效的经济补偿模式，改革和完善现行电价形成机制，加紧制定用户端分时电价，尽快开展基于分时电价的需求侧响应，适时开展动态电价及实时电价改革；选择一些条件相对成熟的地区先行开展试点示范，在东南部沿海以及华中、华北等经济较发达地区开展智能用电小区/楼宇试点，建设用电信息采集系统，制定电网双向互动规范；在大型风电场建立功率预测和运行监控系统，开展大规模风电及太阳能发电运行控制应用重点工程，开展风光储联合示范工程；结合电动汽车发展，建设电动汽车充电站、充电桩，初步形成电动汽车充电网络，研究相关政策和技术手段，引导电动汽车参与电网削峰填谷；选择条件适宜地区，开展可再生能源发电、电动汽车充电、微网综合试验示范工程，在试点取得成功经验后复制推广。

第11章 建设生态文明美好家园

实现"中国梦"是一篇史诗，建设美丽中国，是其中的重要篇章。如果没有良好的生态环境，人民呼吸不到新鲜的空气、喝不上干净的水、吃不到放心的食品，就谈不上实现"中国梦"。面对日益严峻的资源环境问题，十八大提出要把生态文明建设放在突出地位，融入经济建设、政治建设、文化建设、社会建设各方面和全过程，十八届三中全会提出建立系统完整的生态文明制度体系，用制度保护生态环境，这是着眼于实现中华民族永续发展，提出的重大战略思想。加快推进生态文明建设是关系人民福祉、关系民族未来的长远大计，是转变经济发展方式、提高经济发展质量和效益的内在要求，是积极应对气候变化、维护全球生态安全的重大举措，也是"十三五"经济社会发展的一项战略任务。

11.1 生态文明建设：基本内涵、方针和途径

生态文明是以人与自然、人与人、人与社会和谐共生、良性循环、全面发展、持续繁荣为基本宗旨的社会形态，是人类为建设美好生态环境而取得的物质成果、精神成果和制度成果的总和。加快推进生态文明建设，要秉持"绿水青山就是金山银山"的理念，坚持把节约优

先、保护优先、自然恢复为主作为基本方针,在资源开发和节约中,把节约放在优先位置,以最少的资源消耗支撑经济社会可持续发展;在环境保护与发展中,把保护放在优先位置,在发展中保护、在保护中发展;在生态建设与修复中,以自然恢复为主,与人工修复相结合。推动生态文明建设的基本途径就是要加快推进绿色发展、循环发展、低碳发展,推动形成节约资源、保护环境的产业结构和生产方式,以及勤俭节约、文明健康的生活方式和消费方式。

- **绿色发展:生态环境优先**

绿色发展,从广义上讲,强调的是经济社会可持续发展,从狭义上讲,主要是指以环境友好的方式推动发展,内涵更侧重于生态环境保护。工业革命以来,人类大规模开发利用自然,带来了日益严重的生态环境问题。早在19世纪,英国泰晤士河就由于污染而成为一条鱼虾绝迹的河流。1952年发生的伦敦化学烟雾事件,在短短四天里就导致4 000多人死亡,两个月后又有8 000多人因呼吸系统疾病丧生。环境污染和生态破坏已成为工业文明的魔咒,为传统发展方式敲响了警钟,引发了人们对工业文明的反思和发达国家绿色思潮的兴起。1989年英国经济学家皮尔斯在《绿色经济蓝图》一书中,首次提出了"绿色经济"的概念。党的十八大报告突出强调绿色发展,就是要坚持生态环境优先的发展理念,摒弃片面追求经济增长的发展模式,在经济决策中将环境影响全面、系统地考虑进去。"一手拎着钱袋子,一手提着药罐子"的日子不是我们想要的生活,没有蓝天白云、青山绿水的城市不是我们的安居之所。要通过采用新工艺、新技术减少经济活动所产生的污染物,实行清洁生产,甚至实现零排放;坚持适度消费,促进可持续消费,反对奢侈化消费,这是绿色发展的鲜明指向。

第 11 章 建设生态文明美好家园

- **循环发展：资源综合利用**

循环发展，就是要通过发展循环经济、建设循环型社会，实现经济发展方式由"资源—产品—废物"向"资源—产品—再生资源"转变。循环发展要求树立新的资源观，尽可能节约自然资源，提高自然资源的利用效率，减少进入生产和消费流程的物质量；尽可能延长产品的使用周期，并能在多种场合使用；最大限度地减少废弃物排放，力争实现废弃物作为资源的再循环。以循环经济的观点看，世界上没有废物，只有放错地方的资源。发展循环经济，要按照减量化、再利用、资源化的原则，以构建循环型工业、农业、服务业等现代产业体系为重点，推行循环型生产，培育全社会资源节约、环境友好的消费理念；推进工业园区循环化改造和产业循环化布局，降低资源消耗，提高资源综合利用水平；完善资源循环利用回收体系，推进生活垃圾分类回收和餐厨废弃物资源化利用。同时，健全相关法律法规和政策，落实生产者责任延伸制度，建立健全循环经济统计评价制度。

- **低碳发展：应对气候变化**

气候变化不仅是 21 世纪全人类生产和发展面临的严峻挑战，也是当前国际政治、经济、外交博弈中的全球性重大问题。根据联合国气候变化专门委员会评估报告，1880—2012 年，全球陆海表面平均温度升高了 0.85 摄氏度，如不有效控制，到 21 世纪末还可能上升 2.6—4.8 摄氏度。气候变化导致冰川和积雪加速融化，水资源分布失衡，海平面上升，热浪、干旱、暴雨等极端天气频发，对人类生产生活产生重大不利影响。当前的气候变化主要是由于人类大量使用化石能源、排放大量二氧化碳气体造成的。通过国际社会的积极努力和合作应对，已达成了《联合国气候变化框架公约》等一系列制度性成果，并将在 2015 年法国巴黎联合国气候大会上形成新的国际协议，确立 2020 年后国际应对气候变化的基本框架。低碳发展，强调以较低的碳排放水平实现经济社会发展目标。低碳发展具有全球性，因为碳排放引发的气候变化效应是全球范围的；低碳发展具有阶段性特征，世界各国所处的发展阶段不同，低碳发展的要求和内涵也不同；低碳发展具有前瞻性，既是应对全球气候变化的要求，也是国际技术、经济竞争的新领域和制高点。"十三五"时期我国应以落实2030年应对气候变化行动目标为抓手，加快低碳发展转型，综合运用调整产业结构、提高能源效率、发展非化石能源、增加森林碳汇等多种手段，控制工业、建筑、交通等领域二氧化碳气体的排放，发挥市场机制在推进低碳发展中的作用，建成覆盖全国、规制统一的碳排放权交易市场，深化低碳省区和城市试点，推进低碳产业园区、低碳城镇、低碳社区等试点，探索各具特色的低碳发展新模式。

11.2　控制能源消费总量：从弹性到刚性

"十三五"时期，我国能源发展面临新的重大挑战。从国内看，我国以煤为主、规模扩张的能源发展方式面临生态环境红线的硬性约束，而能源供需形势变化加剧了我国传统能源生产能力过剩的矛盾，我国将进入清洁低碳能源发展不足和传统能源产能过剩并存的新阶段。从国际看，作为全球温室气体排放第一大国，面临着日益加大的国际减排压力，我国向联合国提交的《强化应对气候变化行动——中国国家自主贡献》提出了到2030年左右碳排放达到峰值、2030年碳排放强度比2005年下降60%—65%、非化石能源比重达到20%左右的目标，这对我国转变能源发展方式、优化能源结构提出了紧迫要求。能源消费总量控制的思路，要从"十二五"期间的合理控制转向"十三五"期间的坚决控制。

第11章 建设生态文明美好家园

- **发展就是燃烧，燃烧就是排放**

能源是经济社会发展的基础产业。经济要发展，就要消耗能源，而能源消费特别是化石能源消费，必然产生污染物和温室气体排放。根据国家统计局统计公报数据，2014年我国能源消费总量为42.6亿吨标准煤和93.3亿吨二氧化碳。"十三五"时期，如果经济增速年均为6.5%，单位国内生产总值能耗下降15%，到2020年我国一次能源消费需求将达到51亿吨标准煤左右。如果我国年均经济增速达到7%，单位国内生产总值能耗下降15%，到2020年我国一次能源消费需求将达到52亿吨标准煤左右。随着能源消费总量增大，二氧化碳排放也将增大。我国能源发展战略应摆脱以保障供给安全为主的政策导向，转向更加重视需求管理和结构优化。

- **强度控制与总量控制**

我国从"十一五"开始将单位国内生产总值能耗下降目标纳入约束性指标，并分解落实到地方，实行评价考核制度。"十二五"在继续实行能耗强度控制的同时，增加了碳强度控制指标，并探索实施了能源消费总量控制，作为指导性目标分解到各地。强度控制可以解决能源使用效率提升问题，但解决不了总量过快增长和结构优化问题，仍然属于"水多了加面，面多了加水"的政策思路，能源发展战略必须以绿色低碳化为立足点和着力点。"十三五"时期，应在继续实行能耗强度、碳强度控制的同时，加大能源消费总量控制力度，设定能源消费"天花板"，并作为约束性指标分解落实。笔者认为，控制能源消费总量重点是控制煤炭消费总量；对清洁能源、可再生能源，可适当放宽，留出空间。不然，既控制总量，又控制强度，则等于锁定了国内生产总值增速。

中国经济的转型升级
——从"十二五"看"十三五"

● 多元发展与低碳转型

我国能源结构以煤炭为主，化石能源占比高，是造成环境污染和高碳发展的重要因素。"十一五"以来，通过大力发展天然气、核电和可再生能源，在一定程度上优化了能源消费结构，煤炭消费占比从2005年的71%下降到2013年的66%（见图11-1），但仍比世界平均水平高出1/3多。

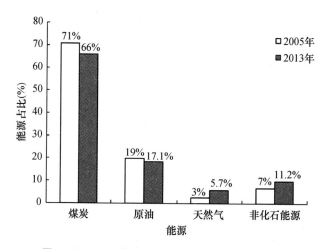

图 11-1 2005 年和 2013 年中国能源消费结构

资料来源：《中国统计年鉴2014》。

优化能源结构，既是推动能源革命的重要任务，也是绿色低碳发展的必然要求。从全球发展趋势看，发达国家已完成从煤炭到油气的主体能源更替，开始进入低碳能源替代化石能源的新时代。而我国正处于油气替代煤炭、非化石能源替代化石能源的双重更替期。"十三五"时期，应坚持多元化清洁低碳发展路线。在化石能源发展方面，着力"控煤提气"。把推进煤炭清洁高效利用作为重点，大幅提高煤炭利用的能效标准、水耗标准及排放标准，扩大城市无煤区范围，大幅减少城市煤炭分散使用。适度控制石油消费，增加天然气消费，加快煤层气、页岩气、天然气水合物等非常规天然气勘探开发力度。在非化石能源发展方面，注重多元统筹，制定不同非化石能源协调发展的技术路线图，积极有序地发展水电，更加注重水电开发过程的生态环境保护。在采用国际最高安全标准、确保安全的前提下稳步推进核电建设。按照集中开发和分散并举的原则，加快发展风能、太阳能，在资源丰富地区重点规划建设大型风电基地和光伏基地，在其他地区加快风能分散开发和分布式光伏发电。要因地制宜地推进垃圾发电和生物质能源利用。加快智能电网建设，切实解决弃风、弃光、弃水等问题，注重提升非化石能源系统效率，推动清洁低碳能源尽快成为我国增量能源的供应主体（见图11-2）。

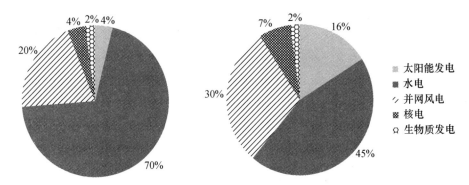

图 11-2　2013 年中国非化石能源电力装机构成和 2020 年预期目标

资料来源：《中国统计年鉴 2014》《中国能源战略行动计划（2014—2020 年）》。

- **重视开发"第五能源"**

当今世界，许多国家已将"能源效率"作为与煤炭、石油天然气、水能和核能并称的"第五能源"。节约使用能源，提高能源效率，是切实转变能源消费方式的有效途径，可以在不新增发电厂的情况下，提升能源供应保障能力，实现多重效益。经过多年努力，我国单位国内生产总值能源消耗已有显著下降（见图11-3）。在传统能源供应过剩的条件下，强调节能优先，不仅是从源头上减少污染排放、改善生态环境质量的重要前提，更是加快转变发展方式、提高经济竞争力的重要途径。"十三五"时期，应坚持制定较高的节能降耗目标，向全社会发出明确信号，从宏观上引导投资总量和方向调整，为调结构、转方式创造稳定的市场预期。同时，完善激励约束政策，推动重大节能工程实施和重点节能技术落实。要强化城镇化过程中的节能工作。据测算，城镇化率每提高1个百分点，会增加能源消费6000万吨标煤，其中建筑、交通用能是主体。要加快推进符合生态文明要求的低碳城镇化，把建筑、交通领域作为节能重点，大力发展绿色建筑和低碳交通。

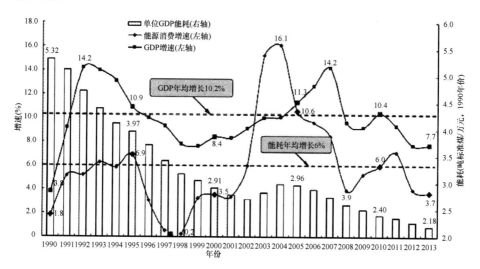

图 11-3 1990—2013 年我国能源消费与 GDP 增长以及单位 GDP 能耗情况
资料来源：国家发改委相关研究。

11.3 提高资源利用效率：重点领域和关键环节

资源是发展的重要物质基础。我国资源禀赋不足，利用效率不高，资源约束已经成为发展的"软肋"。要满足未来经济社会发展的资源需求，保障我国资源安全，必须推动发展方式由主要依靠资源大量投入向主要依靠提高资源利用效率转变，以较少的资源消耗支持较高的增长速度。

- **节约水资源：以水定需，量水而行**

水资源短缺、用水粗放，是经济社会发展中的一个突出问题。根据水利部数据，我国人均水资源占有量仅为世界平均水平的28%，正常年份缺水500多亿立方米。全国669座城市中有400座供水不足，110座城市严重缺水。而万元工业增加值用水量却为世界先进水平的2—3倍，农业灌溉水有效利用系数为0.52，也低于0.7—0.8的世界先进水平。2014年，习近平总书记在听取水安全战略汇报时提出"节水优先、空间均衡、系统治理、两手发力"的新时期治水思路。可以看出，节水是当下治水的关键和优先环节。"十三五"时期，应坚持把建设节水型社会作为解决我国水资源问题的根本性、战略性措施，落实严格的水资源管理制度，坚持水资源开发利用、用水效率控制、水功能区限制纳污"三条红线"。严格实行用水总量控制，健全取用水总量控制指标体系，严控地下水超采。加强用水需求管理，以水定需，量水而行，抑制不合理用水需求，促进人口、经济等与水资源相均衡。推广高效节水技术和产品，发展节水农业，加强城市节水。积极开发利用再生水、矿井水、空中云水、海水等非常规水源，严控无序调水和人造水景工程，提高水资源安全保障水平。

- **节约土地资源：严控增量，盘活存量**

我国国土空间辽阔，但山地多，平地少，人均耕地资源匮乏，仅为世界平均水平的43%，西部地区大片国土自然条件恶劣。生态脆弱区域面积较大，中度以上生态脆弱区域占全国陆地国土空间的55%，其中极度脆弱区域占9.7%，重度脆弱区域占19.8%，这些地区不适应人类居住。我国国情决定了必须走节约集约用地之路。一是节约用地，就是各项建设都要尽量节省用地，想方设法地不占或少占耕地；

二是集约用地，每宗用地必须提高土地开发的强度，提高投入产出的强度；三是通过整合、置换和储备，合理安排土地投放的数量和节奏，改善建设用地结构、布局，挖掘用地潜力，提高土地配置和利用效率。"十三五"时期要严格控制增量、盘活存量，继续坚持和完善最严格的节约用地制度，实施建设用地总量控制，实现全国新增建设用地规模逐步减少。划定全国城市开发边界、永久基本农田和生态保护红线，完善耕地保护机制，健全节约用地标准，加强用地节地责任和考核。实施土地内涵挖潜和整治再开发战略，加大城镇低效用地再开发、农村建设用地整治和历史遗留工矿废弃地复垦利用的力度。

● **节约矿产资源：合理开发，综合利用**

我国是世界上矿产资源比较丰富、种类配套最齐全的少数几个国家之一。但人均资源占有量少，铁矿石人均占有量仅为世界平均水平的 17% 左右；禀赋条件差，矿产资源中贫矿多、富矿少，共伴生矿多、难选冶矿多，开发利用难；铁、铜、铝等重要矿产更是大矿富矿少、小矿贫矿多。我国矿产资源对外依存度高，严重依赖进口的矿产资源种类较多且依赖地区集中。矿产勘查储量增长速度赶不上矿产消耗速度，大宗战略性资源对国民经济发展的制约日益突出。据推算，按现有探明储量，我国 45 种主要矿产资源中已有 11 种出现一定程度的短缺，甚至有些矿产的静态储量不足 15 年。在地质找矿方面，缺乏具有宏观影响的重大成果，难以从根本上解决资源特别是大宗矿产供应不足的问题。"十三五"时期，要进一步发挥先进技术对矿产资源节约与综合利用的重要作用，加快提高矿山企业装备水平。在资源管理上，做好产权保护，让企业有一个长期稳定的预期；在资源配置上，以规模化开发促进资源节约集约利用。优化矿产资源开发利用布局，加强重要优势矿产资源保护和开采管理，实行年度开采总量控制。完善矿产资源价格形成、开发收益分配机制和有偿使用制度，加快绿色矿山建设，建立健全有利于资源合理利用、生态环境保护的管理制度和政策措施。

11.4　强化环境污染治理：实施三大行动计划

"十三五"时期，环境污染形势严峻，结构型、压缩型、复合型污染特征仍将持续较长时间，工业化、城镇化的深入推进带来的资源环境压力持续加大，发展与保护的矛盾进一步凸显。经济社会发展应树立生态文明理念，处理好发展经济、改善民生与保护环境的关系，加大解决重点环境问题的力度，特别是下大力气集中抓好大气污染、水污染和土壤污染治理。

- **实施大气污染防治行动计划**

大气环境污染事关人民群众的切身利益，全社会十分关注。国际经验表明，国家推动是治理空气污染的关键。20世纪中叶，美国许多大城市空气污染相当严重，洛杉矶多次发生光化学烟雾事件，造成巨大损失。1955年，美国出台了《空气污染控制法》，1963年实施了《清洁空气法》，1967年出台了《空气质量法》，1970年、1977年和1990年又对《清洁空气法》进行了补充、扩展和修订。有关测算表明，实施《清洁空气法》后，美国每年减少170万吨有毒物质排放入空气，6种常见污染物排放量减少至原来的41%。在《清洁空气法》实施的最初20年中，有20.5万人免于过早死亡，67.2万人免患慢性支气管炎，1800名儿童免患呼吸道疾病。①

为加快治理大气污染问题，2013年9月，国务院制定了《大气污染防治行动计划》。这是中国向环境污染宣战的重大举措，是顺应民心、改善民生的具体行动。该项行动实施1年后评估，我国74个重点城市空气质量总体改善：一是达标城市比例和达标天数增加，74个重

---

① 《美国〈清洁空气法〉的创新性机制》，中国新闻网，2014年10月23日。

点城市平均达标天数为241天，与2013年相比，达标天数比例由60.5%提高到66.0%，达标城市数量由3个增加到8个；二是主要污染物浓度与2013年相比均有不同程度的下降；三是重污染天气发生频次和强度均有所降低，与2013年相比，74个城市重度及以上污染天数比例由8.6%下降为5.6%。特别是在2014年11月北京举办亚太经合组织第22次领导人非正式会议（简称"APEC会议"）期间，京津冀地区采取了一系列"史上最严"措施，取得"APEC蓝"的显著治理成果。经测算，APEC会议期间，北京市主要大气污染物排放量同比均大幅削减，二氧化硫、氮氧化物、可吸入颗粒物（PM10）、细颗粒物（PM2.5）、挥发性有机物等减排比例分别达到54%、41%、68%、63%和35%左右，PM2.5浓度下降30%以上。① 当然，这也付出了较高的经济代价，包括关停了1万多家工厂，4万多家工地等。"十三五"期间，在加快落实现有政策的同时，要尽快制订2017年后大气污染防治行动计划，打好大气污染防治翻身仗。根据有关研究测算，大气十条的实施，将投入1.7万亿元，拉动我国GDP增长2.5万亿元，新增加就业510万人。

专栏11-1　《大气污染防治行动计划》（大气十条）

奋斗目标：经过五年的努力，全国空气质量总体改善，重污染天气大幅度减少；京津冀、长三角、珠三角等区域空气质量明显好转。力争再用五年或更长的时间，逐步消除重污染天气，全国空气质量明显改善。

具体指标：到2017年，全国地级及以上城市可吸入颗粒物浓度比2012年下降10%以上，优良天数逐年提高；京津冀、长三角、珠三角等区域细颗粒物年均浓度控制在60微克/立方米左右。

---

① 根据新华网2014年11月4日报道《当好东道主 迎接八方客——2014年APEC会议筹办工作扫描》、百度百科词条"APEC蓝"等内容整理。

第11章 建设生态文明美好家园

> **主要措施：** 一是加大综合治理力度，减少污染物排放。二是调整优化产业结构，推动经济转型升级。三是加快企业技术改造，提高科技创新能力。四是加快调整能源结构，增加清洁能源供应。五是严格投资项目节能环保准入，优化产业空间布局。六是发挥市场机制作用，完善环境经济政策。七是健全法律法规体系，严格依法监督管理。八是建立区域协作机制，统筹区域环境治理。九是建立监测预警应急体系，妥善应对重污染天气。十是明确政府、企业和社会的责任，动员全民参与环境保护。

● 实施水污染防治行动计划

当前，我国一些地区水环境质量差、水生态受损重、环境隐患多等问题严重，影响和损害群众健康，不利于经济社会持续发展。治理水污染需要多措并举，系统性分步骤实施。土耳其伊斯坦布尔金角湾的水污染治理是一个很好的案例。20世纪30年代开始，金角湾附近快速的工业发展使得大量未经处理的污水直排进入海湾，临近海域成为有毒的废料排放场，严重污染了海域水环境。20世纪80年代，伊斯坦布尔政府通过采取迁移工厂、完善城市垃圾处理系统、清理河道淤积有毒废料、重建大桥等一系列措施，为当地居民重现了一个美丽的家园。

为强化水污染防治，2015年4月，国务院印发了《水污染防治行动计划》，提出以改善水环境质量为核心，按照"节水优先、空间均衡、系统治理、两手发力"原则，贯彻"安全、清洁、健康"方针，强化源头控制，水陆统筹、河海兼顾，对江河湖海实施分流域、分区域、分阶段科学治理，系统推进水污染防治、水生态保护和水资源管理，实现环境效益、经济效益与社会效益多赢。该行动计划明确了水污染防治目标任务，完善了工作布局，对改善重点流域水环境，保障我国水环境安全具有重大意义。未来10年，为保障水安全，国家还将实施重大引调水和河湖水系连通工程、重点水源工程建设、江河防洪骨干工程、大型灌区建设、高效节水灌溉工程和跨界河流开发治理工程等六大水利工程，投资测算约1.7万亿元。有关预测，水十条实施需要投入资金约4万亿—5万亿元，预计可拉动GDP增长约5.7万亿元。[①]

专栏11-2　《水污染防治行动计划》（水十条）

主要目标： 到2020年，全国水环境质量得到阶段性改善，污染严重水体较大幅度减少，饮用水安全保障水平持续提升，地下水超采得到严格控制，地下水污染加剧趋势得到初步遏制，近岸海域环境质量稳中趋好，京津冀、长三角、珠三角等区域水生态环境状况有所好转。到2030年，力争全国水环境质量总体改善，水生态系统功能初步恢复。到21世纪中叶，生态环境质量全面改善，生态系统实现良性循环。

主要指标： 到2020年，长江、黄河、珠江、松花江、淮河、海河、辽河等七大重点流域水质优良（达到或优于Ⅲ类）比例总体达到70%以上，地级及以上城市集中式饮用水水源水质达到或优于Ⅲ类比例总体高于93%，全国地下水质量极差的比例控制在15%左右，近岸海域水质优良（一、二类）比例达到70%左右。京津冀区域丧失使用功能（劣于Ⅴ类）的水体断面比例下降15个百分点左右，长三角、珠三角区域力争消除丧失使用功能的水体。到2030年，全国七大重点流域水质优良比例总体达到75%以上，城市建成区黑臭水体总体得到消除，城市集中式饮用水水源水质达到或优于Ⅲ类比例总体高于95%左右。

[①]《环保部："水十条"为环保产业打开万亿市场空间》，《上海证券报》，2015年6月4日。

第11章 建设生态文明美好家园

> **主要措施：**一是全面控制污染物排放。二是推动经济结构转型升级。三是强化公众参与和社会监督。四是强化科技支撑。五是充分发挥市场机制作用。六是严格环境执法监管。七是切实加强水环境管理。八是全力保障水生态环境安全。九是明确和落实各方责任。十是着力节约保护水资源。

● 实施土壤污染防治行动计划

土壤污染不具有像大气污染那样的"眼球效应"，更为隐蔽，但却是一个长期形成的"老大难"问题，最近几年才被广泛关注。由于我国经济发展方式粗放，产业结构和布局不合理，重金属等污染物排放总量居高不下，部分地区土壤污染严重，对农产品质量安全和人体健康构成了严重威胁。我国污染场地类型复杂，受污染土壤主要集中在重污染行业企业、工业遗留场地、固废堆放及处理处置场地、油田、矿区、污水灌溉区、交通干线两侧等。从国际经验看，日本是最早在土壤保护领域立法的国家，2002年制定的《土壤污染对策法》，对超标地域范围、治理措施、调查机构、支援体系、报告及检查制度、惩罚条款等都有明确规定，并运用环境风险应对的观点，有效约束了工厂、企业废止和转产及进行城市再开发时产生的土壤污染。

目前，我国有关部门在深入分析各类污染源、总结各地土壤治理经验的基础上，正在制订《土壤污染防治行动计划》，拟提交国务院审议通过后发布实施。根据公开披露的信息，该行动计划将土壤污染防治的出发点确定为保障农产品安全和人居环境健康，以保护和改善土壤环境质量为核心，以改革创新为动力，以法制建设为基础，坚持源头严控，实行分级分类管理，强化科技支撑，发挥市场作用，引导公众参与。目标是到2020年，农用地土壤环境得到有效保护，土壤污染恶化趋势得到遏制，部分地区土壤环境质量得到改善，全国土壤环境状况稳中向好。该行动计划还提出了依法推进土壤环境保护、坚决切断各类土壤污染源、实施农用地分级管理和建设用地分类管控以及土壤修复工程、以土壤环境质量优化空间布局和产业结构、提升科技支撑能力和产业化水平、建立健全管理体制机制、发挥市场机制作用等主要任务，明确了保障措施。

11.5 促进自然生态保护与修复：从源头上扭转恶化趋势

我国生态保护和修复仍处于起步阶段，工程治理区呈现生态改善的良好势头，但在经济快速发展过程中逆转的潜在威胁仍然存在；全国生态整体恶化态势趋缓，但尚未得到根本遏制，生态保护和修复的任务十分繁重。

- 保护和培育森林生态系统

森林生态系统是指森林生物群落与其环境在物质循环和能量转换过程中形成的功能系统。简单来说，就是以乔木树种为主体的生态系统。森林生态系统具有涵养水源、保育土壤、固碳释氧、积累营养物质、净化大气环境与生物多样性保护等六大生态服务功能。森林是我国陆地生态系统的主体。经过多年努力，目前，我国森林面积已达2.08亿公顷，森林覆盖率达21.63%，森林蓄积量达151.37亿立方米，森林植被总碳储量达84.27亿吨，年生态服务价值超过13万亿元。在全球森林资源总体下降的情况下，我国森林资源连续30多年持续增长，受到国际社会的高度评价。但同时也要看到，目前，我国人均森林面积只有世界平均水平的78%，乔木林每公顷蓄积量只有世界平均水平的23%，且林分结构不合理，宜林地质量差，森林生态系统总体质量不高。

第 11 章 建设生态文明美好家园

> **专栏 11-3　内蒙古海拉尔森林生态系统保护和恢复**
>
> 　　海拉尔区地处京（津）北防沙治沙和重点绿化保护区域，位于"三北"重要的风沙源地区，是呼伦贝尔沙地生态脆弱区中的重点地区之一。由于干旱少雨、冬季漫长的气候条件和人类活动的影响，荒漠化和沙化的土地面积曾一度达到 204 平方公里，占土地面积的 14.1%，经常出现扬尘（沙）天气，使当地人居环境质量下降，制约了经济社会的持续健康发展，对东北西部、松辽平原的生态安全构成威胁。海拉尔从 20 世纪 90 年代末开始进行大规模林业生态建设，合理科学地规划布局重点区域绿化与生态治理，累计投入林业生态资金 7000 余万元，实施管护退耕还林 8.45 万亩、公益林 27.6 万亩和未成林造林地 9.95 万亩。森林覆盖率已由"九五"时期末的 8.8% 提高到现在的 24.8%，森林活立木面积达到 21.7 万立方米，有效地保护了 30 多万亩农田、60 多万亩草场，沙化土地面积由原来的 13.6 万亩减少至 3 万亩。
>
> 资料来源：根据国家发改委相关资料整理。

　　我国已经确定 2020 年森林覆盖率达到 23%、2050 年达到 26% 的目标。要着眼于森林覆盖率、蓄积量实现双增长，森林生态功能显著提高，加强森林保护，扩大天然林保护面积，推进天然林资源保护和国家级公益林管护。加强森林防火和林业有害生物防治体系建设。大力开展植树造林，加快推进"三北"等防护林体系建设，启动重大营造林工程建设。强化森林经营，加强新造林地管理和中幼龄林抚育，加快林木良种化进程，提高良种使用率和基地供种率。重点加强青藏高原生态屏障森林保护，提升和扩大黄土高原—川滇生态屏障森林质量和数量，开展南方丘陵山地带森林集约经营和合理利用，深入推进东北森林带森林休养生息，优化东部沿海地区绿化结构。按照《全国生态保护与建设规划（2013—2020年）》的要求，"十三五"期间，完成新造林2700万公顷，森林抚育经营4000万公顷。

专栏 11-4　森林生态系统保护和培育重点工程

一是天然林资源保护，对天然林资源保护工程区内的1.07亿公顷森林进行全面有效管护，加强公益林建设和后备森林资源培育。

二是退耕还林，在川渝鄂等长江上中游重点水源涵养区、黔贵滇等卡斯特石漠化防治区、陕甘宁蒙晋等黄土高原丘陵沟壑水土流失防治区等重要区域的25度以上坡耕地，继续实施退耕还林。

三是"三北"防护林体系建设，对18个重点建设区32个重点基地进行集中连片治理，大力推进造林育林、更新改造、巩固提高，着力构建高效防护林体系。

四是沿海防护林体系建设，从浅海水域向内陆地区建设红树林等消浪林带、海岸基干林带和沿海纵深防护林，对重点区域进行重点建设和集中治理。

五是长江流域防护林体系建设，管理培育好现有防护林，加强中幼龄林抚育和低效林改造，调整防护林体系的内部结构，完善防护林体系基本骨架。

六是珠江流域防护林体系建设，对五个重点治理区域进行重点建设，增加森林面积，提高森林质量，增强防护功能。

七是太行山绿化，加强重点流域水源涵养林和水土保持林建设，加快大清河、滏阳河、漳河等重点区域治理。

八是平原绿化，以全国粮食生产省为重点，加强农田林网建设和林带改造，加快村镇绿化建设，开展退化林带更新、片林建设和中幼龄林抚育。

九是天山北坡谷地森林植被恢复，开展人工造林、封山育林草活动，加强保护、灌溉等基础设施，恢复和增加天山北坡谷地森林植被。

资料来源：《全国生态保护与建设规划（2013—2020年）》。

● 保护和治理草原生态系统

草原是我国面积最大的陆地生态系统。草原生态系统是以各种草本植物为主体的生物群落与其环境构成的功能统一体。草原生态系统分布在干旱地区，年降雨量很少。与森林生态系统相比，草原生态系统的动植物种类要少得多。我国的草原生态系统是欧亚大陆温带草原生态系统的重要组成部分。它的主体是东北—内蒙古的温带草原。根据自然条件和生态学区系的差异，大致可将我国的草原生态系统分为三个类型：草甸草原、典型草原、荒漠草原。由于过度放牧以及鼠害、虫害等原因，我国的草原面积正在不断减少，一些牧场正面临着沙漠化的威胁。目前，我国可利用天然草原90%存在不同程度的退化，中度以上明显退化的接近50%。近年来，我国为保护和治理草原生态系统，采取了退牧还草等一系列工程措施，取得了积极成效。

专栏11-5　青海省玛多县草原生态恢复

青海省果洛藏族自治州玛多县位于素有"中华水塔"之称的三江源地区，是"黄河源头第一县"。由于气候变化和过度放牧，玛多县70%的草地以每年2.6%的速度沙化，一度成为青海省生态环境恶化最严重的地区之一，居民人均年收入降至1 400元。2005年，国务院批准实施《青海三江源自然保护区生态保护和建设总体规划》，三江源生态保护和建设一期工程正式启动。2006年，青海省人民

> 政府取消对三江源地区的GDP考核,将生态保护和建设纳入考核内容。玛多县抓住机遇推进治理,一些流沙地通过工程固沙措施已实现固定,昔日的荒沙丘变成了绿草地,生态环境明显好转。
>
> 资料来源:《江河源环保世纪行:玛多县生态治理成效显著》,青海新闻网,2012年6月29日。

"十三五"时期,保护和治理草原生态系统,要以基本实现草畜平衡,草原生态步入良性循环为目标,加强草原保护和合理利用,推进草原禁牧、休牧和划区轮牧,因地制宜,促进草原休养生息。加快草原治理,加大天然草原退牧还草力度,继续加强"三化"草原治理[①],逐步实现草原生态系统的健康稳定。稳步开展牧区水利试点。重点加强青藏高原生态屏障草原保护、退化草地治理;开展北方防沙带天然草原改良、"三化"草原治理;推进南方丘陵山地带草地合理利用。按照国家规划,未来五年,治理"三化"草原面积3000万公顷,建设人工草地面积400万公顷。

专栏11-6 草原生态系统保护和治理重点工程

一是退牧还草,合理布局草原围栏和退化草原补播改良,配套实施人工草地和饲舍棚圈建设,加快推行禁牧、休牧、划区轮牧,恢复天然草原生态和生物多样性。

二是南方草地保护建设,开展围栏、人工种草和草地改良,促进南方草地保护与合理开发利用。

---

① "三化"指草原的退化、沙化、盐碱化。

第 11 章　建设生态文明美好家园

> 三是沙化草原治理，采取围栏封育、飞播改良、休牧舍饲、草产业基地和小型牧区水利配套设施建设等措施，治理沙化草原。
>
> 四是草原防灾减灾，加强草原防火和病虫鼠害防治；在易灾牧区、半牧区，加强饲草储备和生产能力建设，提高抵御寒潮冰雪灾害的能力。
>
> 五是重点地区草地保护建设，加强围栏封育、封禁育草、补播改良、建设人工饲草地和棚圈，加快科尔沁草地、甘孜高寒草地、伊犁河谷草地的保护与修复，保护生物多样性。
>
> 六是甘南黄河重要水源补给生态功能区生态保护与建设，通过退牧还草、沙化草原综合治理、草原鼠虫综合防治等措施，提高黄河水源涵养能力。
>
> 资料来源：《全国生态保护与建设规划（2013—2020年）》。

● 保护和修复荒漠生态系统

荒漠生态系统是地球上最耐旱的，是以超旱生的小乔木、灌木和半灌木占优势的生物群落与其周围环境所组成的综合体。荒漠有石质、砾质和沙质之分。人们习惯于称石质和砾质的荒漠为戈壁，沙质的荒漠为沙漠。荒漠生态系统分布在干旱地区，昼夜温差大，年降水量小于 250 毫米，气候干燥，自然条件极为严酷，动植物种类十分稀少。生活在荒漠中的生物既要适应缺水状况，又要适应温差大的恶劣条件。荒漠是最脆弱的陆地生态系统。我国目前仍有 262 万平方公里的荒漠化土地和 173 万平方公里的沙化土地，土地荒漠化和沙化的趋势尚未得到根本改变，全国还有 31 万平方公里具有明显沙化趋势的土地，荒漠化地区植被总体上仍处于初步恢复阶段。严重的土地沙化导致沙尘暴频发、耕地草地质量下降。一些地区在防沙治沙方面也探索了一些成功经验。

> **专栏 11-7　甘肃省民勤县防沙治沙取得有益经验**
>
> 　　民勤县地处河西走廊东北部，东、西、北面与内蒙古阿拉善盟接壤，被巴丹吉林沙漠和腾格里沙漠包围，生态区位极为特殊，是我国主要的沙尘暴策源地之一，境内沙漠化面积达89.9%。民勤县是连接国家"丝绸之路经济带"的重要组成部分。近年来，民勤县大力实施生态立县战略，坚持走"治沙与致富并重、造林与造景并举、绿化与美化同步"的现代林业发展新路子，采取了修路、治沙、造林、封育和注水等五大措施。2010—2014年，全县完成人工造林71.28万亩，实施工程压沙16.05万亩，封沙育林57.1万亩，通道绿化1624公里，农田防护林5.5万亩。目前，全县人工造林保存面积达到229.86万亩，完成工程压沙造林41.15万亩，封育天然沙生植被325万亩，封育成林78万亩，在408公里的风沙线上建成长达300多公里的防护林带，森林覆盖率由2009年的11.21%提高到2014年的12.32%。经过坚持不懈的努力，干涸了50年的民勤青土湖重现了碧波荡漾的景象，芦苇等旱湿生植物逐年增加，黄案滩关井压田区7眼机井自流成泉，区域环境质量持续改善。
>
> 资料来源：根据国家发改委有关资料整理。

　　"十三五"时期，要进一步加大荒漠生态系统保护和修复力度，有效防控重点治理区域土地荒漠化和沙化，加快风沙源区和沙尘路径区治理步伐，通过造林种草、合理调配生态用水，增加林草植被。固定流动半流动沙丘，减少起沙扬尘，促进荒漠植被自然修复，遏制沙化扩展。重点推进京津风沙源治理、新疆防沙治沙、石羊河流域防沙治沙及生态恢复。以主要城市风沙源区为重点，加大投入力度，有效减轻大气沙尘危害。按照国家规划，到2020年，全国2560万公顷以上可治理沙化土地得到初步治理。

第 11 章　建设生态文明美好家园

- **保护和恢复湿地与河湖生态系统**

水生生态系统是地球表面各类水域生态系统的总称。水生生态系统中栖息着自养生物（藻类、水草等）、异养生物（各种无脊椎和脊椎动物）和分解者生物（各种微生物）群落。各种生物群落及其与水环境之间的相互作用，维持着特定的物质循环与能量流动，构成了完整的生态单元。水是生态系统的基础。目前，我国自然湿地萎缩，河湖生态功能退化。湿地开垦、淤积、污染、缺水依然严重，导致湿地面积缩减，我国三江平原湿地面积已由新中国成立初期的 5 万平方公里减少至 0.91 万平方公里，海河流域主要湿地面积减少了 83%。部分河湖水污染严重，全国 69.8% 的湖泊处于富营养状态。河流径流量减少，湖泊水面缩小，水生态破坏严重。据测算，海河、黄河、辽河流域水资源开发利用率分别高达 106%、82% 和 76%，远远超过国际公认的 40% 的水资源开发生态警戒线。"十三五"时期，要遏制自然湿地萎缩和河湖生态功能下降趋势，构建湿地、河湖保护管理体系，强化保护与管理能力建设，促进重要生态区域湿地与河湖生态系统保护；确保重要湿地和河湖生态用水，开展湿地综合治理；重点保护青藏高原生态屏障高寒湿地和湖泊，保障北方防沙带江河湖泊生态用水量。按照国家规划，未来五年，新增自然湿地保护面积 180 万公顷以上，恢复湿地面积约 20 万公顷，建设湿地公园 600 处。

专栏 11-8　吉林省保护和恢复湿地取得积极进展

吉林省湿地总面积 172.8 万公顷，占全省国土总面积的 9.2%，是全国湿地类型较多的省份之一。由于吉林省西部干旱少雨，以及耕地占用等对湿地的不合理开发利用，导致湿地水资源短缺、功能退化、面积减少，从新中国成立初期的 40 万公顷减少到 2011 年的

12万公顷。近年来,吉林省加强湿地保护与修复工程建设,通过引水保湿、退耕还湿、共管共建等方式,实施了"河湖连通""引霍入向""引嫩入莫""引洮入向"等重点湿地补水工程,建立21个自然保护区和20个湿地公园,使39%的天然湿地得到有效保护。截至目前,莫莫格、雁鸣湖国家级自然保护区及大安嫩江湾、通化蝲蛄河国家湿地公园已累计完成退耕还林、还草、还湿6900公顷,湿地生态系统得到有效保护和恢复。

资料来源:根据国家发改委有关资料整理。

第12章 加快基本公共服务均等化

社会公共需求全面快速增长,是生存型社会向发展型社会转变的一大特征。十八大明确提出,到2020年"基本公共服务均等化总体实现"十八届三中全会提出"推进城乡基本公共服务均等化""稳步推进城镇基本公共服务常住人口全覆盖";十八届四中全会强调"依法加强和规范公共服务"。这些重要提法表明,基本公共服务均等化已从施政理念上升为国家实践。"十二五"规划首次提出"把基本公共服务制度作为公共产品向全民提供",《国家基本公共服务体系"十二五"规划》将基本公共服务定义为"建立在一定社会共识基础上,由政府主导提供的,与经济社会发展水平和阶段相适应,旨在保障全体公民生存和发展基本需求的公共服务"。"十二五"时期,基本公共服务项目普遍实施,制度逐步完善。"十三五"时期,加快基本公共服务均等化,任务繁重而紧迫,需要深入研究、全力推进。

12.1 基本公共服务:全面小康的重点与难点

"十三五"时期,是全面建成小康社会的决胜时期。完善基本公共服务体系,加快基本公共服务均等化,是新常态下守住基本民生底线的制度要求，是跨越中等收入陷阱的重要支撑，也是全面建成小康社会的重点和难点问题。

● **一项最基础、最重要的任务**

十八届三中全会强调，全面深化改革要"以促进社会公平正义、增进人民福祉为出发点和落脚点"。全面建成小康社会的含义，就在于人民的基本生活和社会的公平正义得到充分保障。作为13亿多人口的发展中大国，现阶段全面建成小康社会最基础、最重要的任务，就是实现基本公共服务均等化，这既是公民的基本权利，也是政府的基本职责。一方面，基本公共服务体系建设的直接目标，就是构建民生保障"安全网"，满足每一位公民生存和发展的基本需求，以维护其生命价值、健康价值和个人尊严；另一方面，基本公共服务均等化的制度设计就是通过政府再分配调节，校正社会财富初次分配的不公平，抑制贫富差距拉大引发的社会矛盾，奠定社会公平正义与和谐稳定的基石。

● **一块亟须补齐的短板**

相对总体小康而言，全面小康意味着范围更大、水平更高、质量更好、公平性更强。需要清醒地看到，目前，基本公共服务是全面建成小康社会的一块短板，主要体现在：一是覆盖面不全。2014年年底，全国参加基本养老保险人数为8.4亿人，应参保者为10.2亿人，覆盖率为82.4%。参加城镇职工养老保险人数2.56亿人，应参保者为3.93亿人，覆盖率为65.1%；其中，农民工参加城镇职工养老保险者约为2500万人，占1.68亿外出农民工总数的15%；1.2亿个体工商户和灵活就业人员参加保险者约为5000万人，占比达40%。二是差异性较大。从城乡来看，2013年，城市每万人口执业（助理）医师、注册护士数分别是农村的2.27倍和3.3倍；从区域来看，每千人口社会服务床位数最高的省份江苏省达到6.36张，是最低省份云南省1.59

张的 4 倍。三是制度建设滞后。法律体系不够完善，大多数公共服务领域的规范以政府文件、部门性规章为主，统筹层次不高，约束力有限；均等化的公共财政保障机制不健全，供给制度比较单一；许多制度设计存在城乡二元分割，资源配置存在条块分割且布局不合理；对公共服务机构缺乏有效的评估监督机制等。

- **一个转型时期的突出矛盾**

"十三五"时期是我国经济转型升级的关键时期。根据国际经验和现实条件，基本公共服务面临两大挑战：第一，从中等收入国家向高收入国家迈进的过程中，人们对社会福利的诉求越来越多、越来越高，把握不好则会成为一个陷阱，且又难以跨越。第二，经济发展进入新常态，经济增速放缓，将影响居民就业和收入的增加，影响财政收入的增加，使供需矛盾进一步凸显。从供给侧来看，以政府为主导的基本公共服务体系尚不完善，公共财政收支矛盾加剧，使基本公共服务供给保障和水平提升受到较大约束，社会资源调动不够，有效供给总体不足，这可能导致困难群体的一些基本权益难以保障。从需求侧来看，消费结构从生存型向发展型转变，个性化、多样化消费渐成主流，人们对基本公共服务的数量、质量提出更高要求；社会结构多元化，利益格局多样化，城乡二元体制矛盾和城镇内部二元结构矛盾相互交织，人们对公平正义、共建共享的追求更加迫切。

12.2 公共服务制度的国际比较

公共服务供给本质上体现的是公民权利与国家责任之间的公共关系。当这种公共关系上升到制度层面时，则体现为一个国家福利制度的选择。学术界研究福利模式及分类的文献众多，但大多都是以著名学者艾斯平-安德森（Esping-Andesen）提出的三分法①为基础，将福利模式划分为四类：以北欧国家为代表的综合普惠模式，以欧洲大陆国家为代表的合作模式，以美国为代表的补缺模式，以及进一步细分出的以东亚国家为代表的发展型模式等。②

- **北欧模式：普惠型**

该模式以挪威、瑞典、芬兰、冰岛、丹麦等国家为代表，最大的特点是认为获得公共服务资格主要取决于公民资格或长期居住资格，几乎与个人需求程度或工作表现无关。该模式寻求相当水平的甚至能够满足中产阶级品位的服务供给，而不是仅满足最低需求上的平等。

专栏 12-1　瑞典公共服务供给的制度性特点

主要内容：（1）老人福利，一定年龄的老人退休后均可领取养老金，国内设有收费较低的养老院为老年人提供其所需的服务；（2）医疗保险，全民几乎都可享受免费医疗，只要缴纳较少的门诊费用，其他费用从社会保险费用中支出；（3）住房津贴，中央政府会提供住宅津贴，以收入和子女数为标准，中央政府与地方政府共同提供联合住宅津贴，随着家庭收入的增长而递减；（4）失业保险和救济，失业保险由工会经营，30%的资金来自会员会费，70%由政府资助，且救济金会随着物价水平的变动而变动；（5）社会救助和其他福利。

---

① 即"社会民主主义"模式、"保守主义"福利模式和"自由主义"福利国家模式。参见〔丹麦〕艾斯平-安德森著，《福利资本主义的三个世界》，郑秉文译，法律出版社2003年版，第6—37页。

② 关于福利模式分类的学术讨论众多，有学者在艾斯平-安德森三分法的基础上提出了四分法，即在传统的三种类型以外，从欧洲大陆模式中区分出"南欧模式"。也有学者提出，日本的福利模式具有独特性，属于带有儒家文化特点的东亚福利模式。对这些分类的详细讨论超出了本书探讨的范围，书中引入典型福利模式分类的目的是更好地对典型国家公共服务供给进行具体剖析。关于东亚模式的内容参见贡森、葛延风等，《福利体制和社会政策的国际比较》，中国发展出版社2012年版，第2—11页。

主要经验：该模式属于政府主导的、高税收支持的"从摇篮到坟墓"的社会保障体系，给付水平高、覆盖面宽、内容广，试图利用国家的再分配、社会服务功能促进社会保障计划的设计和实施。在经济发展处于较高水平且增速较快时，能够促进发展成果较好地惠及全体人民。

主要教训：20世纪80年代以后，受两次石油危机影响，瑞典模式的负面效应开始显现，出现诸如高福利制约经济增长、无差异福利挫伤人民劳动积极性等问题。为应对这些问题，瑞典在紧缩支出的同时提高了个人在社会保障费用中的负担比重、强化地方政府在社会保障制度中的责任、积极引入私人机构促进公共服务多元供给。

资料来源：财政部社会保障司，《瑞典社会保障制度概况》，《预算管理与会计》，2014年第10期；刘丽伟等，《当代瑞典社会保障制度改革特征与启示》，《世纪桥》，2014年第6期。

● 欧洲大陆模式：合作型

这类制度最初发生在德国并得到长期发展，而后扩展到整个欧洲大陆，目前奥地利、法国、德国和意大利等许多国家都属于这种类型。该模式的特点是以参与劳动市场和社保缴费记录为前提条件。总的来说，在这种制度中，社会权利取决于一个人的工作和参保年限、过去的表现与现在的服务享受之间的关联程度。

专栏12-2 德国公共服务供给的制度性特点

主要内容：（1）养老保险共分三类：第一类是为退休人员提供的养老金；第二类是为就业能力降低者在退休后提供的养老金；第三类是为投保人死亡后提供的遗属养老金。领取养老保险金须缴费满

5年。对第一类养老金领取者还有特别的年龄限制,即规定必须年满65岁。(2)医疗保险主要由三部分组成:法定医疗保险、私人医疗保险和其他医疗保险。(3)工伤保险的覆盖范围包括所有的雇员、中小学生、大学生、幼儿园儿童和从事公益事业者。(4)失业保险是与劳动促进联系在一起的。所有的雇主和雇员都要参加失业保险,有缴纳失业保险费的义务,雇员中还包括了参与职业培训的学徒。

主要经验:德国模式体现出既强调国家保护又重视个人责任,既要竞争又要互助的基本原则。在筹资来源上,除工伤保险由雇主负担外,其他的社会保险项目都是由雇主、雇员和国家三方负担,具体来说,各项保险费由雇主和雇员各负担50%,当保险费开支入不敷出时,由国家财政预算拨付。资金运行管理上,由投保人、雇主和公共团体代表组成的社会保险机构管理保险基金,国家负责立法和监督。

主要教训:在享受服务条件上,劳动者只有缴纳保险费,才能在自身情况符合相应社会保险制度规定时,取得领取保险金的资格。这就使得制度覆盖面相对较窄,一部分非就业群体可能会游离于社会保障制度之外。近年来,由于人口老龄化加剧、管理体制漏洞显现、保障水平日益提高,德国社会保障费用迅猛增长,出现收支失衡的危机。从20世纪70年代开始,德国逐渐对社会保障制度进行改革,控制社会保障支出的过度膨胀,相应提高养老金缴费比率,扩大参保人员范围(由所有就业者扩大到全民参保),鼓励就业,改进管理体制从而减轻政府负担,促进经济发展和社会公平。

资料来源:宫兰兰,《金融危机背景下欧洲社会保障困境及启示研究》,武汉科技大学硕士论文,2012年。

美国模式：补缺型

这一模式的典型代表是美国、加拿大和澳大利亚等。在这种福利模式中，居支配地位的是不同程度地运用家计调查式的社会救助，辅以少量的补救式转移支付或作用有限的社会保险计划。这种制度服务的对象主要是那些收入较低、依靠国家救助的工人阶层。

专栏 12-3　美国公共服务供给的制度性特点

主要内容：包括社会保险、社会福利和社会救济三大类，即（1）社会保险费用由国家、雇主、劳动者三方共同负担，采取个人和雇主投保，国家给予适当资助的形式。它包括就业保障与失业保险，老年、遗属与残疾保险，医疗健康保障等项目。失业保险主要通过征收工资税的形式向雇主征收保险金，政府本身不直接投入资金。（2）社会福利是指一系列对低收入阶层和贫困社会成员进行救助的项目，主要包括食品券制度、廉租房制度和免费医疗制度等。奥巴马医改前，美国没有面向全民免费的医疗服务，政府只负责65岁以上老人的医疗保险，其他公民只能依托商业保险来保障。（3）社会救济的经费主要来源于政府的财政投入，对没有进行社会投保的老人、残疾人士、含有未成年子女的困难家庭以及失业两年以上的失业者均给予经济救助。

主要经验：美国社会保障制度分为补救性和机制性的社会保障。补救性的社会保障主要针对贫困人口的救助，还包括退休人员的基本医疗保障；而机制性的保障则重点针对基本的社会养老方面，它通过国民税收来实行现收现付的代际再分配。

主要教训：这种模式重视社会保险的权利与义务的密切联系，强化自我保障意识，市场化运作成分较高，政府干预程度较低，保障面有限，也使得社会贫困差距越来越大。

资料来源：负菲菲，《英美社会保障制度及启示》，《社会科学研究》，2014年第3期。

● **东亚模式：发展型**

这种福利模式以日本和韩国为代表，强调福利政策首先要有利于经济发展和经济参与，同时强调经济政策要有助于社会福利的改善。东亚福利模式非常重视促进经济增长、提升政治稳定性和政府合法性的社会投资，特别是在教育、医疗卫生、住房、工作经历和培训方面的投资。本质上，东亚福利模式是要促进市场和家庭提供福利，国家发挥监管和补允提供的作用。

专栏12-4 日本公共服务供给的制度性特点

主要内容：主要包括社会保险、社会救济、社会福利和公共医疗卫生四大领域，涉及46项社会保障制度。（1）社会保险是日本社会保障制度的核心，主要内容包括医疗保险、养老保险、失业保险、劳动灾害补偿保险、护理保险等多个方面。（2）社会救济则是为了保障国民的最低生活水平，对生活困难的人提供生活、教育、医疗、住宅等方面的公共救济。（3）社会福利主要是为社会弱势群体，包括老人、儿童和残疾人等提供社会福利设施以及相关的社会福利服务。（4）公共卫生与医疗保健除了向国民提供医疗服务之外，还包括改善生活环境、保护自然环境等环境保护制度体系。

主要经验：突出了民间团体、家庭等在福利政策中的重要作用，政府通过提供财政补助、税收减免等优惠政策，积极鼓励民间团体参与到社会福利事业中来。以儿童福利为例，国家的责任主要表现在

> 指导和监督咨询的层面，由地方政府、企业、民间社会团体等负责供给的业务。这大大减轻了政府人力、财力和物力的负担，也满足了不同层次群体不同的福利需求。
>
> **主要教训**：日本经济从 1974 年出现负增长，高额的社会福利给财政造成了极大的负担。面对越来越严重的财政赤字，日本开始改变高福利高负担的社会保障模式，压缩社会保障财政负担，并设法将国家负担的部分向地方政府、个人和参保者转嫁。
>
> 资料来源：侯晓燕，《日本社会保障制度对我国的启示》，《合作经济与科技》2014 年第 9 期。

比较分析不难发现，各种福利模式都包含社会保障、医疗、教育、住房等基本要素内容，也都将促进满足基本需要、机会均等、着力解决社会管理问题作为政策目标，制度目标都围绕"3U"（Universality（普遍性）、Unity（统一性）、Uniformity（均一性））进行设计。而不同之处在于政府和市场发挥作用的大小、公平和效率之间权衡的程度等。事实上，补缺、合作的理念存在于每一种模式中，只是发挥作用的程度不一样。例如，补缺型模式的代表国家——美国也有几项福利制度基本是面向大众的，是带有普惠性的福利服务（如养老制度）。同样，在普惠型制度中，也常常带有基于家计调查的补救性项目。所以，有观点认为，"家计调查型"福利供给的多少是判断福利模式的一个重要指标，该支出占 GDP 的比重越大则可认为越接近补缺型福利国家模式，反之则越接近普惠型模式（见表 12-1）。[①]

---

① 郑秉文，《国外"福利模式"研究及其对中国的启示》，《国外理论动态》，2009 年第 3 期，第 1—8 页。

中国经济的转型升级
——从"十二五"看"十三五"

表 12-1 福利模式的国际比较

	美国补缺型模式	欧洲大陆合作模式	瑞典普惠模式	东亚发展型模式
代表国家	美国	德国、意大利	瑞典、丹麦	日本、韩国
基本原则	选择性原则	缴费原则	普享性原则	—
可及性的方式	需求与贫困程度	社会地位与工作环境	公民地位与居住资格	—
融资机制	税收	就业关联型的缴费	税收	—
本质区别	只有属于"值得救济的穷人"这个群体（主要是失去工作能力者和单身母亲）以及暂时有经济需要的人才能通过社会救助性质的计划得到援助	只有体制内的人才能通过社会保险获得收入保障	全体人民都有权获得实物和现金福利	福利政策要有利于经济发展和经济参与，经济政策要有助于社会福利改善

资料来源：贡森、葛延风，《福利体制和社会政策的国际比较及启示》，中国发展出版社 2012 年版。

总之，一个国家的公共服务的制度性安排，在实践中很大程度上受到该国的历史条件、文化基础、经济社会发展水平、政府管理方式，甚至各种学术思潮交融变化的影响。特别是，随着公共支出的不断增长，同时受 20 世纪 80 年代以来西方新公共管理运动的影响，各国政府对公共服务和社会福利制度进行了不同程度的改革，呈现出制度安排弹性化、政策目标问题导向化、调控手段趋同化等特点。例如，瑞典在高福利开始制约经济增长、负面效应凸显时，不得不通过改革以增强制度可持续性；而美国补缺型模式尽管效率在一定程度上得到保障，但在贫富差距日益加大、社会矛盾凸显时，也不得不寻求更加公平的应对策略，近年来美国正在推进的奥巴马医改方案即体现了这一转变。

12.3 推进保基本、全覆盖、可持续的均等化

基本公共服务均等化的概念在《国家基本公共服务体系"十二五"规划》中有所涉及,是指全体公民都能公平可及地获得大致均等的基本公共服务,其核心是机会均等,而不是简单的平均化和无差异化。"十三五"时期,与以往不同的是,过去被经济高速增长掩盖的一些社会矛盾和问题,将随着经济增速的放缓开始显现。面对新情况、新问题,推进基本公共服务均等化,既是保障和改善民生、从源头上预防和减少社会矛盾的需要,也是对政府保障能力和水平的挑战。笔者以为,要突出和强化"保基本、全覆盖、可持续"的发展思路。

- **保基本:以"五有"为核心的制度安排**

基本公共服务范围一般包括保障基本民生需求的教育、就业、社会保障、医疗卫生、计划生育、住房保障、文化体育等领域的公共服务,广义上还包括与生活环境紧密关联的交通、通信、公用设施、环境保护等领域的公共服务,以及保障安全需要的公共安全、消费安全和国防安全等领域的公共服务。为突出体现"学有所教、劳有所得、病有所医、老有所养、住有所居"的要求,《国家基本公共服务体系"十二五"规划》将保障基本民生需求的教育、就业、社会保障、医疗卫生、计划生育、住房保障、文化体育等领域的公共服务均纳入规划范围,首次明确了44类80项基本公共服务项目(见图12-1)。

"十三五"时期,从现实和需要出发,基本公共服务应坚持以"五有"为核心和基础。一方面,"五有"较好地体现了"以人为本"的公共服务发展理念,涵盖了人一生经历的"不同阶段"和"贯穿一生"所需的最基本的服务,把"五有"保障好了,人民群众最基本的生存和发展权利就能得到较好的维护,国家宏观层面的民生保障网兜

中国经济的转型升级
——从"十二五"看"十三五"

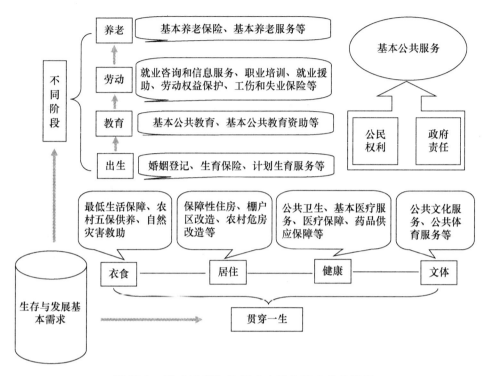

图 12-1 以"五有"为核心内容的基本公共服务

资料来源：《国家基本公共服务体系"十二五"规划》。

底功能就能得到夯实；另一方面，考虑到未来五年经济、财政状况及民生支出压力，聚焦于"五有"，能将人民群众的现实利益要求与国家财力结合起来，从而在保障基本民生供给的同时避免落入福利陷阱。"五有"涵盖提升人力资本、促进消费需求等内容，是促进经济增长的内生动力，有利于新常态下的经济转型升级。

在明确"五有"为基本公共服务核心内容的同时，还要统筹考虑我国城乡区域发展不均衡和各地财政保障能力差异较大的现实情况，研究完善基本公共服务标准体系，明确基本公共服务的最低供给规模和质量标准，并据此确定服务提供所需的设施、设备、人员配备以及日常运行费用等内容，促进城乡、区域、行业和人群间的标准水平衔接平衡和资源的合理配置，努力实现基本公共服务均等化的可衡量和可评价。

还需强调的是，基本公共服务的范围和标准是动态的，随着经济发展水平和政府保障能力的提高，以及发展过程中人们需求的变化，其范围可以逐步扩大，标准可以逐步提高。以建立城乡居民大病保险制度为例，在没有这项制度之前，由于普通的居民医保保障水平低，部分城乡居民常常因大病支出而使整个家庭陷入困境。为解决此问题，2012年起进行试点，2015年全面建立，国家从城镇居民医保基金和新型农村合作医疗中拿出一部分钱建立大病保险制度，在参保人罹患大病发生高额医疗费用的情况下，对其医保正常报销后需由个人负担的合规医疗费用给予进一步的保障，并与医疗救助制度衔接，放大了医保保障效果，极大地减轻了城乡居民的大病负担。

● **全覆盖：从制度覆盖到人人覆盖**

根据目标人群的不同，基本公共服务可以区分为普惠型和选择型。普惠型指基本公共服务的受众群体就是全体社会成员，不附带任何条件，如基本药物制度等。选择型指只有满足了一定的条件，社会成员才能享受某项基本公共服务，这类基本公共服务通常具有救助性或福利性，如困难学生资助、城乡居民低保、就业援助等。因此，"全覆盖"一方面指普惠型服务项目方便可及，另一方面指选择型服务项目真正实现目标人群应保尽保、一个地区都不能漏、一个群众都不能少。

"十二五"时期，我们基本实现了"制度覆盖"，即在政策意义上，只要满足服务项目要求，即可享受相应的服务。但在实际操作中，却存在一定的覆盖盲区。除仍有一定的人口游离于养老保险服务外，还存在一些服务项目如就业服务、职业培训等，未有效地延伸至边远贫困地区；一些服务项目如最低生活保障、流浪乞讨人员生活救助等，并不掌握目标人群的具体数据以及实际生存状态，会出现真正需要服务的人被排除在服务之外等。"十三五"时期，应提高政策的精准、精细程度，一方面，加强城乡基层服务网络的合理布局和建设，重点解决好"最后一公里"基本公共服务可及性问题；另一方面，深入基层、摸清底数，建立每一个服务项目的目标人口动态数据库，杜绝覆盖盲区，实现人人覆盖（见表12-2）。

表12-2 "十二五"时期基本公共服务的国家基本标准
（以社会救助类服务项目为例）

服务项目	服务对象	保障标准	支出责任	覆盖水平
最低生活保障	家庭人均收入低于当地最低生活保障标准的城乡居民	保障标准按照能维持当地居民基本生活所必需的吃饭、穿衣、用水用电等费用确定，年均增长按国家"十二五"规划纲要确定的目标实施	地方政府负责，中央财政对困难地区适当补助	目标人群覆盖率100%
自然灾害救助	因自然灾害致使基本生活困难的人员	灾后12小时内基本生活得到初步救助	中央和地方政府共同负责	目标人群覆盖率100%
医疗救助	最低生活保障家庭、五保户以及低收入重病患者、重度残疾人、低收入家庭老年人等特殊困难群体	医疗救助起付线逐步降低或取消，政策范围内住院自负费用救助比例原则上不低于50%	地方政府负责，中央财政对困难地区适当补助	目标人群覆盖率100%
流浪乞讨人员生活救助	城市生活无着的流浪乞讨人员	免费享有临时基本食物、住处、急病救治、返乡及安置服务	县级以上政府负责	目标人群覆盖率100%，城区均设有标准的救助机构
流浪未成年人救助保护	流浪未成年人	免费享有生活照料、教育和职业培训、医疗救治、行为矫治、心理辅导、权益保护、返乡及安置等服务	县级以上政府负责	目标人群覆盖率100%，城区均设有标准的救助机构

资料来源：《国家基本公共服务体系"十二五"规划》。

第 12 章　加快基本公共服务均等化

● 可持续：量力而行，量入为出

从国际经验来看，各国大多都经历了公共服务从无到有、从低水平到高水平、从不完善到逐步完善的过程，与经济发展阶段呈现出较强的相关性。而一旦脱离经济发展水平的支撑，就可能引发福利危机。20世纪70年代，瑞典所面临的危机正是由于在既得利益驱动下，福利水平背离经济现状，膨胀发展所导致的不可持续，随后不得不通过一系列改革予以纠正。福利带有刚性特点，提高容易降低难。例如，面对快速老龄化问题，日本从1998年开始试图延迟养老金支付，但直至2013年才有了一个具体的计划表，其所遇到的改革阻力可见一斑。这说明公共服务水平并不是越高越好，它需要与经济发展环境相协调、与社会环境相适应，否则就可能导致福利不可持续，甚至诱发社会风险。

我国是世界上人口最多的国家，也是最大的发展中国家，经济总量虽然排在世界第2位，但人均GDP却排在80多位，远低于典型的高福利国家水平，因而更要避免高福利承诺和无差异的平均主义。要坚持量力而为、量入为出的原则，从经济发展的阶段性特点出发，根据财政保障能力和需求变化，构建多层次的公共服务体系，稳妥地调整完善基本公共服务范围和标准，而不应盲目地追求扩大范围、提高标准，承诺做不到的事情。同时，要突出体制机制创新，完善财政保障机制、管理运行机制、服务供给机制、监督问责机制，形成可持续的基本公共服务体系长效机制（见图12-2）。

中国经济的转型升级
——从"十二五"看"十三五"

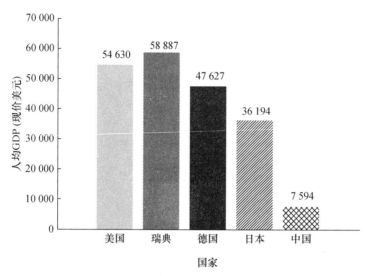

图 12-2　典型福利国家与我国 2014 年人均 GDP 比较

资料来源：世界银行网站。

12.4　基本公共服务制度保障和模式创新

基本公共服务体系建设的重点、难点在于体制机制。只有通过体制机制的改革、创新和完善，我们才能应对宏观经济与社会环境变化带来的风险和挑战，才能缩小城乡区域间的基本公共服务差距，使人人享有大致均等的基本公共服务。这是"十三五"时期的重点，也是未来发展的方向。

- **长效机制：财力保障、法制保障**

公共财政制度代表着一个国家的治理方式，是实现政府职能目标的重要手段。无论是普惠型模式还是补缺型模式，都要有相应的财力保障机制来确保公共服务的供给。此外，公共财政制度还能通过转移支付来协调地方财力，是基本公共服务均等化的重要保证。应按照权责对等、均衡配置、统筹管理的方向，完善我国基本公共服务财力保障机制。具体来讲，一是合理界定中央与地方基本公共服务事权和支出责任，进一步调整和优化公共财政支出结构，逐步提高基本公共服务支出所占的比重。加快推进省以下财政体制改革。稳步推进省直管县财政管理制度改革，积极推进乡镇财政管理体制改革试点，着力增强县以下基层政府基本公共服务保障能力。二是完善财政转移支付制度，增加中央对省的一般性转移支付规模和比例，加大对革命老区、民族地区、边疆地区、贫困地区等薄弱环节的倾斜力度，促进地方基本公共服务财力的均等。三是以基本公共服务项目为基础，建立健全基层公共服务机构运行经费保障机制，整合优化基层公共服务财政资源，改变各自为政、各行其是、分散投入的状况，形成合力。

适宜的法律体系是公共服务制度得以有效运转的重要保障。法律是由国家强制力保证实施，具有普遍约束力的社会规范。从国际经验来看，各国都有良好、规范的法律为福利供给保驾护航。美国于1935年颁布的《社会保障法》及随后的修正案，对各级政府的职责、相关部门职责的确立、公民的权利及义务、政府组织与民间组织的关系都用法律进行了明确的规定，从而以立法形式保障了各项公共服务的发展。在我国全面推进依法治国，并提出依法加强和规范公共服务发展的背景下，应该积极借鉴国际经验，进一步完善、细化与基本公共服务制度相关的法律制度，在加强政府调控和监管的同时，明确政府内部各部门间的职能，运用法律来约束政府及行政人员行为，加大社会公众的监督力度，建立并完善相关投诉和监督问责机制。

● **资源配置：优化整合、强化基层**

基本公共服务供给必然涉及人、财、物的配置，这是基本公共服务得以有效提供的载体。优化整合基本公共服务资源，首先要推进城乡基本公共服务一体化规划、建设和运营管理，引导新增公共服务资源优先向农村、中西部贫困地区和社会弱势群体倾斜，鼓励发达地区采用定向援助、对口支援和对口帮扶等多种形式支持薄弱地区基本公共服务发展；其次要协调并处理好基本公共服务的软硬件建设，利用定向培养、在岗培训、合理流动等手段加强人才队伍培养，促进优质公共服务资源跨城乡、跨区域共享。最后要结合城镇化、老龄化发展趋势，适度超前规划，使基本公共服务设施布局、供给规模与人口分布、环境交通相适应。

强化基层就是要重心下移，把更多的财力、物力投向基层，把更多的人才、技术引向基层，切实提高基层的服务能力。我国县、乡、村和社区基层公共服务机构是提供基本公共服务的网底和基础，长期以来，由于投入不足，普遍面临设施条件差、人员水平低、服务能力弱等困境，一直是公共服务体系的短板和薄弱环节。因此，要在优化整合资源配置的基础上，加强基层公共服务机构设施和能力建设，提高设施标准化和服务规范化、专业化、信息化水平。加快基层公共服务功能整合和资源共建共享，努力实现一站式便捷服务，推动服务流程、审核监管公开、透明等。

- **供给模式：多元化、多样化**

基本公共服务由政府主导并兜底提供，并不代表政府包揽或直接提供相关产品和服务。从公共服务责任主体来看，国际经验告诉我们，只有政府、市场和个人协调合作，才能保障制度的可持续发展。因此，我国在完善基本公共服务制度体系时，要坚持供给责任主体多元化的发展方向，构建多层次、多支柱的服务体系。对于社会救济类托底的、维持基本生存的服务项目，政府主导所发挥的作用应更大些，要瞄准目标群体，落实"最后一公里服务"；而对于那些旨在促进发展、保持一定生活质量的项目，则应完善激励机制，坚持适度的缴费原则，以保证制度的可持续。

从公共服务供给方式来看，既可以由政府直接提供，也可以由政府间接提供；既可以通过政府出资、公办机构来提供，也可以通过政府购买、特许经营、委托代理、服务外包等方式,由企业、行业组织、民办或社会中介机构提供。总体来讲,多样化的公共服务供给方式能够较好地从源头上解决政府直接提供的方式存在的监督管理缺位、缺乏竞争、机构臃肿和效率低下等问题,应该加以推广应用。具体措施包括:制定市场准入标准,积极采取购买服务、政府和社会资本合作(PPP)等方式,充分利用财税、土地、金融等政策手段,鼓励和引导社会资本参与基本公共服务供给。在条件成熟的领域,推广采用公建民营、民办公助等方式提供服务。加快推进事业单位改革,完善公共服务机构法人治理结构,建立健全规范、实用并符合各类公共服务特点和需要的财务制度及绩效管理制度。积极利用信息技术提高公共服务机构管理效率,充分利用互联网作用,推动公共服务智能化、网络化发展。在对典型国家福利模式进行分析中,笔者比较倾向于以日韩为代表的发展型模式,也就是公共服务改善要有利于经济发展与经济参与,经济政策和社会政策要有利于改善公共服务质量。

12.5 "十三五"时期的三个着力点

"十三五"时期,实现全面建成小康社会目标,实施创新驱动发展战略,推动经济转型升级要与完善基本公共服务体系相结合,相互促进,相辅相成。笔者认为,有三个着力点要抓紧突破,全力推进。

- **构建城乡均等的公共就业创业服务体系**

目前我国公共就业创业服务能力仍不能满足日益增长的社会需求,特别是人力资源城乡分割、地区分割、管理分割、身份分割等体制问题突出,政策、信息、管理、服务缺乏衔接贯通,人力资源没有得到有效配置,职业技能培训内容重叠交叉,资金分散,多头管理,培训效果不佳,熟练技工和中等技能人才大量短缺,作为产业工人主体的

中国经济的转型升级
——从"十二五"看"十三五"

农民工，70%是初中文化程度，70%没有接受过正规的职业培训。彼得·戴蒙德、戴尔·莫滕森、克里斯托弗·皮萨里迪斯三位诺贝尔经济学奖得主提出，考虑到劳动力市场供求双方因信息不对称等因素，并不能自动达到均衡匹配状态，应通过健全公共就业服务体系，矫正市场失灵，降低劳动力供求双方的搜寻成本，促进和提高劳动力市场匹配能力及效率。

"十三五"时期，要把构建城乡均等的公共就业创业服务体系作为完善基本公共服务体系的重要内容。顺应互联网广泛渗透的发展趋势，深化改革，打破分割，加快建立全国统一、规范灵活的人力资源市场体系，探索利用手机、微信等现代信息手段提高服务效率，重点加强基层县、乡公共就业创业服务能力建设，实现就业创业信息全国联网，建立网上人力资源市场。要构建面向全体劳动者的职业技能培训体系，发展系统化、全链条的线上线下职业技能培训模式，着力缓解结构性用工的突出矛盾，更好地满足经济转型升级、新兴产业发展的人才需求。要借鉴发达国家好的做法和经验。比如，德国早在1969年就颁布实施了《职业教育法》《职业培训条例》等法律法规，明确规定"凡初中毕业不再升学的学生，就业前必须接受两年半至三年的双元制职业培训"，即一半时间在学校学习理论、一半时间在企业接受"学徒制"培训。目前，德国2/3的就业人员都接受过双元制职业培训，技工月均收入约为2500欧元，略超过社会平均工资。我国和德国同为制造业大国，而良好的技工素质是德国产品赢得世界声誉的重要保障。

"十三五"时期，我们要努力营造尊重职业技能人才的社会氛围，加快推行现代学徒制，完善职业资格证书制度，提高职业技能人才的地位和待遇，激发他们创业创新的活力（见表12-3）。

表 12-3 英德现代学徒制的比较

比较维度	英国	德国
法规框架	• 以《产业培训法》为主要依据 • 其他规定散落于各教育、经济和劳动法案中 • 法制较为薄弱	• 以《职业教育法》为核心法案 • 职业学校教学遵守各州的学校法规 • 法制较为完善
运作机制	• 准市场机制	• 利益均衡的合作机制
经费机制	• 政府承担培训成本 • 企业支付工资 • 企业通过培训机构获得政府拨款 • 部分行业实施征税—拨款机制	• 政府承担职业学校的培训成本 • 企业承担企业内培训成本并支付工资 • 跨企业培训中心由政府资助
学徒制体系	• 阶梯分级制	• 无分级
培训依据	• 学徒制框架	• 培训条例 • 框架教学计划
校企时间分配	• 至少 16 小时/周带薪工作 • 无脱产培训时间的硬性规定	• 企业培训与学校脱产学习时间比例约为 7∶3
学徒制完成依据	• 无固定时间,一般为 1—4 年 • 取得学徒制框架规定的所有认证	• 固定时间,依行业为两年至三年半 • 通过结业考试
学徒参与度	• 大多数参加者是已就业者 • 青年选择学徒制的比例小	• 以主体中学和实科中学毕业生为主 • 超过半数的青年参加
企业参与度	• 约 10% 的企业提供培训	• 约 1/4 的企业提供培训 • 大企业为主
培训质量	• 参差不齐	• 较为统一,受到认可

资料来源:关晶,《西方学徒制研究——兼论对我国职业教育的借鉴》,华东师范大学博士论文,2010 年。

- **实施高中阶段教育免费制度**

在过去几十年里,全面普及九年义务教育为中国的工业化进程培养了大量合格的产业工人,确保了制造业的长足发展和劳动密集型企业的国际竞争力。许多专家认为，当今我们已进入通过普及高中阶段教育（包括普通高中和中等职业教育）加速积累人力资本的阶段。韩国和日本等成功跨越中等收入阶段的经济体，在经济起飞前高中入学率已经接近100%。随后，两国仍然保持对高中阶段教育的投资力度。发达国家人力资本水平已经普遍较高，以25—64岁人口的平均受教育年限为例，美国和加拿大为13.3年，澳大利亚和新西兰为11.9年，欧洲为11.8年左右（见表12-4）。然而，目前我国高中阶段教育的入学率尚不及OECD国家30年前的水平。由于高中阶段教育没有实行免费教育，加之劳动力市场上工资水平的提升，大大增加了个人接受高中阶段教育的机会成本，高中阶段教育呈萎缩趋势。2013年，全国高中阶段学校比上年减少643所，招生比上年减少101.3万人，在校生比上年减少225.4万；高中阶段毛入学率为86%，在高中阶段适龄人口减少1.62个百分点的情况下，毛入学率仅比上年提高1个百分点。实施高中阶段教育免费制度，已是时候，应予重视。

表12-4 OECD国家高中阶段教育学费政策比较

国家	高中教育年龄段	是否义务教育	是否免费
澳大利亚	15/16—18	义务	免费
英格兰	16—18	义务	免费
法国	15—18	第一年义务	免费
德国	15/16—18/19	义务	免费
匈牙利	10/12/14—18/19（初高中一体）	非义务	免费
爱尔兰	15—17/18	非义务	免费
意大利	14—19（初高中一体）	第一年义务	第二年起收费
日本	15—18	非义务	部分免费
韩国	15—18	非义务	部分免费
荷兰	16—17/18	义务	免费
新西兰	16—18	非义务	免费
西班牙	16—18	非义务	免费
瑞典	16—20	非义务	免费

(续表)

国家	高中教育年龄段	是否义务教育	是否免费
瑞士	16—18/19	非义务	免费
美国	14—18（初高中一体）	16及以前义务	免费

资料来源：陆璟，《高中学费政策比较研究》，《上海教育科研》，2006年第9期。对澳大利亚、英格兰、荷兰、日本、韩国等国家的数据进行了更新。

"十三五"时期，实施高中阶段教育免费制度，不仅是教育发展的大事，也是经济社会发展的大事，将为保持经济中高速增长，推动产业中高端发展，实现由中等收入国家迈向高收入国家打好人力资本基础。我国普及九年义务教育取得了丰硕的成果，目前高中阶段教育普及已经具备良好的条件。从需求看，高中教育有明显的劳动力市场回报，接受高中阶段教育的劳动者获得的回报高出初中阶段17%左右，再考虑到人力资本投资应该超前于经济结构的变动，未来五年，普及免费的高中教育可谓恰逢其时。从可行性看，2014年，高中阶段教育毛入学率已达86.5%，且学校大多设置在人口相对集中的城市和县镇，管理体系相对健全。如果按GDP年均增长6.5%—7%、财政性教育支出占GDP的4%初步匡算，"十三五"教育支出年均增长大致为1950亿元—2000亿元，高中阶段教育免费完全在国家财力可承受范围内。

- **实现基础养老金全国统筹**

"十二五"规划、十八大报告和十八届三中全会都明确提出，"实现基础养老金全国统筹"。目前，地区统筹致使基金分散，余缺不能互济，各地企业缴费差别显著，养老负担畸轻畸重，基金收支苦乐不均。2013年，实际缴费率最低的五个省（市）为广东、浙江、北京、江西、福建，费率均在15%以下；而实际缴费率最高的五个省区为西藏、甘肃、山西、黑龙江、四川，费率均在25%以上。征缴收入与支出差额超过100亿元的五个省份为黑龙江、辽宁、湖北、河北、吉林，

中国经济的转型升级
——从"十二五"看"十三五"

均为中西部地区和东北老工业基地;而征缴收入与支出盈余超过200亿元以上的五个省(市)为广东、北京、江苏、浙江、上海,全部为东部发达地区。2014年,城镇职工基本养老保险基金累计结余3.18万亿元,由于省级统筹尚未完全落实到位,实际分散在近2 000个统筹单位,基金互济性、均衡性的功能作用受到很大制约。

实现基础养老金全国统筹,一是可以大大提高基金使用效率,实现全国范围内的互助共济,避免部分地区基金"缺口"不断加大、部分地区基金大量结余闲置的两极分化的现象。二是可以通过地区均衡适当降低缴费费率,改变缴费基数确定办法,减轻实际缴费负担,将游离于制度之外的部分收入较低、劳动关系不稳定的灵活就业人员、农民工纳入参保行列。三是增强养老保险基金的便携性,排除个人缴费、待遇领取的地域障碍,为劳动者的顺畅流动提供便利。四是明晰中央与地方、历史与现实的责任,中央政府负责基础养老金,地方政府负责个人账户养老金,调动中央和地方两个方面的积极性,均衡地区间承担的历史隐性债务,对个人账户空账等历史遗留问题分期逐步解决。起步之初,只将企业职工基本养老保险纳入全国统筹范围。未来条件成熟时,建立国家基础养老金制度,实行基金全国统收统支;建立以个人账户养老金为主的地方养老金制度,实行基金全省统收统支;形成有中国特色的全覆盖、保基本、多层次、可持续的基本养老保险制度。

第13章 挖掘改革新红利

改革是发展的最大动力，也是最大红利。生产力不断解放的过程，也是生产关系不断调整的过程。十八届三中全会提出了改革的总目标，明确了改革的路线图和时间表。2014年9月，中央印发了《党的十八届三中全会重要改革举措实施规划（2014—2020年）》。这里，重点就行政体制、金融体系、国有企业、收入分配等改革任务谈谈看法。财税体制改革在城镇化、基本公共服务、收入分配等章节中已有论述，投融资体制改革在城镇化章节已有论述。

13.1 行政体制改革

行政体制改革是全面深化改革的"重头戏"，甚至被称为改革能否成功的"胜负手"。行政体制改革的实质是要推动政府职能转变，而政府职能转变又是处理好政府与市场、政府与企业、政府与社会关系的核心内容。推进行政体制改革，就是要使政府职能归位，该放手的放手，该管好的管好，有限有为，更好地发挥政府作用。

- **从宏观调控体系到微观服务体系**

长期以来，我们围绕宏观调控的四大目标，即经济增长、就业增

中国经济的转型升级
——从"十二五"看"十三五"

加、物价稳定、国际收支平衡,投入了主要精力,但对完善市场微观经济主体的服务体系缺乏足够的重视。宏观调控方面,早已搭起了体系框架,以国家发展战略和规划为导向,以财政政策、货币政策为主要手段,与产业、价格、土地等政策手段协调配合,在有效应对各种困难和挑战、促进经济社会持续健康发展中发挥了重要作用。虽然这个体系框架还存在一些问题,比如,调控的边界还不够清晰,目标还不尽科学,政策的统筹还要加大力度,经济手段的运用还不充分等,但总体上来说已较为成熟。

相比之下,微观经济服务体系就显得不健全,以市场准入和市场秩序管理为重点内容的服务监管还不到位,要么对微观主体的行政干预过多、服务不够,造成创业创新的"痛点",要么对危害市场秩序和环境的行为充耳不闻、视而不见,形成市场监管的"盲点"。世界银行公布的《2015全球营商环境报告》中,中国营商便利度排在第90位。商事制度改革前,投资创业兴办一个企业,前置审批事项有200多项,流程如同"马拉松赛跑",还有市场准入门槛高、大量非经济性资金成本等问题,极大地限制了市场主体活力的发挥。近年来频发的食品、药品安全和生产安全事故,从另一个侧面反映出对市场失序行为监管不力造成的严重后果。

在新常态下讨论微观经济服务体系,尤其具有重要意义。当前经济增速由高速转为中高速,且保持中高速仍然面临动力不足的问题。仅仅依靠宏观调控从需求方面进行刺激,政策空间有限,还可能进一步加剧结构失衡。根本出路是增强经济的内生动力,而重中之重是要活微观主体。近年来,新企业的大量增长,创业创新活力的大大增强,背后的逻辑就在于新一届政府大刀阔斧地简政放权,转变职能,改造了微观服务体系,为新业态、新产品的诞生,为各类创业创新活动打开了大门,缓解了出口下降、产能过剩带来的经济下行压力。

未来我国宏观经济调控体系仍需要完善,特别是要加强各项经济政策的统筹协调和跟踪落实。同时,务必以改革创新的思维,重构微观经济服务体系。各级政府要做到放权、服务、监管三位一体，真正把工作的重心转到为微观经济主体营造良好的发展环境、提供优质的公共服务、进行有效的市场监管上来，而不是仅仅为招商引资改善环境、为扩大投资提供服务、为收取税费进行监管。简政放权要真正做到放给市场、放给企业、放给社会，而不是中央放给地方，上级放给下级，行政机构放给事业单位。要相信市场的力量大于政府的力量。对于微观经济主体来说，往往"给一寸阳光就会有万丈灿烂"。

- **从行政审批改革到政府职能转变**

行政审批改革是行政体制改革的突破口，是推进简政放权的"先手棋"。近三年来，行政审批改革深入推进审批事项大幅减少。但应该注意的是，行政审批权限仅仅是政府手中权力的一小部分，行政审批改革也只是政府职能转变的"冰山一角"。不能认为只要取消和下放了行政审批项目，行政体制改革就深入了，政府职能转变就成功了。从笔者多次到地方调研了解的情况看，无论是沿海城市还是中西部地区，在政府长长的权力清单中，行政审批只是一项，还有行政处罚、行政强制、行政征收、行政给付、行政检查、行政确认、行政监督、行政裁决等多项内容，在4 000—5 000多项目录中，其中行政审批项目占比不到10%。这说明行政体制改革需要全面深化，政府职能转变还任重道远。加之如前所说，放权尚未真正放到位，这也是企业和社会对行政体制改革的感受并不是那么强烈的主要原因。

从更宽的视角看，行政审批改革，包括投资审批改革、商事制度改革、机构编制改革等各项行政体制改革，都只是途径、手段，不是目的。改革的出发点和落脚点应该是，推动政府职能转变，提高行政效能，建设服务型政府。我们的改革不能只停留在精简了多少机构、取消了多少事项上，而应更多地结合政府的服务、管理乃至运作方式，逐步厘清建设什么样的政府，以及如何建设的问题。比如，深圳市在推进行政审批改革中，特别强调从集中审批到集成服务的转变，以行政审批改革为突破口,整合政府内部职能和流程,推动建设服务型、法治化政府。提出要重塑面向公众的政府服务,要把改革引入到审批许可条件的简化、环节的优化和流程的再造上来;从便利申请人的角度,推进整体审批业务的流程再造,提升审批许可的集约化办理;从方便申请人办事的角度,在政府内部形成行政审批以法律关系、业务关系、逻辑关系为纽带的紧耦合。

● **从负面清单到权力清单**

本轮行政体制改革中,一个可圈可点的做法是推出了两个清单,即市场准入的负面清单和政府行政的权力清单。这是从法治的角度来理清政府和市场的关系,界定政府和市场的边界,是政府服务及管理方式上的一大进步,也是政府职能转变的重要基础。

实行市场准入负面清单制度,就是以清单方式列出禁止和限制投资经营的行业、领域、业务等,采取相应管理措施的一系列制度安排。按照"法无禁止即可为"的原则,负面清单以外的行业、领域、业务等,各类市场主体皆可依法平等进入。这对于建设法治化的营商环境十分重要。长期以来,一些不适合市场经济发展和竞争要求的管理制度及方式,增加了企业设立、进入、管理和运营的成本,政府拥有的广泛的自由裁量权,使权力寻租空间赖以存在,使社会交易成本大幅增加。特别是在新技术、新产品、新业态不断涌现的今天,正面清单的范围是静态而狭窄的,不可能实现发展动态的全面覆盖,如果按照"非准即禁"的老套路,大量创新就会被扼杀在摇篮中。负面清单如同飞机安检,列出的是不能随身携带的违禁物品,既达到了安检的目的,又提高了安检的效率。同样的道理,市场准入的负面清单有利于适应市场的变化,激发创造的活力。

负面清单是从市场准入的角度来看,权力清单则是从政府管理的角度看,这类似于一个硬币的两面。两个清单必须配套规范,只有这样,才能"既松开了市场的绑,又管住了政府的手"。而明确政府活动范围，约束政府行为权限，是政府转变职能的关键一步。因此，从负面清单到权力清单的指向就是要使市场、政府各归其位，市场高效配置资源，政府正确履行职能。现在要求将地方各级政府工作部门行使的各项行政职权及其依据、行使主体、运行流程、对应责任等，以清单形式明确列示出来，向全社会公布并接受社会监督，同时按照权责一致的原则，确定与行政职权相对应的责任事项，建立责任清单，明确责任主体，健全问责机制，可谓一环扣一环，环环紧相连。

推行负面清单、权力清单以及责任清单的工作处于起步阶段，各地都在积极探索。总体来说，这是一个新生事物，没有经验可循，坚持正确的原则非常重要。比如，法治的原则，即谁来决定清单的内容，以什么样的程序来决定，当涉及一些重要的或者专业性较强的事项时，是否要进行公众听证、专家听证，执行的情况由谁来监督和评估等，均应该有法可依，在法律上做出明确的规定。又如，精简的原则，即负面清单不能过长、过多，不能什么都往里面装，在制定负面清单、权力清单的过程中，要对原有事项进行全面清理，坚持少而精，抓住要害，管好重点。再如，统一的原则，即各级政府、各个部门以及不同省份，是根据各自的情况列出清单，还是全国制定统一的清单，这是一个重要问题。如果各搞各的，就会五花八门，从打破行政壁垒、构建统一市场的目标出发，应坚持基本一致、个别微调的思路。

13.2　金融体制改革

金融是现代经济的"血液"。金融活不起来，经济就会出现"贫血症"；金融出了大的问题，就可能引发"败血症"。未来的金融改革，要立足构建与经济新常态相适应的金融市场体系，统筹推进利率、汇率制度改革，稳步推动人民币国际化，建设公开透明、稳定健康的资本市场，提升金融服务实体经济的能力，有效防范、化解系统性金融

中国经济的转型升级
——从"十二五"看"十三五"

风险。"十三五"时期,要重点围绕服务实体经济的目标,大力发展中小金融机构,稳步发展互联网金融,构筑多层次资本市场体系,创新金融信用体系建设。

● **中小金融机构:放宽准入与改造提升**

我国中小金融机构发育不足的问题十分突出。我国金融体系中大型金融机构占据了主要的市场份额,前十大银行集中了金融业40%的资产,而美国这一比重仅为14.5%。美国现有7 000多家银行,是我国银行数量的4倍,即使把我国农村信用社统计在内,银行业法人机构数量也只有美国的50%左右。中小金融机构发育滞后,直接影响对中小微企业的金融服务,使融资难、融资贵的问题越来越突出,对激发社会创新活力,促进就业和创业创新,推动经济提质增效,都是一个严重的制约。当务之急,应坚持放宽准入与改造提升两手抓。

推动民间资本发起设立中小型金融机构。我国有着雄厚的民间资本。过去,相当一部分民间资本成为"热钱""游资",在金融体系内外游荡,有些时候甚至成为助推资产价格泡沫的因素。推动民间资本设立中小型金融机构,有利于把民间资本逐利的本性,纳入金融服务实体经济的大棋局中,使实体经济和民间资本各得其所。李克强总理在2015年的政府工作报告中明确提出:"推动具备条件的民间资本依法发起设立中小型银行等金融机构,成熟一家,批准一家,不设限额。"这样做,可以说是"一举三得":调动民间创新精神,优化银行业的结构,激发银行业的竞争;推动差异化、区域化金融服务发展,满足更加多元的金融需求,更好地服务实体经济;拓展民间资本投资渠道,提高资源配置效率,促进民营经济发展。

加快农村信用社股份制改造。笔者曾经在湖南省政府分管农村信用社工作多年。农村信用社点多面广,与农村经济、个体经济和中小微企业发展联系紧密。由于经营机制和历史遗留问题,农村信用社普遍存在产权不清晰、历史包袱重、业务开展难等问题,而其中最主要的问题是产权不清晰导致的所有者缺位,要解决这一问题就要牵住产权改革这个"牛鼻子"。在"十二五"规划纲要中有这样一段话:"深化农村信用社改革,鼓励有条件的地区以县为单位建立社区银行,发展农村小型金融组织和小额信贷"。五年即将过去,落实不够理想。截至 2015 年 3 月末,还有 1 400 多家农村信用社尚未完成股份制改革,有些地方的农村信用社改革存在着"脱农进城"、越改越大的现象。从国际经验看,美国的社区银行具有借鉴意义。统计表明,美国社区银行总资产仅占银行业资产的 1/10,但向小企业发放的贷款却占到全行业的 40%。"十三五"期间,深化农村信用社改革,应该坚持两条原则:一是理顺产权,实现股份制改造;二是立足县域,定位社区化服务。

提升城市商业银行专业化水平。前些年,城市商业银行跨境发展,四面出击,规模不断扩大;现在,资产增速、利润增速都在回落,跑马圈地式的发展模式已难以为继。随着我国多层次银行体系的完善,以及客户结构和市场分类的变化,城市商业银行应深耕本土,"靠山吃山、靠水吃水"。针对所在区域客户和小微企业特点,实现差异化经营,提供具备区域特色的金融服务,这是提升核心竞争力、实现可持续发展的战略选择。从成熟市场经济国家的银行体系来看,往往是少数全国性大银行和大量区域性中小银行共生共荣,中小金融机构向区域外扩张的动力并不强。究其原因,公司治理结构的完善,抑制了委托代理中职业经理人盲目扩张的冲动。区域性金融机构向外扩张,往往会增加公司的运营成本和风险,直接影响股东价值。"十三五"期间,城市商业银行的发展要突出区域化的特点,提升专业化水平,完善公司治理,加强风险防控。

- **互联网金融:鼓励创新与防控风险**

互联网金融是传统金融机构与互联网企业利用互联网技术和信息通信技术实现融通、支付、投资和信息中介服务的新型金融业务模式。

中国经济的转型升级
——从"十二五"看"十三五"

发展互联网金融有利于增强金融服务的可得性和便利性。我国拥有海量的互联网、移动互联网用户,发展互联网金融有着肥沃的土壤。2015年7月,人民银行等部门发布《关于促进互联网金融健康发展的指导意见》,就互联网金融发展的原则、目标和监管等做出了部署。"十三五"期间,鼓励创新与加强监管是互联网金融发展的两大主题。

打造互联网金融云服务平台。金融业同互联网结合最明显的特征就是提升效率,降低成本。云计算技术的应用大大提升了资源整合的能力,解决了互联网金融对高一致性、高准确性、高可靠性、高可用性及实时性的要求。有专家指出,互联网金融的一只脚就是云计算。比如,2014年余额宝"双11"当天的申购和赎回高达几千万笔,超过了两三年前全年的交易量,这正是基于云计算技术实现的。未来五年要重点打造互联网金融云服务平台,支持银行、证券、保险企业实施系统架构转型,优化服务链条,提升服务效率。但云计算也是一把"双刃剑",安全隐患不容忽视,在支持云平台建设的同时,应加强配套信息安全建设,引导和规范企业安全运作。

强化互联网金融功能优势。互联网金融的优势主要体现在互联网支付和理财两个方面。支付方面,随着智能移动终端的普及,第三方支付和移动支付发展迅猛。普华永道预测,2015年中国移动支付总额将超过5万亿元。以支付宝、财付通为代表的中国支付品牌,正依托广阔的国内市场向维萨(Visa)、万事达(MasterCard)和美国运通(American Express)等国际支付领域公认的老牌支付企业发起挑战。理财方面,以2013年兴起的余额宝为代表的互联网理财型金融产品的爆炸式发展,是对原有金融体系的一次强力冲击。余额宝上线短短几个月,规模就突破了2500亿元,最高时超过5000亿元,成为新的行业第一。"十三五"时期,要支持互联网支付和理财业务发展,支持相关领域创新,为民众创造更加便捷的消费方式和广阔的财富支配空间,促进民众将财富转化为消费,助力经济结构调整。

推进互联网金融服务模式创新。信息不对称一直是制约我国金融服务实体经济的重要障碍,鼓励互联网服务模式创新,才能更好地满足中小微企业和个人的多元化金融需求。比如,通过网络借贷,实现分散式金融服务,改变传统的集中处理模式,降低了信息不对称和交易成本,提升了金融企业和消费者的匹配效率。又如,众筹的发展降低了一些传统金融服务的门槛,截至2015年6月,我国已经有165家众筹平台,其中股权众筹融资需求占总融资需求的70%[①],未来发展潜力巨大。有关研究指出,随着人脸识别、手势操控等技术的提高,下一代的交互方式将会有颠覆性的创新,这对支付和信用担保等领域都会带来全新的变革。"十三五"期间,要高度重视互联网金融服务模式的创新,在风险可控的前提下,不断降低金融交易成本,提升金融服务的可获得性。

有效防范互联网金融风险。在金融发展的历史上,防范风险是永恒的主题。互联网金融作为一种新的金融模式,蕴含的风险因素较多。比如,系统安全风险,由于高度依赖技术平台,系统漏洞和技术失灵将会引发严重后果,用户身份、账户和资金信息也存在被非法盗取、篡改、泄露的可能;信用违约风险,由于准入门槛低,缺乏银行准备金等信用担保机制,一旦遭遇市场震荡,极易爆发挤兑和违约事件;金融犯罪风险,互联网的开放性使互联网金融容易成为洗钱、诈骗、非法集资等经济犯罪活动的温床。

"十三五"时期,要借鉴国际经验和做法:一是完善法律监管体系。制定诸如电子支付、数字签名、消费者保护、资金管理等法律法规,形成针对互联网交易、电子商务监管的法律框架和规则体系。二是实施全面有效监管。采取谨慎宽松原则,在给予自由度的同时进行全面监管,重点是严格市场准入和业务拓展,进行风险提示。三是健全风险评估体系。建立风险评价模式,动态评估风险发展趋势。四是

---

① 《中国众筹行业报告——2015(上)》,中商情报网,2015年7月2日。

加强监管部门协同。现有的分业监管体制整体性、系统性和有效性不足，要建立监管协调机制，创新监管方式，强化协同监管。

- **资本市场：多元发展与加强监管**

在传统的以银行为信用中介的金融体系中，存在高风险偏好的资金缺少与高风险、高收益的项目有效对接的渠道，银行间市场流动性未能有效向实体经济传导，企业股本融资与债务融资比例不协调等问题。实施创新驱动发展战略，服务实体经济发展，要大幅提高直接融资比重，优化金融结构，构筑稳定健康的多层次、多元化资本市场。

大力发展股权融资市场。相比传统的债权融资，股权融资最大的优势是能够把企业、个人、投资项目的收益资本化。第二次世界大战后，美国能够在全球经济中独领风骚，在多次危机中复苏，在每一轮科技创新中走在世界前列，与其发达的、强大的资本市场密不可分。我国正在力图改变实体经济的"贫血"状况，力推大众创业、万众创新，如果能够把大量的金融资源与丰富的人力资源有机结合，投入具有竞争力、成长性的企业，必将激活无数的创新基因，产生巨大的倍数效应。"十三五"期间，要在发展股权融资市场上取得新突破，在稳定发展主板市场和中小企业板市场的同时，改革创业板市场，支持更多创新型企业上市融资，完善新三板市场制度体系，扩大交易规模，丰富交易形式，建立分层次的投资者适当性管理制度；建立和完善以信息披露为中心的股票发行制度，推进股票发行注册制改革；有序推进区域性股权市场和股权众筹融资发展。

规范发展债券市场。在发达国家的资本市场中，债券市场的地位举足轻重。大幅提高直接融资的比重，最主要的就是要大幅提高债券融资在整个融资中的比重。我国债券市场发展滞后的问题相当突出。从债券市场规模占GDP的比重看，我国约为56%，而美国、英国、日本、德国分别为220%、240%、240%和130%。债券市场不发达限制了对中小企业的资金供给。"十三五"期间，我国多层次资本市场发展要尽快补上债券市场发展这一课。要加大债券市场对智能制造业、现代服务业、互联网企业和基础设施等领域的重点支持，通过债券市场拓宽城镇化建设资金筹措渠道，发展适合不同投资群体的多样化债券品种，形成市场化的社会财富管理机制。

加强和改进对资本市场的监管。资本市场崩溃影响实体经济发展的例子屡见不鲜，1929年美国股市大崩溃、20世纪80年代末日本泡沫经济破灭都是典型案例。2015年6月至7月，我国股票市场出现异常波动，上证指数一度在18个交易日内下跌了近35%，深证指数在17个交易日内下跌超过40%。这次股市波动给我们带来深刻的启示。首先，监管必须时刻牢记和坚守公开、公平、公正的原则。打击市场操纵、内幕交易和保护投资者权益是监管机构的天职。其次，监管机构对市场泡沫应始终保持高度警惕。我们发展资本市场的目的，是让广大投资者分享经济发展的成果，而不是使其成为财富再分配的工具。最后，资本项目开放应审慎进行。我国金融体系还不完善，金融监管体系还不成熟，抗风险能力弱，如果过快放开资本项目，一旦全球经济金融出现剧烈震荡，我们将无险可守或有险难守。"十三五"时期，要把加快资本市场制度性建设，建立资本市场风险预警、评估和处置等常态化机制提到十分重要的位置。

- **金融信用体系：加快建设与开放应用**

2004年，笔者在哈佛大学肯尼迪政府学院就美国的信用体系做过为期半年的专题研究。[①] 美国信用体系有两个最大的特点：一是市场主导与政府主导互动。所有的征信评估机构、信用中介服务机构都是私营性质的营利性组织，完全市场化运作，政府主要通过制定法律和政策予以引导。美国政府先后颁布了20多部信用法律法规。二是以服务金融、商业需求为主。美国初期的信用制度实质上就是银行借贷制度

---

① 徐宪平，《关于美国信用体系的研究与思考》，《管理世界》，2006年第5期。

中国经济的转型升级
——从"十二五"看"十三五"

和资本市场融资制度。20 世纪 30 年代经济危机发生后,美国政府明确规定,所有需要从金融市场、资本市场贷款和融资的企业,所有政府和企业债券,都必须事先进行资信评级,这极大地促进了征信评信制度的确立和行业的繁荣。而欧洲的模式主要是以欧洲中央银行建立的中央信贷登记系统为主体的社会信用管理模式。日本的模式是会员制,包括银行、信用卡公司、金融机构、企业、商店等机构都是征信体系的会员,实行信用信息的互换共享,这两种模式也都是聚焦于金融行业。笔者一直认为征信评信的重点应放在金融领域。金融是现代经济的核心,金融风险是涉及全局性、系统性的风险,而信用风险是金融风险中的一个关键因素。金融机构既是信用信息的主要需求者,也是主要提供者。加快金融信用体系的构建,对促进经济增长、防范金融风险具有"牵一发而动全身"的特殊作用。

2014 年 6 月,国务院印发《社会信用体系建设规划纲要(2014—2020 年)》(下文简称《规划》),拉开了全面推进社会信用体系建设的大幕。《规划》把金融领域信用建设作为一项重要任务,强调加强金融信用信息基础设施建设,扩大信用记录的覆盖,加大对金融欺诈、恶意逃废银行债务、内幕交易、制造假保率、骗保骗赔、披露虚假信息、非法集资、逃套骗汇等金融失信行为的惩戒力度,规范金融市场秩序。人民银行依据《征信机构管理办法》,积极推进个人征信机构许可和企业征信机构备案工作,有序推动小额贷款公司、融资性担保公司等机构接入金融信用信息基础数据库。在此大好背景下,"十三五"时期,要充分发挥政府和市场在信用体系建设中的双重作用,注重发挥互联网企业、电子商务企业在征信评信中的特殊作用,注重发挥政府与企业在征信评信中的互补互动作用。

目前,阿里巴巴平台上的活跃买家人数已达到约 3.7 亿人,经过 10 多年的探索创新,阿里巴巴已建立起一套行之有效的网络诚信机制,被称为"阿里诚信体系",由用户信息认证体系、信用等级评价体系、业务流程保障体系、惩恶体系、扬善体系、平台外开放合作体系和大数据底层信息体系等七大体系组成。阿里巴巴认为，这是公司各项业务持续高速发展的根本原因。而腾讯公司已于2013年年底成立征信中心，2015年1月获批征信牌照。腾讯现有的业务包括支付、社交、游戏、增值服务等，覆盖的用户超过8亿，用户线上行为表现数据，可以作为另一个维度的丰富信息，在银行风险控制系统的基础上，提供更多风险信息的识别。这两大互联网公司以"市场化+社会化+平台化"为三大特征，以云计算、大数据技术为两大支撑的征信评信体系，将有力地推动金融信用体系乃至整个社会信用体系的建设进程。

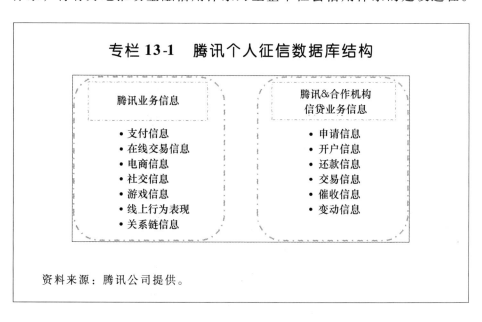

专栏13-1　腾讯个人征信数据库结构

资料来源：腾讯公司提供。

13.3　国有企业改革

国有企业是推进国家现代化、保障人民共同利益的重要力量。国有企业改革一直是经济体制改革的重点难点。可以说，随着国有企业改革和发展的不断推进，国有企业面貌已经发生根本变化，实力已经

中国经济的转型升级
——从"十二五"看"十三五"

大大增强,但大而不强、活力不足、效率不高和内部管理薄弱等问题依然突出,这是此轮深化国有企业改革面临的艰巨任务。

● **中心问题:增强活力和提高效率**

活力、效率是企业的生命力和竞争力的表现。近十来年,我国国有经济规模快速扩大,国有企业销售收入、资产总额从2003年的10万亿元和20万亿元,增长到2013年的47万亿元和104万亿元。2013年,全国国有企业上缴税金3.8万亿元,占全国税收的34.6%。世界500强中,中国内地国有及国有控股企业已占到84家。但深入分析后,就能够发现国有企业存在较大差距。比如,2013年,中国制造业500强中,国有企业的平均资产利润率为1.89%,民营企业为3.89%,国有企业的人均利润为3万元,民营企业为6万元,都是1:2的差距。又如,2014年,在最能够体现产品知名度、美誉度的"全球企业品牌价值排行榜"上,中国仅有华为一家民营企业入围,众多国有企业无一上榜。

"十三五"时期,国内外经济发展环境、市场条件、竞争格局都在发生较大变化。国有企业要发挥国有经济的功能作用,实现国有资产的保值增值,增强控制力、影响力、抗风险能力,核心的问题就在于增强活力、提升效率。国有企业要进一步做强做优,应努力做到"三个适应":一是要适应经济发展新常态。国有企业大多处于关系国家安全、国民经济命脉和国计民生的关键领域及重要行业,要在稳增长、调结构、转方式、惠民生、防风险中发挥"国家队"的作用。二是要适应创新驱动发展的新形势。国有企业有规模优势、行业优势,要在推动技术、制度、管理、商业模式全面创新和促进产业升级、提质增效中发挥"先遣队"的作用。三是要适应"一带一路"开放的新格局。国有企业资本实力雄厚,拥有一批竞争力较强的骨干企业,要在"走出去"配置资源、扩大布局,加快"一带一路"建设中发挥"排头兵"的作用。这都是新时期赋予国有企业改革的新使命。

第 13 章 挖掘改革新红利

● 主要途径：分类改革和混合发展

从以往国有企业改革的实践看，分类改革是一条重要经验。比如，20 世纪 90 年代末，国有企业生产经营相当困难，出现大面积亏损，又面临加入世贸组织放开市场的严重挑战。当时的主要做法是：第一，抓大放小，采取多种形式搞活国有中小企业，推进产权制度改革，实行企业改制，整体出售；置换职工身份予以经济补偿。第二，改革布局结构，关闭和重组国有困难企业，重点解决计划经济体制的结构矛盾。第三，构建社会安全网，发挥再就业中心等社会保障的托底功能。这些改革举措的基本方法，就是分类推进、区别对待、多种形式，针对性、指向性极强。

如何划分国有企业的不同类别，目前还存在一些分歧。有些人主张分为两类，如商业类、公益类；也有些人主张分为三类，如商业类、公益类、特定功能类。在基层调研中，大多数意见倾向于前者。实际上，分类的目的不是分类本身，而是通过分类确立什么样的功能，采取什么样的方式，达到什么样的目标，以利于更好地分类改革、分类发展。特别是要根据确定的分类，在监管方式、目标设定、公司治理、选人用人、业绩考核、薪酬体系等方面进行分类管理的系统设计。分类也不是一成不变的，可以根据发展情况进行调整。总体上说，商业类国有企业就是要突出竞争性，坚持市场化、商业化运作，引进民间资本实现股权多元化，国有资本可以绝对控股、相对控股和参股，衡量的主要标准是资产质量、经营效益和竞争能力。公益类国有企业，就是要突出保障性，围绕政府更好地履行职能，提升保障能力，增加公共产品供给，提高公共服务水平；同时要注重引入市场机制，降低成本，讲究效率，保证质量。

发展混合所有制经济是新一轮国有企业改革的一个亮点。十八届三中全会指出，混合所有制经济是基本经济制度的重要实现形式，有利于国有资本放大功能、保值增值、提高竞争力，有利于各种所有制资本取长补短、相互促进、共同发展。社会各界对发展混合所有制经济的关注度很高,从笔者了解到的情况看,其难点在于"在哪些领域混合,以什么方式混合,混合到什么程度"。

发展混合所有制经济,股权设置很关键。股权设置合理才能发挥各种资本的比较优势,产生最大化的效益。而如何设置股权,又与国有企业分类密切相关。如果是充分竞争领域的国有企业,可积极推进股权多元化,也可让民营资本控股;如果是关系国民经济命脉的国有企业,应保持国有资本控股地位,支持非国有资本参股。当然,改革可以采取先易后难、循序渐进的方式,比如对已经上市的公司,对新办企业、新上项目,对企业集团的子公司,优先推进混合所有制改革。在市场经济条件下发展混合所有制经济,应该是双向混合,而不是单向混合。既要引入非国有资本参与国有企业改革,鼓励非国有资本投资主体通过出资入股等多种方式,参与国有企业改革,也要鼓励国有资本以多种方式入股非国有企业,发挥国有资本投资运营平台作用,对发展潜力大、成长性强的非国有企业进行股权投资等。

专栏13-2 东风汽车公司发展混合所有制经济的探索

东风汽车公司组建初期主要是生产商用车,20世纪90年代企业曾一度发展困难,2000年以后通过中外合资,引入先进产品、技术、资金和管理,企业获得较快发展。2013年东风汽车公司实现产品销量353.5万辆,营业收入1916亿元,净利润132.4亿元,经营情况良好。

东风汽车发展混合所有制主要有三种类型:一是与外资50∶50的合资模式,先后与标致雪铁龙、起亚、日产、本田等进行合资合作,经营管理质量显著提高。二是与民营企业合作,2003年与重庆小康汽车控股公司组建东风小康,将东风的品牌优势与民营企业的运行机制、成本控制优势相结合,使低价位车型市场的保有量显著增长；三是控股合资模式，2013年东风汽车公司与瑞典沃尔沃公司建立战略联盟，中方控股55%，外方持股45%，对外合作开始向掌控关键技术和关键资源方向发展。

目前，东风汽车公司子公司大多是50∶50的合资关系，公司80%的资产进入上市公司。公司通过中外合资成为混合所有制企业，国有成分在40%左右，国有资本功能得到放大，实现了又好又快的发展。

资料来源：国家发改委相关调研资料。

● **制度保障：国有资产管理体制和现代企业制度**

完善国有资产管理体制和现代企业制度是进一步落实企业市场主体地位、提升企业活力与效率的治本之策，也是实现分类改革和混合发展的制度保障。国有资产管理体制改革的核心内容包括两方面。**第一，以管资本为主加强国有资产监管**。这是从管企业为主向管资本为主的重要转变，是国有资产管理思路上的"有进有退"。"进"是要加快国有资本配置体制改革，提高资本配置效率，正如厉以宁教授所言，在国有资本体制改革中，我们主要把时间和精力用在国有企业管理这一层次的改革上，而没有主要考虑国有资本配置的改革问题。[①] "退"是要减少对国有企业过多过细的干预，解决国有资产监管机构"既当老板又当婆婆"的问题。当前，"横向到边、纵向到底""爷爷孙子一起管"的监管模式，使得企业的市场主体地位难以落实，活力自然难以发挥。改革的方向应该是给企业松绑，把应由企业自主经营决策的事项归位于企业。

第二，改革国有资本授权经营体制。改组组建国有资本投资、运

---

① 厉以宁，《中国经济双重转型之路》，中国人民大学出版社2014年版。

营公司，这是推动监管机构从管企业向管资本转变，形成国有资本流动重组、布局调整的有效平台。作为市场化的资本运作主体，可以在政府与市场的界面，建立权责明确的国有资本委托—代理关系，厘清出资者、监管者、运营者的关系。事实上，在金融领域已有可以借鉴、相对成熟的管理模式，中投、汇金投资控股公司，信达、华融等资产管理公司，全国社保基金等，都属于金融持股机构，管理的对象都是资本化和证券化的国有资产，通过投资运营实现了国有资本保值增值。未来，国有资本投资、运营公司的功能定位应该是：重在国有资本投资运营，确保持股企业具有独立的市场主体地位；重在国有资本配置，推动国有资本布局调整；重在国有资本合理流动，防止国有股权固化、僵化；重在国有资本保值增值，专注资本投资收益。

国有资产管理体制的重大改革必须要与现代企业制度的加快完善衔接配套。早在十四届三中全会上就明确提出推动国有企业建立"产权清晰、权责明确、政企分开、管理科学"的现代企业制度，现在看来这项任务尚未完成，需要深入推进，关键还在于健全多元制衡的公司法人治理结构。既要规范董事长、总经理的行权行为，防止"一把手说了算"，又要落实董事会经营决策、薪酬分配、人员选聘等权利，保障经理层的经营自主权。要改进监事会形同虚设的问题，真正把监督落到实处。应取消国有企业事实上存在的行政级别，推行职业经理人制度，实行市场化选聘、市场化薪酬的做法，吸引和留住人才。对混合所有制企业，要探索新的管理模式，不能沿用传统的国有企业管理模式。

13.4 收入分配改革

收入分配问题是社会各界关注的热点，也是跨越"中等收入陷阱"需要破解的难题。十八大报告强调"实现发展成果由人民共享，必须深化收入分配制度改革"。十八届三中全会明确提出"形成合理有序的收入分配格局"。2013年2月,国务院批转发改委、财政部、人力资源和社会保障部《关于深化收入分配制度改革的若干意见》。"十二五"时期,我国收入分配差距有所缩小,收入分配格局有所优化,但基尼系数仍然处在警戒线以上的高位,收入分配秩序不规范的问题依然突出。"十三五"时期,要保持"十二五"时期收入分配状况总体向好的趋势,坚持"两个同步",完善"两个机制",努力实现"三个目标"。

- **坚持"两个同步"**

"十三五"时期,受经济增速放缓、结构性调整加速等因素影响,深化收入分配改革、完善收入分配政策的环境条件发生了新的变化,面临新的风险。主要表现在:一是部分低收入群体有增收空间收窄的风险。受农产品成本提高、价格"天花板"限制,农民经营性收入增长空间压缩;农村劳动力转移人数下降,企业生产经营困难,农民工资性收入增速放缓;受教育程度低、缺乏一技之长的城镇低收入者,抵御经济风险的能力差,收入降低将最为明显。据国务院发展研究中心调查,2014年家庭年收入在1万元以下的受访者出现收入下降的比例最高,达到28.09%,比2013年上升了3.77个百分点。二是部分中等收入者有滑入低收入群体的风险。技术进步带来传统产业升级、新兴产业兴起以及机器人的大量使用,此外,高度依赖能源矿产资源支撑经济增长和产能严重过剩的地区,都面临结构性失业群体扩大的矛盾,可能导致部分中等收入者失去工作或收入大幅减少。三是部分收入分配矛盾有转化为社会矛盾、社会冲突的风险。经济下行过程中,就业和收入的不稳定性增加,农民工工资拖欠、劳动争议、社会保障待遇等矛盾容易激发激增,甚至酿成大规模群体性事件等。

分析这些潜在风险,目的是要化解这些风险。一个最基本的前提,就是要保持经济持续健康发展,坚持居民收入增长和经济发展同步、

中国经济的转型升级
——从"十二五"看"十三五"

劳动报酬增长和劳动生产率提高同步的方针。如何保持经济持续健康发展,我们在前面的章节中已做过系统的阐述。对于能否做到"两个同步",我们分析认为,"十三五"时期是具备基础条件的。首先,从服务业增加值占比看,近年来我国服务业增加值占GDP的比重不断提高,2013年已经超过第二产业,2014年达到48.2%,2020年预计达到55%左右,比照国际经验,这一结构调整趋势将有利于提高劳动报酬占比。其次,从人力资本质量看,经济转型升级要求加快培育形成以科技创新为核心支撑的新竞争优势,对人力资本质量的提升要求更为紧迫,随着劳动者素质红利的挖掘,全社会劳动报酬水平也将进一步提高。最后,从要素比价关系看,我国劳动年龄人口总量开始出现下降,农业富余劳动力逐年减少,劳动力低成本、无限供给阶段基本结束,劳动力供求关系以及劳动与资本之间的要素比价关系都发生了变化,使劳动力议价能力得以增强。"十三五"时期,既要努力做到"两个同步",又应使劳动报酬增速保持在合理区间。要在坚持由市场决定要素价格的基础上,把握好政策力度和节奏,既要避免过度干预,损害企业竞争力和市场效率,也要避免放任为之,抑制劳动要素的合理收益和劳动者的积极性、创造性。

- 完善"两个机制"

收入分配制度主要由初次分配和再分配机制构成。"十三五"时期,深化收入分配制度改革,要坚持按劳分配为主体、多种分配方式并存,坚持初次分配与再分配并重,继续完善劳动、资本、知识、技术、信息、管理等要素按贡献参与分配的初次分配机制,加快健全以税收、社会保障、转移支付为主要手段的再分配调节机制。初次分配是收入分配制度中最具基础性的制度安排。在初次分配方面,实施就业优先战略和创新驱动发展战略,实现更高质量的就业,提升劳动者获取收入的能力,给予创新者更多的利益回报;深化工资制度改革,完善企业、机关、事业单位工资决定和增长机制;拓展知识、技术、信息、管理等要素参与分配的途径，探索建立科技成果入股、岗位分红权激励等多种分配办法，创造人尽其才、才尽其用的良好环境。

再分配是政府调节初次分配结果、促进社会公平的主要手段。目前我国再分配后的基尼系数较初次分配大约下降了10%，而OECD主要国家一般下降30%左右，使基尼系数从0.4—0.5之间调节为0.25—0.35，这说明我国再分配调节还有较大的空间。"十三五"时期，应更加注重发挥政府的再分配调节作用，完善转移支付制度，调整财政支出结构，加快推进基本公共服务均等化，加大税收调节力度，建立综合与分类相结合的个人所得税制度，推进结构性减税，减轻中低收入者和中小企业税费负担，全面建成覆盖城乡居民的社会保障体系，不断完善社会保险、社会救助和社会福利制度，大力发展社会慈善事业。

● **实现"三个目标"**

"十三五"时期，深化收入分配制度改革，应努力实现三个目标。第一，城乡居民收入实现倍增。十八大在全面建成小康社会目标中明确提出，到2020年实现国内生产总值和城乡居民人均收入比2010年翻一番。在前面的章节中，我们已对此做过专门的分析，两个翻番的目标，经过努力是能够达到的。在此过程中，还应力争中低收入者收入增长得更快一些。第二，收入分配差距继续缩小。未来五年，城乡、区域和居民之间收入差距的问题能够得到有效缓解，7 000多万贫困人口能够全部脱贫，中等收入群体持续扩大，"橄榄型"分配结构逐步形成。第三，收入分配秩序明显改善。合法收入得到有力保护，过高收入得到合理调节，隐性收入得到有效规范，对非法收入予以坚决取缔，形成公开透明、公正合理的收入分配秩序。

专栏13-3 《关于深化收入分配制度改革的若干意见》的重点政策举措

完善初次分配机制。促进就业机会公平。提高劳动者职业技能。促进中低收入职工工资合理增长。加强国有企业高管薪酬管理。完善机关事业单位工资制度。健全技术要素参与分配机制。多渠道增加居民财产性收入。建立健全国有资本收益分享机制。完善公共资源占用及其收益分配机制。

健全再分配调节机制。集中更多财力用于保障和改善民生。加大促进教育公平力度。加强个人所得税调节。改革完善房地产税等。完善基本养老保险制度。加快健全全民医保体系。加大保障性住房供给。加强对困难群体的救助和帮扶。大力发展社会慈善事业。

建立健全促进农民收入较快增长的长效机制。增加农民家庭经营收入。健全农业补贴制度。合理分享土地增值收益。加大扶贫开发投入。有序推进农业转移人口市民化。

推动形成公开透明、公正合理的收入分配秩序。加快收入分配相关领域立法。维护劳动者合法权益。清理、规范工资外收入。加强领导干部收入管理。严格规范非税收入。打击和取缔非法收入。健全现代支付和收入监测体系。

资料来源:国家发改委、财政部、人力资源和社会保障部《关于深化收入分配制度改革的若干意见》(国发〔2013〕6号)。

第 14 章 构建开放新格局

当前全球经济格局和国际秩序进入深度调整时期,我国的对外开放站在一个新的历史起点上。"十三五"期间,适应经济全球化的新形势,我们必须坚持以开放促发展、促改革、促创新,拓宽开放领域,创新开放模式,统筹"走出去"与"引进来",积极参与全球经济治理和区域合作,构建互利共赢、多元平衡、安全高效的开放型经济新体制、全方位对外开放新格局。

14.1 全球化趋势与大开放时代

信息革命以前所未有的开放共享方式推动全球化进程。从工业社会到信息社会、从制造经济到信息经济,无数的智慧大脑和智能机器推动知识与信息的全球共享,人类社会发展的时空界限已被打破,进入以信息化、互联网为核心特征的大开放时代。我们应深刻认识到这一重大变化,牢牢把握好这一历史契机。

- **全球化进程是否退潮?**

经济全球化进程中,批评和质疑之声始终存在。主要观点认为全球化导致了世界经济发展的不公平和不均衡,进一步拉大了贫富差距,

中国经济的转型升级
——从"十二五"看"十三五"

是全球金融、贸易领域突出矛盾的根源。尤其是2008年国际金融危机爆发后,局部国家和地区的金融风险向全球更大范围、更广领域扩散,使得否定声音再度兴起。人们不禁要问,全球化是否退潮?全球化去向何方?2015年6月,德国知名智库贝塔斯曼基金发表的研究报告,从政治、经济、社会层面对42个主要经济体进行综合分析后认为,全球化仍然是发展趋势和经济增长的重要动力,有利于扩大就业和减少贫困。1990—2011年,以全球化指标衡量,发达国家始终处于上中游水平,新兴市场国家全球化水平显然相对较低,但上升势头明显;从全球化给国民收入带来的增量看,日本、美国、中国、德国四国为最大赢家,每年增量分别为1 787亿、1 548亿、1 030亿、1 020亿欧元;全球化对小国经济的促进更加突出,比如爱沙尼亚、希腊、匈牙利三国,21年间带来的财富增量分别相当于三国2011年GDP的166%、147%和140%。

我们正在进入一个信息化、网络化加速推动全球化的新时代。世界各国在政治、经济、社会等领域的相互影响、相互依存显著增强,新一代信息技术与互联网的融合发展,使得商品、资本、技术、人才等要素通过国际贸易、投资和金融活动在全球范围内的流动更加便捷、配置更加优化;国际知识传播和信息扩散更加频繁,为新技术、新产业的蓬勃发展提供了多元丰富的土壤。这种相互促进的循环互动,巩固了不同国家和地区之间的协作交流机制,推动着全球化进程深入向前、不可逆转。任何一个希望在新一轮全球化中获得更多市场份额和发展空间的经济体,都需要顺应这股潮流,才能跟上时代发展的步伐。笔者最近在读《人类简史:从动物到上帝》一书时,获得另一个结论,即全球化令和平比战争成本更低、利润更高,全球范围内大多数的国家和地区,正在享受着人类历史上并不多见的总体和平与繁荣发展的时期。[①]

[①]〔以〕尤瓦尔·赫拉利著,《人类简史:从动物到上帝》,林俊宏译,中信出版社2014年版。

第 14 章 构建开放新格局

● 大开放与国家繁荣、民族复兴

回看中国历史,对外开放与国家繁荣始终相生相伴。越开放,越强盛;越封闭,越衰落。过去的 4 000 多年中,中国的对外开放历经起伏,但始终曲折前行。隋唐时期和宋代、元代,中国主动开放,对外交流活跃,域外文明与中原文明相互影响、交相辉映。通过与外部世界频繁交往互动,中国的社会文化、价值理念、宗教艺术和生活方式日益多元,科学技术进步层出不穷,终成为繁荣强盛的泱泱大国,综合国力遥遥领先于世界,谱写了中华文明史上光辉璀璨的盛世华章。这种繁荣的影响延续至 16 世纪初,中国仍与奥斯曼帝国、波斯帝国并驾齐驱,是当时世界三大帝国之一。[①]

明永乐三年(1405 年)郑和下西洋,这是人类航海史和中外交通史上的一个壮举,比哥伦布在 1490 年率领的那次著名的航行时间更早[②],但此后中国从开放逐步走向封闭,国力也因而逐渐走向衰落。明朝统治阶级出于维护国家安全等考虑,加强对涉外经济交往活动的限制,实施不同程度的海禁政策,抑制民间海外贸易活动,由政府统制的"朝贡贸易"成为王朝统治者唯一认可的对外商业交往形式。到 18 世纪的"康乾盛世",中国成为当时世界上最大的经济体。而也是这个时期,欧洲科学技术突飞猛进,在殖民主义的经济全球化和资本主义革命的浪潮中,中国因闭关锁国、故步自封,越来越落后于西方国家。

长期的封闭自守,导致中国经济、科技和文化发展趋向停滞甚至倒退,从一流强国逐渐沦为积贫积弱的"东方睡狮",直到 1840 年鸦片战争爆发,被坚船利炮轰开国门。从鸦片战争到辛亥革命这一时期,西方文明大量涌入中国,中西文明进行大碰撞,中国社会的有识之士向西方寻求富国强兵之路,求新变异之策,以洋务运动、戊戌变法和

[①] 陈锦华,《开放与国家盛衰》,《求实》,2010 年 8 月。
[②] 严文明,《中华文明史》(第一卷),北京大学出版社 2006 年版。

中国经济的转型升级
——从"十二五"看"十三五"

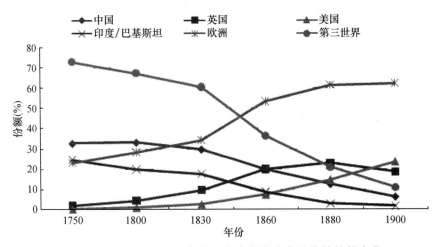

图 14-1　1750—1900 年主要国家占世界生产总值的份额变化
资料来源：根据 Paul Kennedy（1987），"The Rise and Fall of the Great Powers"整理。

五四运动为标志，从经济、军事、政治等方面不断深化"向西方学习"，试图改变国家和民族"落后挨打"的局面。中国共产党领导中国人民历经苦难，创造辉煌，建立起新中国。1978 年以来，波澜壮阔的改革开放进程使中国走上了强国富民的道路，成为世界第二大经济体，国际竞争力、影响力不断提升，在国际治理体系中发挥着越来越重要的作用。

专栏 14-1　"西学东渐"的微弱之光

明末清初之际，西方新航路开辟之初，随着利玛窦等传教士入华，一股"西学东渐"的潮流在中国开始兴起，但主要在部分上层知识阶层中传播，而且是基于传教目的，也引入了一些天文、历法等西方科学知识，只是西学的微弱之光。康熙末年，因与罗马教廷之间发生礼仪之争，清廷开始限制、禁止全国各地的传教士活动，西学在中国的传播基本停滞。绝大部分士大夫和中国百姓都对西方

> 一无所知，自以为"天朝尽善尽美"。在这样的背景下，清朝后期，统治阶层中妄自尊大、盲目排外的治国倾向越来越强烈，最终导致全面闭关锁国的局面。
>
> 资料来源：根据公开资料整理。

● **共享开放的世界**

信息网络化、经济全球化塑造了一个共享、开放的世界。世界各国超越意识形态和社会制度差异，从开放包容到互信认同，努力构建"你中有我、我中有你"的利益共同体、命运共同体。中国作为经济全球化的最大受益者之一，作为推动世界经济增长的重大贡献者之一，应以全球化视野，构建全方位开放新格局，推动中国经济在更高层次、更大范围融入全球经济体系。我们不仅是全球最大的战略买家和重要资本输出国，而且拥有庞大的市场规模、较大的增长潜力、完善的基础设施等最重要的竞争优势，我们要始终保持在世界经济格局中的有利地位。

新一轮全球化进程与中国新一轮改革开放高度契合，二者皆蓄势待发。未来全球化背景下的国际经济竞争将重点围绕市场潜力、产业环境、创新能力和贸易规划等展开。"十三五"时期，要以加快"一带一路"建设引领开放全局，全方位推进与沿线国家务实合作，促进区域内经济蓬勃发展，以实施自由贸易区战略推动开发突破，对外加快与相关国家和地区的自由贸易区谈判，对内加强国内自由贸易试验区建设，营造与国际规则相通的营商环境；以推动产能装备走出去扩大开放布局，着眼于全球范围配置资源和要素，促进我国技术装备、标准、服务和产业海外发展；以开创性的三大金融推手，完善"走出去"的金融支持和服务体系，通过建设亚投行、丝路基金、金砖银行等促进国际多边合作的金融机构，努力提升中国在全球经济治理体系中的影响力和话语权。

14.2 "一带一路"引领开放格局

千百年来,丝绸之路就是中国同亚洲、非洲、欧洲诸多国家经贸和文化交流的大通道,是促进沿线各国繁荣发展的重要纽带,是东西方交流合作的象征,是世界各国共有的历史文化遗产。"一带一路"建设是沿线各国应对世界经济格局调整,实现开放合作共赢的宏大经济愿景。

- "一带一路"的建设方向

作为一个跨越国界的"经济带"概念,推动资源禀赋各异的沿线国家积极参与,基于彼此间经济的互补性,实现不同国家间的交流、协同和合作,是该战略实施的核心任务。"十三五"时期是"一带一路"战略全面实施的启动期,是重大合作项目的推进期,"一带一路"的建设方向应突出三大重点。

基础设施互联互通:愿景实现的优先领域。在尊重相关国家主权和安全关切的前提下,共同策划相关交通、能源、通信等基础设施建设重大工程,推动国际骨干通道建设,加强与相关国家和地区交通建设规划、技术标准体系的对接;充分发挥市场机制的作用,鼓励国内企业积极参与"一带一路"铁路、公路、港口、航空、能源、通信等重点项目建设;推进建立统一的"一带一路"基础设施互联互通协调推进机制,促进国际通关、换装多式联运有机衔接,加强跨境能源资源合作,扩大信息交流与合作,打造开放包容、安全便利的国际物流、能源和信息大通道。

经贸投资互惠互利:沿线国家的重点关切。通过消除投资和贸易壁垒,构建区域内和各国良好的营商环境;发挥地方对外投资合作的积极性，稳步推进跨境经济合作区建设，并加快发展境内产业合作园区；结合企业"走出去"现状，务实推进海外产业合作园区建设，支持企业组团式投资、集群式发展、园区化运营；加快自贸区战略实施进程，重点推进与沿线国家的自贸区谈判，大力提高贸易投资便利化水平；鼓励电子商务和商贸物流企业"走出去"，加快跨境电子商务和国际商贸物流体系建设。

人文合作互鉴互动：民心相通的社会根基。积极开展国家间的人才交流合作，增强人员互访，扩大留学生规模，增进与沿线国家知识精英间的交流互动；加强专业领域合作，重点拓展旅游、医疗、科技、社会保障等领域的务实合作；深化与沿线国家立法机构、主要党派和政治组织之间的友好往来，重点推进城市交流合作和智库交流；加强沿线民间组织的交流合作，支持开展面向基层民众的教育医疗、减贫开发等公益慈善活动，提升普通民众对中国的了解和好评。

"一带一路"倡议提出后，沿线许多国家都积极响应，主动寻求与中国的合作共赢机会。但国际上也有一种舆论，认为"一带一路"是"中国版马歇尔计划"，这显然是一种误解。"马歇尔计划"是第二次世界大战后美国对欧洲盟国进行经济重建的一项援助计划，既有政治目的，也有经济目的，旨在推广美国的全球意志和价值。而"一带一路"具有漫长的历史跨度和浓厚的东方文化色彩，倡导"和平合作、开放包容、互学互鉴、互利共赢"的丝绸之路精神，敞开大门欢迎任何国家加入，意在促进沿线各国政策沟通、设施联通、贸易畅通、资金融通和民心相通，打造开放、包容、均衡、普惠的区域经济合作架构，为推动世界经济复苏与和平发展增添新活力和正能量。无论是目的、性质，还是对象、方式，两者都有着本质的不同。

中国经济的转型升级
——从"十二五"看"十三五"

> **专栏 14-2　马歇尔计划**
>
> 马歇尔计划（The Marshall Plan），又称"欧洲复兴计划"，是第二次世界大战后美国凭借自身雄厚实力，帮助被战争破坏的欧洲盟国进行经济重建的一个援助计划。该计划于1948年4月正式启动，持续整整4个财政年度。根据美国国会通过的《欧洲复兴法案》，"马歇尔计划"由专门设立的经济合作署负责具体实施。4年间，西欧各国通过参加OECD，接受了美国包括金融、技术、设备等多种形式的援助合计约130亿美元，对欧洲国家的发展和世界政治格局产生了深远的影响。
>
> 从结果来看，"马歇尔计划"成效卓著，受援的西欧国家和提供援助的美国都收获不小。从受援国来看，参与计划的欧洲各国（除德国以外）在短短4年内经济都恢复到第二次世界大战前的水平，资本主义政党的执政得到巩固，并在一定程度上推进了欧洲一体化进程。从援助国来看，美国在第二次世界大战期间扩张起来的巨大过剩产能由西欧各国逐步消化，在巩固与西欧国家盟友关系的同时，也为国内经济赢得了宝贵的结构调整过渡期，避免了畸形的"战时经济"可能导致的萧条，为第二次世界大战后美国经济的腾飞减轻了负担。
>
> 资料来源：根据公开资料整理。

● **海陆联动的开放体系**

"一带一路"战略对于中国构建海陆联动、东西互济的全方位对外开放新格局具有重要的战略意义。从外围看，欧亚大陆腹地的众多国家资源丰富，但经济发展相对滞后，与我国的投资贸易往来起步较晚，但潜力巨大，是中国拓展对外合作的重点区域；东南亚扼守两洋，联动三大洲,是中国投资走出去的必经之地和对外贸易的重要通道,也是中国对外经贸投资合作的海上重点区域。从国内看,"一带一路"贯穿东、中、西部各大区域,与国内区域发展战略、国家重大生产力布局、对外开放布局等高度关联,预期将对各区域开放发展产生重要的带动作用。实际上,"一带"与"一路"各有分工和侧重,体现了打造海陆联动开放体系的核心思路。

"丝绸之路经济带"着眼于促进中国国内区域与西部陆路方向国家的经贸往来及合作,重点畅通中国西北、东北经中亚、俄罗斯至欧洲(波罗的海)、中国西北经中亚、西亚至波斯湾、地中海,中国西南经东南亚、南亚至印度洋三条陆上路线。该战略走向以中亚五国、中南半岛有关国家和俄罗斯、蒙古为主,向西连通至西亚、中东和中东欧国家。未来将依托国际大通道,以沿线中心城市为支撑,以能源资源合作、重点经贸产业园区合作为抓手,打造新亚欧大陆桥、中蒙俄、中国—中亚—西亚、中国—中南半岛等国际经济走廊,形成"丝绸之路经济带"的骨架。

"21世纪海上丝绸之路"则以加强国内沿海地区和环太平洋、印度洋区域的经贸往来与合作为主,重点方向是从中国沿海港口过南海经马六甲海峡到印度洋,并延伸至欧洲,从中国沿海港口过南海经印度尼西亚到南太平洋两条海上路线。该战略走向以东南亚和南亚国家为重点,向西连通非洲,向东南连通大洋洲,远期还可向东北连通北冰洋。海上依托重点港口城市,以建设通畅、安全、高效的运输大通道为目标,通过优化国内沿海港口布局,在海外发展战略性良港等方式,共同建设一批海上战略支点。

- **重点省份的发展定位**

推进"一带一路"建设,应充分发挥西北、东北、西南地区的区位、资源等比较优势。发挥新疆向西开放重要窗口作用,深化与中亚、南亚、西亚等国家的交流合作,形成"丝绸之路经济带"上重要的交

中国经济的转型升级
——从"十二五"看"十三五"

通枢纽、商贸物流和文化科教中心,打造"丝绸之路经济带"核心区。发挥陕西、甘肃综合经济文化和宁夏、青海民族人文优势,打造西安内陆型改革开放新高地,加快兰州、西宁开发开放,推进宁夏内陆开放型经济试验区建设,形成面向中亚、南亚、西亚国家的通道、商贸物流枢纽、重要产业和人文交流基地。发挥内蒙古联通俄蒙的区位优势。完善黑龙江对俄铁路通道和区域铁路网,以及黑龙江、吉林、辽宁与俄远东地区陆海联运合作,推进构建北京—莫斯科欧亚高速运输走廊,建设向北开放的重要窗口。发挥广西与东盟国家陆海相邻的独特优势,加快北部湾经济区和珠江—西江经济带开放发展,构建面向东盟区域的国际通道,打造西南、中南地区开放发展新的战略支点,形成"21世纪海上丝绸之路"与"丝绸之路经济带"有机衔接的重要门户。发挥云南重要桥头堡作用,推进与周边国家的国际运输通道建设,打造大湄公河次区域经济合作新高地,建设成为面向南亚、东南亚的辐射中心。推进西藏与尼泊尔等国家边境贸易和旅游文化合作。

推进"一带一路"建设,应充分利用沿海地区开放程度高、带动作用大的现有优势。深入推进上海自由贸易试验区建设,支持福建建设"21世纪海上丝绸之路"核心区。充分发挥深圳前海、广州南沙、珠海横琴、福建平潭等开放合作区作用,深化与港澳台的合作,打造粤港澳大湾区。推进浙江海洋经济发展示范区、福建海峡蓝色经济试验区和舟山群岛新区建设,加大海南国际旅游岛开发开放力度。加强上海、天津、宁波—舟山、广州、深圳、湛江、汕头、青岛、烟台、大连、福州、厦门、泉州、海口、三亚等沿海城市港口建设,强化上海、广州等国际枢纽机场功能。以扩大开放倒逼深层次改革,创新开放型经济体制机制,加大科技创新力度,形成参与和引领国际合作竞争新优势,成为"一带一路"特别是"21世纪海上丝绸之路"建设的排头兵和主力军。

第 14 章　构建开放新格局

● 国际通道的战略考虑

基础设施互联互通是"一带一路"建设的重点，国际交通通道建设是基础设施互联互通的重点。要抓紧骨干通道、关键节点和重大工程，加强与沿线国家的有效衔接，共同推进国际交通通道建设，逐步形成连接亚洲各次区域及亚欧非之间的交通网络，实现国际运输便利化。陆上的交通通道主要有四条：一是我国东北口岸经俄罗斯、中东欧抵达波罗的海或西欧的交通走廊；二是我国新疆口岸经哈萨克斯坦、俄罗斯、波兰、德国等抵达波罗的海或西欧的交通走廊；三是我国新疆口岸经中亚、波斯湾地区抵达北非的交通走廊；四是我国新疆口岸经东南亚、南亚抵达印度洋的交通走廊。四条交通走廊由铁路、公路、航空、管道线路组成，目前的问题，主要是不通或通而不畅，我国与周边国家交通走廊中的通道不贯通，存在断头路；通道多处通而不畅，难以互联互通；通道沿线国家地缘政治复杂，经济不够发达；陆上运输的货物数量往返程差异较大；技术标准各不相同，货物运输难以直达，例如，铁路轨距不同，我国铁路为标准轨距，而中亚国家、俄罗斯为宽轨，东南亚少数国家存在窄轨，导致运输中需换轨，效率难以提升。

从海上交通通道看，大的方向主要有两条，一是从我国沿海港口出发经东南亚往印度洋的西向走廊，其海运线路包括两个方向：方向之一是从我国沿海港口出发，向南经南海后，向西经马六甲海峡、印度洋，过红海、苏伊士运河抵达地中海（欧洲）区域；方向之二是从我国沿海港口出发，向南经南海后，向西经马六甲海峡、印度洋，向西过好望角后分三支，一支抵达非洲西海岸，一支抵达北欧或经直布罗陀海峡抵达地中海地区，一支继续向西行抵达北美洲东海岸。二是从我国沿海港口出发，向东往对马海峡、津轻海峡或宗谷海峡，穿过鄂霍次克海进入北太平洋，到达北美洲西海岸地区，或经琉球庵美大岛、硫黄列岛等夏威夷群岛南侧的莱恩群岛，穿越赤道进入南太平洋，抵达南美洲西海岸地区。

14.3　自由贸易区推动创新突破

十八大报告提出"加快实施自由贸易区战略",十八届三中全会决定强调"选择若干具备条件地方发展自由贸易园(港)区","以周边为基础加快实施自由贸易区战略","形成面向全球的高标准自由贸易区网络"。加快自由贸易区建设,有利于为全面深化改革和扩大开放探索新途径、积累新经验。

● **基本内涵与意义**

与其他开放战略不同,自由贸易区战略着眼于双边合作,更强调制度创新。中国自由贸易区战略的基本内涵主要包括两大方面:一是涉及双边或多边层面的国际自由贸易协定(Free Trade Agreement,FTA)战略,指中国与其他国家或多边组织经过谈判,签订消除关税等贸易壁垒、允许产品和服务在国家间自由流动、具有法律约束力的协议;二是国内的自由贸易园区(Free Trade Zone,FTZ)战略,是由国家在境内划出特定区域,准许外国商品豁免关税自由进出,实行比WTO相关规定更加优惠的贸易安排,探索创新外商投资管理模式。目前,中国的自由贸易区战略呈现双轨并进态势。一方面,正在积极推进对外商谈构建FTA,积累参与国际双边或多边新议题谈判的经验,促进区域贸易投资便利化。另一方面,对内统筹设立FTZ,在试验区内先行先试,对外商投资实施准入前国民待遇加负面清单的管理模式,积累构建高水准国际营商环境的经验。两方面同步推进,彼此衔接,预期可以有效提高中国对国际新规则的适应程度。

第 14 章 构建开放新格局

● 推动国际自由贸易区谈判

国际自由贸易区核心功能是通过降低交易成本、流动费用实现贸易自由化和便利化,通过优化产业结构和资源配置促进国际投资,深化协定签署各方的经济合作关系。总体来看,中国参与国际自贸谈判经历了三个阶段。首先是 2001—2005 年的起步阶段,以 2001 年中国—东盟达成建立自由贸易区协定共识开始,到 2002 年 11 月签署关于建立自由贸易区的一揽子框架协定,标志着中国正式参与国际 FTA 合作框架。其次是 2005—2010 年的快速发展阶段,主要面向发展中国家或新西兰、新加坡等小型开放型发达经济体推进 FTA 谈判。最后阶段是 2010 年至今,中国的 FTA 战略大步前进,以全面、高质量和利益平衡为目标,伙伴国范围进一步扩大,内涵不断丰富,与各种双边投资协定谈判一起,成为指导双边或多边经贸投资合作最重要的协定。

截至 2015 年 6 月,中国已正式签署的自由贸易协定有 14 个,涉及东盟、新加坡、巴基斯坦等 22 个国家和地区,此外,制定了内地与香港、澳门的更紧密经贸关系安排(CEPA),大陆与台湾的《海峡两岸经济合作框架协议》(ECFA)也已签署。中韩 FTA 和中澳 FTA 两个自由贸易协定分别于 2015 年 6 月 1 日和 6 月 17 日正式签订,标志着中国的国际自由贸易战略步入了一个新起点(表 14-1)。

表 14-1 中国已正式签署的自由贸易协定

序号	协定国家/地区	正式签署时间
1	中国—澳大利亚	2015 年 6 月 17 日
2	中国—韩国	2015 年 6 月 1 日
3	中国—瑞士	2013 年 7 月 6 日
4	中国—冰岛	2013 年 4 月 15 日
5	中国大陆—中国台湾:海峡两岸经济合作框架协议(ECFA)	2010 年 6 月 29 日
6	中国—哥斯达黎加	2010 年 4 月 8 日
7	中国—东盟	2010 年 1 月 1 日

中国经济的转型升级
——从"十二五"看"十三五"

（续表）

序号	协定国家/地区	正式签署时间
8	中国—秘鲁	2009年4月28日
9	中国—新加坡	2008年10月23日
10	中国—新西兰	2008年4月7日
11	中国—巴基斯坦	2006年11月24日
12	中国—智利	2005年11月18日
13	中国内地与中国澳门关于建立更紧密经贸关系的安排（CEPA）	2003年10月29日
14	中国内地与中国香港关于建立更紧密经贸关系的安排（CEPA）	2003年6月29日

资料来源：根据公开资料整理。

截至2015年6月，中国正在与其他国家和地区谈判的自由贸易协定有7个，涉及22个国家和地区。此外，中国已完成与印度、以色列、哥伦比亚等国的自由贸易区联合可行性研究，正在与马尔代夫、摩尔多瓦、格鲁吉亚等开展自由贸易区联合可行性研究。

表14-2　中国正在谈判中的自由贸易协定

序号	协定国家/地区	谈判的阶段进展（截至2015年6月15日）
1	中国—海湾合作委员会（GCC）	2004年7月启动谈判，至2009年5月举行了5轮谈判后暂时中止，双方拟重启谈判
2	中国—斯里兰卡	2014年9月启动谈判，至今已开展2轮谈判，但受斯里兰卡国内政权更替影响，下一轮谈判时间待定
3	中日韩自由贸易区	2012年11月启动谈判，至今已开展7轮谈判
4	《区域全面经济合作伙伴关系协定》（RCEP）	2011年东盟提出倡议，2012年11月东亚16国共同宣布启动RCEP谈判，至今已开展7轮谈判
5	中国—东盟自由贸易区升级版	2014年至今已举行2轮谈判，重点在服务贸易、投资和经济合作等方面提升自由化、便利化水平
6	中国—巴基斯坦自由贸易区第二阶段	2006年至今已进行4轮谈判，重点提升贸易投资自由化、便利化水平
7	中国大陆—中国台湾：ECFA货物贸易谈判	自2011年启动以来，已进行10轮正式磋商及多次小范围沟通

资料来源：根据公开资料整理。

第 14 章 构建开放新格局

自由贸易协定对签署各方都有着广泛而深刻的影响。以中韩自贸区为例,首先,自由贸易协定是推动两国经济增长的新动力,根据国务院发展研究中心测算结果,中韩自由贸易协定将拉动中国实际 GDP 增长 0.34 个百分点,拉动韩国实际 GDP 增长 0.97 个百分点[①];其次,两国相互大幅降低彼此的关税等贸易壁垒,双方的核心关注基本都得到满足,中国将有 91% 的产品对韩国取消关税,覆盖自韩国进口额的 85%;韩国最终将有 92% 的产品对中国取消关税,覆盖自中国进口额的 91%;最后,两国将在协定生效后两年内,以准入前国民待遇和负面清单模式,开展服务贸易和投资的第二阶段谈判。中韩自由贸易谈判确定的一系列制度性安排,预期将对亚太区域规则融合产生广泛的示范效应。

专栏 14-3　世界三大自由贸易区

欧盟:集政治与经济于一体的区域一体化组织,1993 年正式成立,此后不断扩张,吸收新的成员国加入,支持成员国内部的商品、劳务、人员和资本自由流通。截至 2014 年年底,已吸收 28 个成员国,覆盖约 5.08 亿人口。2014 年,欧盟 GDP 合计达 18.46 万亿美元,内部贸易额达到 5.79 万亿欧元,按照 2014 年欧元兑美元的平均汇率折算,合 7.67 万亿美元,内部贸易额居世界第一位。

北美自由贸易区:作为当今世界南北区域经济合作的成功范例,1992 年由美国、加拿大和墨西哥三国共同签署协议成立,三国之间取消贸易壁垒并开放市场,货物可以自由流通。1994 年,《北美自由贸易协定》正式生效,到 2008 年,协议制定之初三国所商议的所有保留限制均已按计划解除。2014 年,北美自由贸易区覆盖约 4.74 亿人口,GDP 合计达 20.5 万亿美元,内部贸易额达到 1.33 万亿美元,是内部总值第一大的自由贸易区。

---

① 孙韶华、朱东阳,《自贸区开启中韩经贸新竞合时代》,《经济参考报》,2015 年 6 月 5 日。

> 中国—东盟自由贸易区：作为发展中国家间最大的自由贸易区，由中国和东盟十国共同组建，2010年正式全面启动，极大地加强了中国与东盟国家之间的经济联系。截至2014年年底，中国—东盟自由贸易区覆盖约19.9亿人口，是当前世界人口最多的自由贸易区。2014年，中国与东盟十国GDP合计达12.85万亿美元，中国与东盟双边贸易额达4 803.94亿美元。
>
> 资料来源：根据公开资料整理。

- 加快国内自由贸易试验区建设

国内自由贸易试验区是对外开放水平最高的特殊区域，也是国内各区域扩大和深化对外开放的前沿阵地。2013年9月，国内首个自由贸易区——上海自由贸易试验区获批成立；2014年12月，国务院又批准设立广东、天津、福建自由贸易试验区，同时批准上海自由贸易试验区扩展区域，进一步加快国内自由贸易试验区建设步伐，探索可借鉴、可复制、可推广的创新经验（见表14-3）。

表14-3 国内四大自由贸易试验区概况

	上海自由贸易区	天津自由贸易区	广东自由贸易区	福建自由贸易区
成立时间	2013年9月	2014年12月	2014年12月	2014年12月
总面积（平方公里）	120.72	119.9	116.2	118.04
覆盖片区（平方公里）	陆家嘴金融片区（34.26） 金桥开发片区（20.48） 张江高科技片区（37.2） 四个海关特殊监管区域（28.78）	天津港片区（30） 天津机场片区（43.1） 滨海新区中心商务片区（46.8）	广州南沙新区片区（60） 深圳前海蛇口片区（28.2） 珠海横琴新区片区（28）	平潭片区（43） 厦门片区（43.78） 福州片区（31.26）

（续表）

	上海自由贸易区	天津自由贸易区	广东自由贸易区	福建自由贸易区
基本定位	开放度最高的投资贸易便利、货币兑换自由、监管高效便捷、法制环境规范的自由贸易园区	京津冀协同发展高水平对外开放平台	粤港澳深度合作示范区，"21世纪海上丝绸之路"重要枢纽	深化两岸经济合作的示范区，"21世纪海上丝绸之路"核心区

资料来源：根据公开资料整理。

挂牌以来，截至2015年6月30日，四大自由贸易试验区在制度创新、扩大开放、利用外资等方面成效明显。上海自由贸易试验区新设企业多达19 522家，外资企业占比18.5%，注册资金达517亿美元，内资企业占比81.5%，注册资本655亿元人民币；广东自由贸易试验区新设企业12 690家，天津自由贸易试验区新设企业3 351家，福建自由贸易试验区新设企业3 429家。在上海自由贸易试验区实践经验的基础上[①]，发布实施的《自由贸易试验区外商投资准入特别管理措施（负面清单）》和《自由贸易试验区外商投资备案管理办法（试行）》，有效提升了自由贸易试验区的开放度、透明度和便利度，大幅减少了外资限制性措施，更好地利用外资促进了技术创新和产业升级。

"十三五"时期，自由贸易试验区将辐射带动周边发展，进一步发挥对外开放平台和窗口的重要作用。上海自由贸易试验区通过建设长三角区域国际贸易"单一窗口"、亚太知识产权中心，助推长江经济带创新发展；广东自由贸易试验区通过促进加工贸易转型升级、打造区域发展综合服务区等，辐射带动泛珠三角区域产业转型升级；天津自由贸易试验区在推动京津冀协同发展的同时，利用口岸协作等机制辐射带动环渤海地区发展；福建自由贸易试验区立足于加强闽台产业对接、创新两岸服务业合作模式，辐射带动海峡西岸经济区发展。

---

① 《商务部有关负责人谈四个自贸区建设》，《人民日报》，2015年7月31日。

14.4　产能装备"走出去"扩大开放布局

全球产业结构加速调整,基础设施建设掀起新的热潮,发展中国家大力推进工业化、城镇化进程,在此背景下,推动中国装备"走出去"和国际产能合作,有利于拓展我国与其他国家的利益汇合点,培育对外开放新优势,形成优进优出新格局,是我们当前面临的重要发展机遇。

- 多重目标与趋势

经过持续多年发展,我国的装备制造业已经形成一个门类齐全、配套完备、具有较强技术水平和竞争能力的产业体系,产业规模连续5年位居全球第一。推动优势富余产能装备"走出去",推动国际产能和装备制造合作,具有多重效应:一是有利于化解当前国内经济运行矛盾,对内减少过剩产能,对外扩大外需空间,形成新的外贸增长点,促进经济提质增效。二是有利于提升我国企业的国际竞争力,开拓广阔的国际市场,参与激烈的国际竞争,倒逼国内企业以质量效益为中心推动转型升级,这是实现产业从中低端向中高端迈进的一个着力点和突破口。三是有利于深化我国与有关国家的互利合作,通过与"一带一路"、中非"三网一化"等重大战略实施的有机结合,发挥资金、产品、技术、管理等综合优势,开展境外基础设施和产能投资合作,促进当地经济社会发展,形成满足各自需求、实现双赢多赢的开放布局和利益格局。

近年来,我国国际产能合作和装备出口规模稳步增加,发展势头良好。有关资料显示,在钢铁、水泥、玻璃、汽车、有色金属、轻工、防治、化工等领域,2014年我国企业在全球29个国家投资建设了54个项目,投资额超过92亿美元,国内优势产能对外转移呈现明显加快的趋势。2014年我国装备制造业出口额达2.1万亿元，占全部工业产品出口交货值的17%，铁路、电力、通信、石化、矿冶、航空等大型成套设备出口呈现快速增长势头，2014年出口额约1 100亿美元，同比增长10%。

- **重点领域和合作方向**

2015年5月，国务院印发《关于推进国际产能和装备制造合作的指导意见》，提出要将我国产业优势和资金优势与国外需求相结合，推动制造能力强、技术水平高、国际竞争优势明显、国际市场有较大需求的重点领域开展国际产能装备合作（见表14-4）。

表14-4 推进国际产能与装备制造合作的重点领域

序号	重点领域	主要合作方向
1	钢铁、有色行业	在资源条件好、配套能力强、市场潜力大的重点国家建设炼铁、炼钢、钢材等钢铁生产基地；结合境外矿产资源开发，延伸下游产业链，开展铜、铝、铅、锌等有色金属冶炼和深加工，带动成套设备出口
2	建材行业	在有市场需求、生产能力不足的发展中国家，以投资方式为主，结合设计、工程建设、设备供应等多种方式，建设水泥、平板玻璃、建筑卫生陶瓷、新型建材、新型房屋等生产线
3	轨道交通装备	以推动和实施周边铁路互联互通、非洲铁路重点区域网络建设及高速铁路项目为重点；积极开发和实施城市轨道交通项目，扩大城市轨道交通车辆国际合作。在有条件的重点国家建立装配、维修基地和研发中心
4	境外电力项目	积极开拓有关国家火电和水电市场；积极与有关国家开展核电领域交流和磋商，推进重点项目合作，带动核电成套装备和技术出口；积极参与有关国家风电、太阳能光伏项目的投资和建设；积极开展境外电网项目投资、建设和运营
5	资源开发与化工产业	在市场需求大、资源条件好的发展中国家，加强资源开发和产业投资，建设石化、化肥、农药、轮胎、煤化工等生产线

(续表)

序号	重点领域	主要合作方向
6	轻工纺织行业	依托当地农产品、畜牧业资源建立加工厂，在劳动力资源丰富、生产成本低、靠近目标市场的国家投资建设棉纺、化纤、家电、食品加工等轻纺行业项目；在境外条件较好的工业园区，形成上下游配套、集群式发展的轻纺产品加工基地
7	汽车行业	积极开拓发展中国家汽车市场，推动国产大型客车、载重汽车、小型客车、轻型客车出口。在市场潜力大、产业配套强的国家设立汽车生产厂和组装厂，建立当地分销网络和维修维护中心，带动自主品牌汽车整车及零部件出口，提升品牌影响力。鼓励汽车企业在欧美发达国家设立汽车技术和工程研发中心
8	信息通信行业	发挥大型通信和网络设备制造企业的国际竞争优势；鼓励电信运营企业、互联网企业采取兼并收购、投资建设、设施运营等方式"走出去"，在海外建设运营信息网络、数据中心等基础设施，与通信和网络制造企业合作。鼓励企业在海外设立研发机构
9	工程机械等制造业	加大工程机械、农业机械、石油装备、机床工具等制造企业的市场开拓力度；支持企业同具有品牌、技术和市场优势的国外企业合作，鼓励在发达国家设立研发中心
10	航空航天装备	大力开拓发展中国家航空市场，在亚洲、非洲条件较好的国家探索设立合资航空运营企业，建设后勤保障基地；积极开拓发达国家航空市场，推动通用飞机出口。加强与发达国家在卫星设计、零部件制造、有效载荷研制等方面的合作
11	船舶与海洋工程装备	大力开拓高端船舶和海洋工程装备市场；提高船舶高端产品的研发和制造能力，提升深海半潜式钻井平台、浮式生产储卸装置、海洋工程船舶、液化天然气船等产品的国际竞争力

资料来源：《国务院关于推进国际产能和装备制造合作的指导意见》（国发〔2015〕30号）。

● 重点国别和重大项目

中国产能装备"走出去"与"一带一路"建设紧密结合，以亚洲周边国家和非洲国家为重点国家，依托境外经贸合作园区作为主要的企业投资和产业集聚平台。根据商务部相关信息，截至2014年年底，中国正在与全球50个国家建立118个经贸合作区，其中有77个经贸

第 14 章 构建开放新格局

合作区处于"一带一路"沿线的 23 个国家中。2014 年，中国在俄罗斯、非洲和东南亚地区的 9 个境外经贸合作区累计投资 50.2 亿美元，带动了国内纺织、服装、轻工、家电等劳动密集型产业产能向外转移，共计创造了 171.8 亿美元的产值。同时，中国企业参与境外轨道交通类项目达 348 个，同比增加 113 个，新签合同额同比增长了 3 倍多。电力领域对外投资同比增长 36.3%，水利建设类对外承包工程新签合同额同比增长 39%。

通过密集的政府间双边交流，中国与哈萨克斯坦、巴基斯坦、东盟等重点国家（或区域）的合作发展尤为迅速，签署了一系列产能与装备合作的重大项目。2014 年 12 月以来，中国与哈萨克斯坦先后举行了 4 次产能与投资合作对话，并组织了 160 多人参加的中国企业家代表团，赴哈萨克斯坦进行考察调研。2015 年 3 月，李克强总理与哈萨克斯坦马西莫夫总理会谈并签署了 33 份产能合作文件，在钢铁、水泥、有色金属、化工、机械、电力、新能源、轻工、基础设施等领域广泛开展合作，项目总金额达 236 亿美元。

专栏 14-4　中俄高铁莫斯科至喀山合作项目

2014 年 7 月，中国国家发改委与俄罗斯联邦运输部共同成立中俄高速铁路联合工作组，先后召开 5 次联合工作组会议和 3 次下设的企业工作组会议，双方同意在高铁项目设计、施工、装备、服务、设备供应、投融资等方面开展全面合作。2014 年 10 月，在李克强总理和梅德韦杰夫总理见证下，双方签署了中俄高铁合作谅解备忘录，同意研究构建北京至莫斯科亚欧高速运输走廊项目，优先项目为莫斯科至喀山高速铁路项目，全长 770 公里，项目总投资 10 683 亿卢布，连接莫斯科至喀山，途径叶卡捷琳堡、诺夫哥罗德等城市。

> 2015年4月，俄铁路公司公布莫斯科至喀山高铁项目勘察设计招标结果，中铁二院和俄罗斯下诺夫哥罗德地铁设计院、莫斯科国立交通勘察设计院组建的联合体中标。2015年5月，在习近平主席、普京总统共同见证下，中国国家发改委、俄罗斯联邦运输部、中国铁路总公司、俄罗斯铁路股份公司签署了《中俄高铁合作莫斯科至喀山高速铁路项目合作模式和投融资模式谅解备忘录》。
>
> 资料来源：根据公开资料整理。

14.5 开创性的三大金融推手

倡导发起设立新的多边金融机构，是当前中国应对海外投资扩大需求、提高国家储备资产收益、构建对外开放新格局的开创性战略举措。一方面，2014年年底中国外汇储备达到3.84亿美元，占到全球外汇储备资产11.6万亿美元的1/3。合理有效地使用外汇储备，实现巨额国家资产的保值增值，已经成为一个重要问题。另一方面，随着中国经济总量的扩大和人均GDP的提高，中国已经进入对外投资快速增长阶段，聚焦基础设施建设等中国具备相对优势的产业领域，寻找海外投资空间是一种相对理想的路径。

2013年以来，在中国政府的积极推动下，以金砖银行、丝路基金和亚投行为代表的新多边组织相继成立，旨在服务金砖国家协同发展，服务"一带一路"互联互通，服务亚洲基础设施建设，推动全球经济治理改革等（见表14-5）。

表 14-5　三大新成立的国际多边金融机构的基本情况

	金砖银行	丝路基金	亚投行
创立年份	2013 年	2014 年	2015 年
行长/总裁	瓦曼·卡马特（印度）	金琦（中国）	金立群（候任，中国）
主导国家	金砖 5 国轮换提名行长	中国	中国
参与国家	中国、印度、俄罗斯、巴西、南非	境外投资者可参与	英国、法国、澳大利亚、韩国等 57 国
总部所在地	上海	北京	北京
资本额	1 000 亿美元	400 亿美元	1 000 亿美元
最大出资国	金砖 5 国平均出资	中国（首期资金 100 亿美元）	中国（30.34%）

资料来源：根据公开资料整理。

● **亚投行——面向亚洲基础设施需求**

庞大的亚洲基础设施建设需求，是中国倡议成立亚洲基础设施投资银行（简称"亚投行"）的重要因素。亚洲拥有世界上最多的人口和最大的市场，中国有近 14 亿人口，印度有 12 亿人口，再加上日本、韩国等国家的人口，数量占到全球人口的 60% 以上，构成一个规模庞大的、最具成长性的消费群体。目前，亚洲的基础设施状况普遍较差，经济社会快速发展带来的基础设施投资需求和潜力巨大。亚洲开发银行研究报告显示，2010—2020 年亚洲基础设施建设资金需求为 8 万亿美元，如印度计划在 2013—2018 年投入 1 万亿美元兴建基础设施，其中有 50% 的资金需要引进外资。

2014 年 10 月首批 21 个意向创始成员国财长和授权代表在北京签约，决定成立亚投行；2015 年 6 月，57 个亚投行创始成员国中的 50 个国家已经在北京签约[①]，亚投行正式成立，中国作为倡议提出者，认

---

① 尚未签署《亚洲基础设施投资银行协定》的国家有：丹麦、波兰、科威特、马来西亚、菲律宾、泰国、南非，这些国家最晚可在 2015 年年底前签署。

缴了30.34%的股份比例,并获得26.06%的投票权,成为当前阶段投票权占比最高的国家,印度、俄罗斯分别获得7.5%和5.92%的投票权。从成员构成看,57个创始成员国覆盖广阔,域内国家37个,域外国家20个;除美国、日本、加拿大、墨西哥、阿根廷以外,其他G20国家均已加入。

与世行、亚行等现有国际多边金融机构相比,亚投行规模较小,且发展定位和业务重点也有所不同,这将在一定程度上对现有国际金融体系形成有效补充。比如,亚投行侧重于基础设施建设,而世行、亚行等强调以减贫为主要宗旨,从历史经验来看,欧洲复兴开发银行等新的区域性开发机构的成立,对于推动特定区域经济发展和开放,都具有积极的效应。可以预期,随着亚投行的发展,以加快基础设施建设为先导,亚洲将迎来互联互通、协同合作的区域经济一体化发展新时代(见表14-6)。

表14-6 亚洲基础设施投资银行与世界银行、亚洲开发银行的比较

	亚洲基础设施投资银行	世界银行	亚洲开发银行
创立年份	2015年	1945年	1966年
行长/总裁	金立群(候任行长)	金墉	中尾岛彦
主导国家	中国(倡议国)	美国(惯例由美国人任行长)	日本(惯例由日本人任总裁)
总部所在地	北京	华盛顿	马尼拉
资本额	1 000亿美元	2 232亿美元	1 650亿美元
最大出资国	中国(30.34%)	美国(16.05%)	日本、美国(均15.65%)

资料来源:根据公开资料整理。

● 丝路基金——服务"一带一路"互联互通

2014年11月,APEC北京峰会期间,中国国家主席习近平宣布,中国将出资400亿美元成立丝路基金,为"一带一路"沿线国家基础设施、资源开发、产业合作和金融合作等与互联互通相关的项目提供投融资支持。2014年12月,丝路基金正式注册,并于2015年1月召

开了第一次董事会,已经进入正常运营阶段。

丝路基金定位为中长期的开发投资基金,主要为"一带一路"沿线国家和地区实现互联互通的目标服务,因而有其典型特征。首先,丝路基金的投资将高度关注与各国发展战略和规划的衔接,重点推进基础设施、能源开发、产业合作和金融合作,大力支持国内高端技术和优质产能的"走出去",促进中国与"一带一路"沿线国家和地区共同发展、共同繁荣。其次,与世界银行的国际金融公司(International Finance Corporation,IFC)、非洲开发银行的共同发展基金及国内的中非基金类似,丝路基金是对少数机构定向募集资金,而不是向公众公开募资。丝路基金的首期资本金分别来自国家外汇储备投资平台、中投公司、进出口银行和国家开发银行四家机构,并有未来开放投资的表态,欢迎在运作一段时间后再引入有共同愿景的投资者。最后,丝路基金不是多边开发或援助机构,而是按照市场化、国际化、专业化的原则,进行合作和投资。丝路基金希望通过与国内外其他金融机构创新合作,发挥相互配合和补充的作用,维护国际通行的市场规则和国际金融秩序,共同遵守中国和投资所在国的法律法规,追求股东中长期合理的投资回报。

● **金砖银行——携手金砖国家共谋发展**

为应对金融危机后国际金融市场的波动风险,2013年3月,第五次金砖国家领导人峰会上决定成立金砖国家开发银行,简化金砖国家之间的相互结算和贷款业务,减少对美元和欧元的依赖。2014年7月,金砖国家财长在巴西签署了金砖银行协议,标志着金砖银行筹建取得重要进展。2015年7月,金砖银行在上海开业。金砖银行的宗旨是为金砖国家及其他新兴和发展中经济体的基础设施与可持续发展项目动员资源,作为现有全球和区域多边金融机构的补充,促进全球增长和发展。

筹建金砖银行是中国和其他新兴经济体推动全球经济治理改革的

重要一步。中国改革开放 30 多年以来，积累了丰富的与国际多边开发机构合作的经验，有助于提升金砖银行贷款项目的执行和管理能力，降低起步运营阶段的风险，为金砖银行的发展壮大奠定良好的基础。当前阶段金砖银行由 5 国等额出资，平均分配股权和投票权，各国的影响力主要通过贷款等资金合作来体现。通过利用金砖银行贷款，成为重要客户国，是获得影响金砖银行政策制定杠杆的间接方式。同时，金砖银行可为中国"引进来"和"走出去"提供重要支持，通过精心设计和妥善安排，可以发挥金砖国家项目的桥梁作用，引进国际先进理念、技术和模式，服务国内相关改革目标和"走出去"战略，实现借船出海，拓展中国海外发展的空间和途径。

参考文献

1. 〔丹麦〕艾斯平 - 安德森,《福利资本主义的三个世界》,郑秉文译,法律出版社 2003 年版。
2. 〔加拿大〕道格·桑德斯,《落脚城市》,陈信宏译,上海译文出版社 2012 年版。
3. 〔美〕埃里克·布莱克约弗森、安德鲁·麦卡菲,《第二次机器革命》,蒋永军译,中信出版社 2014 年版。
4. 〔美〕杰里米·里夫金,《第三次工业革命:新经济模式如何改变世界》,张体伟、孙豫宁译,中信出版社 2012 年版。
5. 〔美〕卡门·莱因哈特、肯尼斯·罗格夫,《这次不一样:八百年金融危机史》,綦相、刘晓锋、刘丽娜译,机械工业出版社 2012 年版。
6. 〔美〕迈克尔·波特,《国家竞争优势》,李明轩、邱如美译,华夏出版社 2002 年版。
7. 〔以〕尤瓦尔·赫拉利,《人类简史:从动物到上帝》,林俊宏译,中信出版社 2015 年版。
8. 〔英〕科斯、〔中〕王宁,《变革中国:市场经济的中国之路》,徐尧、李哲民译,中信出版社 2013 年版。
9. 《"十二五"综合交通运输体系规划》(国发〔2012〕18 号),2012 年 7 月。
10. 《大气污染防治行动计划》,人民出版社 2013 年版。
11. 《关于印发促进智慧城市健康发展的指导意见的通知》(发改高技〔2014〕1770 号),2014 年 8 月。
12. 《国家新型城镇化规划(2014—2020 年)》,人民出版社 2014 年版。
13. 《国务院关于大力发展电子商务加快培育经济新动力的意见》(国发〔2015〕24

中国经济的转型升级
——从"十二五"看"十三五"

号),2015 年 5 月。
14. 《国务院关于积极推进"互联网+"行动的指导意见》(国发〔2015〕40 号),2015 年 7 月。
15. 《国务院关于推进大众创业万众创新的指导意见》(国发〔2015〕32 号),2015 年 6 月。
16. 《国务院关于依托黄金水道推动长江经济带发展的指导意见》(国发〔2014〕39 号),2014 年 9 月。
17. 《国务院关于印发"十二五"国家战略性新兴产业发展规划的通知》(国发〔2012〕28 号),2012 年 7 月。
18. 《国务院关于印发〈中国制造 2025〉的通知》(国发〔2015〕28 号),2015 年 5 月。
19. 《国务院关于印发促进大数据发展行动纲要的通知》(国发〔2015〕50 号),2015 年 9 月。
20. 《国务院关于印发国家基本公共服务体系"十二五"规划的通知》(国发〔2012〕29 号),2012 年 7 月。
21. 《国务院关于印发全国海洋主体功能区规划的通知》(国发〔2015〕42 号),2015 年 8 月。
22. 《国务院关于印发全国主体功能区规划的通知》(国发〔2010〕46 号),2010 年 12 月。
23. 《国务院关于印发社会信用体系建设规划纲要(2014—2020 年)的通知》(国发〔2014〕21 号),2014 年 6 月。
24. 《国务院批转发展改革委等部门〈关于深化收入分配制度改革若干意见〉的通知》(国发〔2013〕6 号),2013 年 2 月。
25. 《京津冀协同发展规划纲要》(中发〔2015〕16 号),2015 年 4 月。
26. 《水污染防治行动计划》,人民出版社 2015 年版。
27. 《长江经济带综合立体交通走廊规划(2014-2020 年)》(国发〔2014〕39 号),2014 年 9 月。
28. 《中共中央关于全面推进依法治国若干重大问题的决定》,人民出版社 2014 年版。
29. 《中共中央国务院关于深化体制机制改革加快实施创新驱动发展战略的若干意见》(中发〔2015〕8 号),2015 年 3 月。
30. 《中华人民共和国国民经济和社会发展第十二个五年规划纲要》,人民出版社 2011

年版。

31. 《中华人民共和国国民经济和社会发展第十个五年规划纲要》，人民出版社2001年版。
32. 《中华人民共和国国民经济和社会发展第十一个五年规划纲要》，人民出版社2006年版。
33. 艾琳、王刚，《行政审批制度改革探究》，人民出版社2015年版。
34. 本书编写组，《〈中共中央关于全面深化改革若干重大问题的决定〉辅导读本》，人民出版社2013年版。
35. 博源基金会，《国际金融危机与中国经济发展》，社会科学文献出版社2009年版。
36. 蔡昉，《超越人口红利》，社会科学文献出版社2011年版。
37. 陈清泰，《自主创新和产业升级》，中信出版社2011年版。
38. 国家发改委、外交部、商务部，《推动共建丝绸之路经济带和21世纪海上丝绸之路的愿景与行动》，2015年3月。
39. 国家发展和改革委员会编，张平主编，《〈中华人民共和国国民经济和社会发展第十二个五年规划纲要〉辅导读本》，人民出版社2011年版。
40. 国家发展和改革委员会就业和收入分配司、北京师范大学中国收入分配研究院，《中国居民收入分配年度报告（2014）》，中国财政经济出版社2014年版。
41. 黄卫伟，《以奋斗者为本》，中信出版社2015年版。
42. 贾康，《新供给：经济学理论的中国创新》，中国经济出版社2013年版。
43. 焦建，《中国新动能：光华学者解析未来发展之关键》，北京大学出版社2015年版。
44. 厉以宁，《中国经济双重转型之路》，中国人民大学出版社2013年版。
45. 刘世锦，《中国经济增长十年展望（2014—2023）》，中信出版社2014年版。
46. 楼继伟，《中国政府间财政关系再思考》，中国财政经济出版社2013年版。
47. 吕途，《中国新工人迷失与崛起》，法律出版社2013年版。
48. 马化腾等著，张晓峰、杜军主编，《互联网＋：国家战略行动路线图》，中信出版社2015年版。
49. 美国金融危机调查委员会，《美国金融危机调查报告》，俞利军、丁志杰、刘宝成译，中信出版社2012年版。
50. 任虹，《资本与国家控制力：交通运输发展理论的新思考》，人民交通出版社2009年版。

51. 林重庚、迈克尔·斯宾塞，《中国经济中长期发展和转型——国际视角的思考和建议》，余江等译，中信出版社 2011 年版。
52. 吴敬琏，《中国增长模式抉择》，上海远东出版社 2005 年版。
53. 徐宪平，《关于美国信用体系的研究和借鉴》，《管理世界》，2006 年第 5 期。
54. 徐宪平，《现代企业的产权要求》，《中国软科学》，1997 年第 1 期。
55. 徐宪平，《中国资本市场中的风险投资》，金融出版社 2002 年版。
56. 郑永年，《中国模式——经验与困局》，浙江人民出版社 2010 年版。
57. 中共中央马克思恩格斯列宁斯大林著作编译局，《马克思恩格斯选集》，人民出版社 1995 年版。
58. 中华人民共和国国家计划委员会，《国民经济和社会发展"九五"计划和 2010 年远景目标纲要讲话》，中国经济出版社 1996 年版。
59. 周其仁，《改革的逻辑》，中信出版社 2013 年版。
60. 周小川，《国际金融危机：观察、分析与应对》，中国金融出版社 2012 年版。
61. 朱镕基，《关于国民经济和社会发展第十个五年计划纲要的报告》，人民出版社 2001 年版。

后　记

经过半年多紧张忙碌的工作，这本书即将付梓。写作的过程虽然辛苦，却也愉悦。能够完成本书，真是得益于在国家发改委工作的这段经历，负责发展规划、基础设施、就业、社保和收入分配、高技术产业及城镇化等工作实践，使我有了较多的积累，并能从宏观层面去思考中国经济的转型问题。

我由衷地感谢国家发改委的有关司局和同事们给予的大力支持及帮助，他们在写作构思、资料搜集、文稿修改、审核校对等方面做了大量工作，感谢我的许多朋友给予的关心和指导。

我还要由衷地感谢北京大学光华管理学院院长蔡洪滨教授、副院长龚六堂教授，是他们的鼓励促成我下定决心写作本书。由衷地感谢北京大学出版社社长王明舟、总编辑助理林君秀和编辑贾米娜等同志，正是由于他们的努力，本书才得以顺利出版。

最后，我特别想说的是，如果没有我的妻子吉耕中为我付出的一切，我的这个心愿将难以实现。

2015年9月